JN292069

改定承認年月日	平成18年8月21日
訓練の種類	普通職業訓練
訓練課程名	普通課程
教材認定番号	第58806号

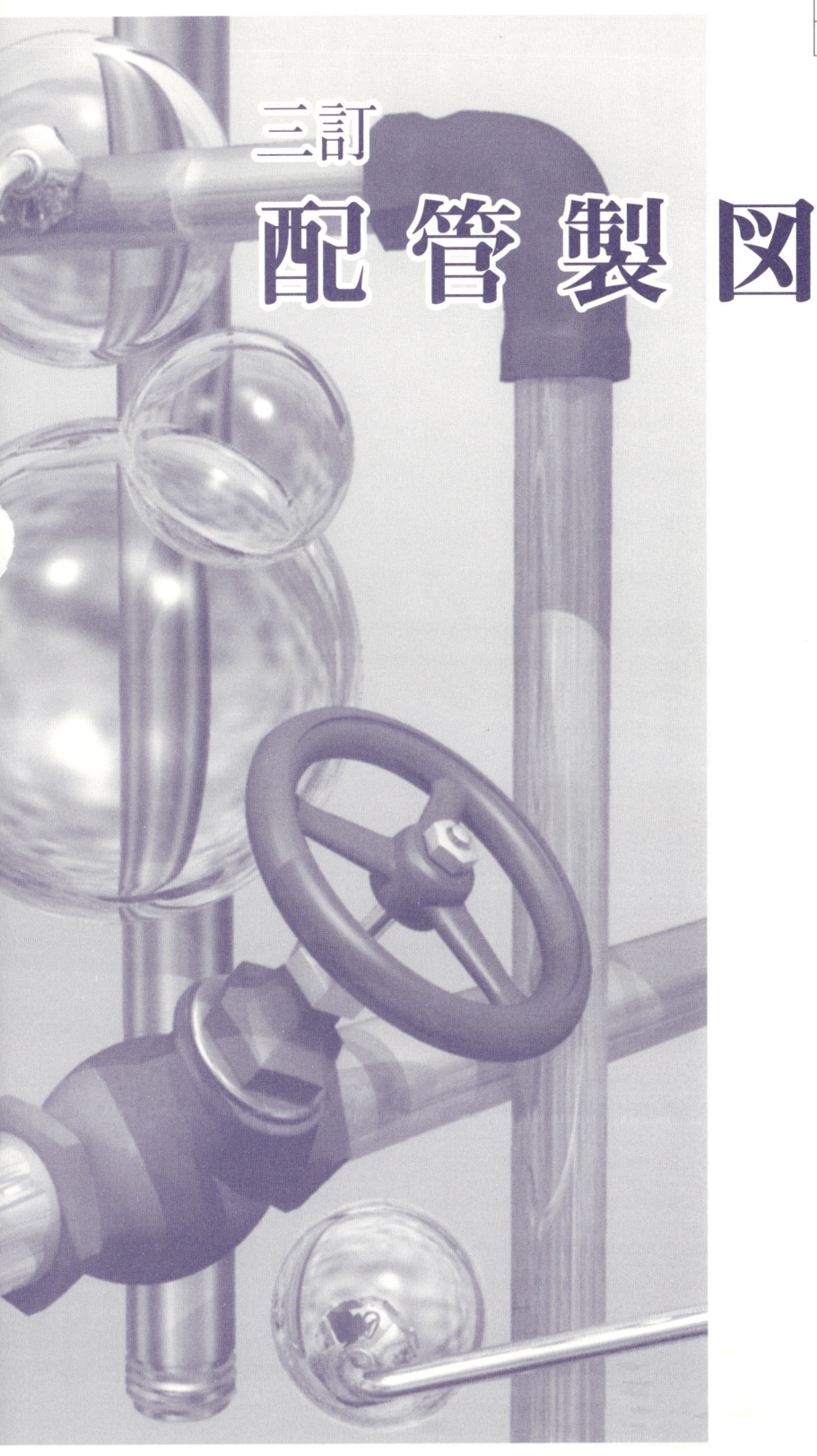

三訂
配管製図

独立行政法人 高齢・障害・求職者雇用支援機構
職業能力開発総合大学校 基盤整備センター 編

は し が き

　本書は職業能力開発促進法に定める普通職業訓練に関する基準に準拠し，設備施工系配管科の訓練を受ける人々のために，配管製図の教科書として作成したものです。
　作成に当たっては，内容の記述をできるだけ平易にし，専門知識を系統的に学習できるように構成してあります。
　このため，本書は職業能力開発施設で使用するのに適切であるばかりでなく，さらに広く知識・技能の習得を志す人々にも十分活用できるものです。
　なお，本書は次の方々のご協力により作成したもので，その労に対して深く謝意を表します。

　　〈改定委員〉　　　（五十音順）
　　玉　澤　伸　章　　東京都立品川技術専門校
　　橋　本　幸　博　　職業能力開発総合大学校
　　和　久　行　雄　　東京都立赤羽技術専門校

　　〈監修委員〉　　　（五十音順）
　　小　谷　泰　彦　　株式会社ワィケィアソシエイツ
　　戸　﨑　重　弘　　全国管工事業協同組合連合会
　　　　　　　　　（委員の所属は執筆当時のものです）

平成19年2月

　　　　　　　　　　　　独立行政法人　高齢・障害・求職者雇用支援機構
　　　　　　　　　　　　職業能力開発総合大学校　基盤整備センター

［配管製図］―作成委員一覧―

〈執筆委員〉　　　　　（平成10年3月　五十音順）
大 岩 明 雄　　東電設計株式会社
小 泉 康 夫　　株式会社電業社機械製作所
西 野 悠 司　　東芝プラント建設株式会社

〈監修委員〉
川 上 英 彦　　東芝エンジニアリングサービス株式会社
　　　　　　　　（委員の所属は執筆当時のものです）

目　　　次

第1章　設備配管製図の基礎 ……………………………………………………1
第1節　配管製図の基礎 ……………………………………………………1
1.1　ものの形の表し方（1）　1.2　建築設備の図面（11）　1.3　JIS製図の規格（19）
第2節　建築製図の基礎 ……………………………………………………32
第3節　電気設備製図の基礎 ………………………………………………42

第2章　設備配管設計製図の実際 ………………………………………………51
第1節　給排水・衛生設備製図の基礎 ……………………………………51
1.1　図示記号（51）　1.2　給排水・衛生設備図面の作り方（67）
1.3　給排水・衛生設備の設計製図（中小事務所の例）（106）
第2節　空気調和設備製図 …………………………………………………140
2.1　空気調和設備の概要（140）　2.2　空気調和設備製図の図面（147）
2.3　図示記号（151）　2.4　機器，ダクトの製図（166）　2.5　配管の製図（177）

第3章　ＣＡＤ ……………………………………………………………………182
第1節　ＣＡＤとは ………………………………………………………182
1.1　ＣＡＤについて（182）　1.2　ＣＡＤと人間とのかかわりあい（183）
1.3　ＣＡＤの構成（183）　1.4　ＣＡＤの機能（187）
第2節　ＣＡＤによる製図 …………………………………………………193
2.1　ＣＡＤによる製図の方法（193）　2.2　ＣＡＤシステムによる製図の実習（196）

第1章　設備配管製図の基礎

　建築設備の設計，施工及び管理において，まず必要なのが図面である。図面には，各種の種類があり，目的に応じて使い分ける。その表示方法にはJIS規格を用い，SHASE規格などがある。この章では，第1角法，第3角法及びアイソメ図などの定義，線や文字の基準を理解する。平面図，系統図，立体図，断面図など各種表示法による給排水・衛生設備や空調設備の表示，建築製図の概要と電気設備製図を学ぶ。

第1節　配管製図の基礎

1．1　ものの形の表し方

　人は，他人に自分の考えを伝えるときには，言葉や文章を使ってそれらを伝える。
　しかしものを作るとき，その作り方を言葉や文章だけで伝えるのは，ごく簡単なものを除いては，大変難しいことである。ある形をしたものを正確に伝えるためには図面が必要となる。
　言葉や文章は一定の意味を持った単語と，それらの使い方を決めた文法に従って表すことができる。図面では"単語"に相当するものは，作りたいものの形状，その長さや厚さを示す数値，そして一定の意味を持った記号であり，"文法"に相当するものは，それらの描き方を決めた**製図法**である。製図法に従って作成された図面であれば，誰が作っても同じものを作ることができる。
　作るものの形を作業する人に正確に伝えるには，製図法に従って形状，寸法，記号が正しく描かれた図面が必要となる。
　ものの形を表す方法にはいろいろあるが，その基本となるのは投影法で，給排水・衛生設備図面，空気調和設備図面などの給水配管，排水配管，冷温水配管，ダクトなどの経路（ルート）を示す平面図や立体図なども，投影法に従っている。また，部品などを製作するときは，後で述べる第三角法で図面を描くのが一般的である。
　投影法はものの形を表すための基本的な方法である。
　（1）　いろいろな投影法
　投影法とは，空間にある立体的な物体の形や大きさ，位置などを平面上に正しく表す方

法である。

　投影法は，物体と投影面との位置の関係や投影するための光線の角度などにより，次のように分類される。

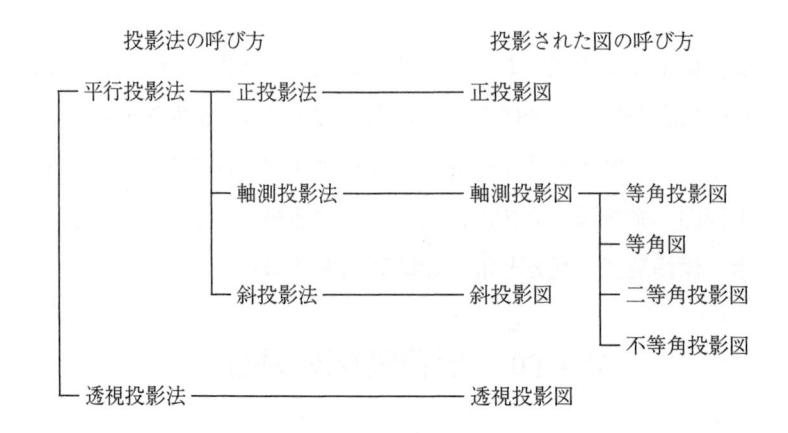

```
投影法の呼び方                投影された図の呼び方
┌ 平行投影法 ┬ 正投影法 ──────── 正投影図
│           │
│           ├ 軸測投影法 ─────── 軸測投影図 ┬ 等角投影図
│           │                              │
│           │                              ├ 等角図
│           │                              │
│           └ 斜投影法 ──────── 斜投影図    ├ 二等角投影図
│                                          │
│                                          └ 不等角投影図
│
└ 透視投影法 ────────────── 透視投影図
```

（2） 平行投影法

　空間にある立体形は，図1－1のように光線によって，その影を，例えば，床や壁のようなある平面の上に印すことができる。

　図1－1（a）に**平行投影法**を示す。光線に相当するものを**投影線**，できた影を**投影**，投影する平面を**投影面**といい，投影面に描かれたものを**画面**という。図1－1（a）のように，投影を得るために当てる光線が平行線である場合は，立体形の角の点は投影面まで平行に移動する。

　平行投影法には以下に説明する正投影法，軸測投影法，斜投影法がある。

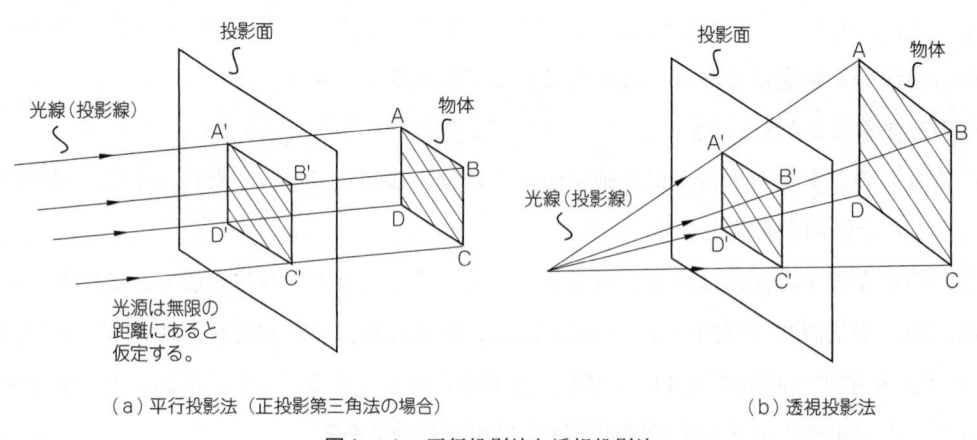

（a）平行投影法（正投影第三角法の場合）　　　　（b）透視投影法

図1－1　平行投影法と透視投影法

（3） 正 投 影 法

　図1－2に示すように，空間につるした物体をとり囲む互いに直交する平面（例えば，

図1－2の3つの平面が囲む空間を部屋に例えれば，床や天井，壁などに相当する平面）に投影する方法を**正投影法**という。画面のうち，床又は天井に相当する水平の面を**平画面**，壁に相当する直立の面を**立画面及び側画面**と呼ぶ。

光線はそれぞれの画面ごとにその画面に垂直に当てる。投影される物体を第一角の空間に置いて投影する方法を**第一角法**，第三角の空間に置いて投影する方法を**第三角法**という。

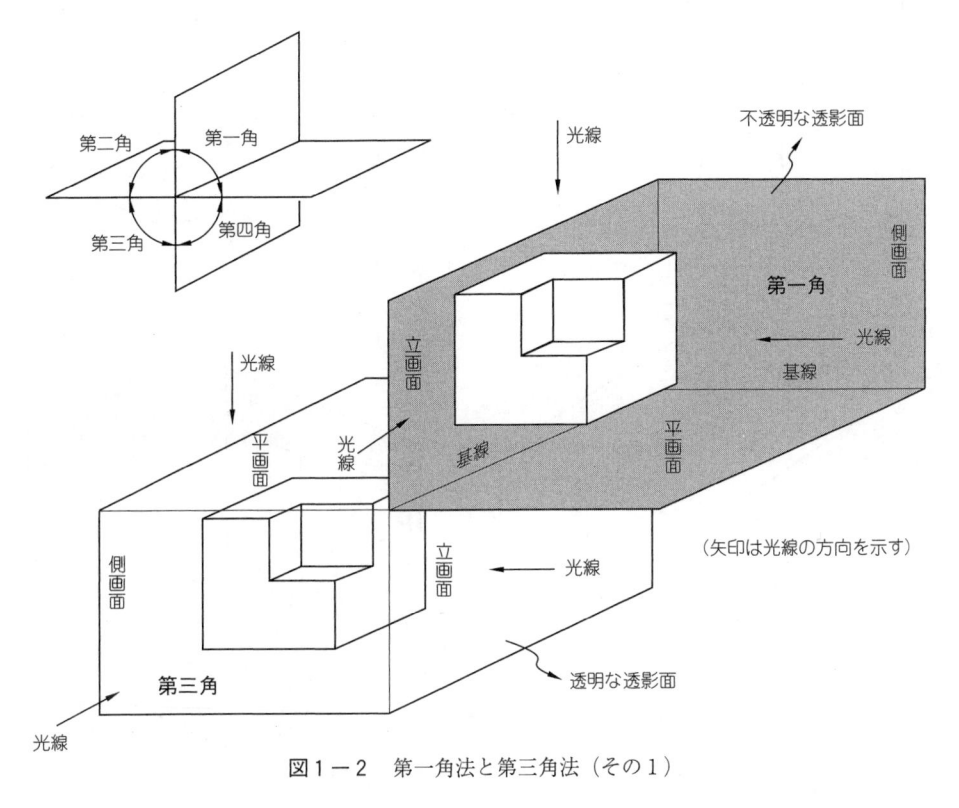

図1－2　第一角法と第三角法（その1）

第一角法も第三角法も光線は同じ方向から当てる。第一角法では，物体に光の当たる側の形状をその反対側（奥）にある平面に投影する。第三角法では，平面は透明なガラスのようなものとして考え，手前側のガラスを通して見た物体の形状をそのガラス面に投影する。

正投影法は，一般に**平面図**，**立面図**，側面図の3つの画面から構成されるので，**三面図方式**と呼ぶこともある。

（4）　第 一 角 法

図1－3の①～③は，第一角法を示している。第一角の空間につるした立方体の手前上端部のコーナーから，1辺の長さが元の立方体の $\frac{1}{2}$ の小さい立方体を切り取った形状のものを投影してみる。

（3）で述べたように光に対して物体の奥にある3つの投影面にそれぞれの投影を求める。床に相当する水平の面，すなわち，平画面に投影された図形は平面図である。壁に相

当する垂直の面，すなわち，立画面と側画面に投影された図形がそれぞれ立面図と側面図となる（図1-2）。

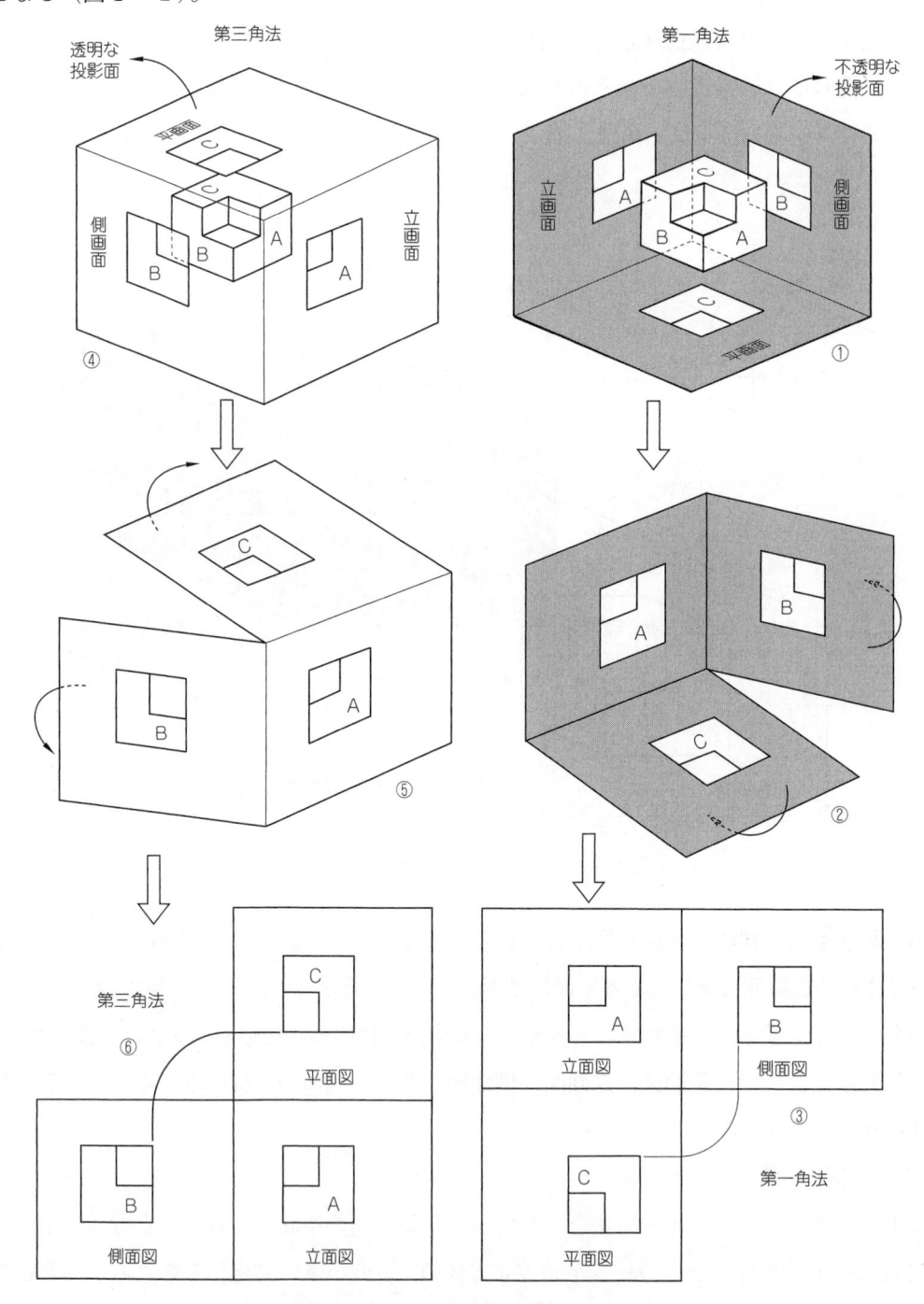

図1-3　第一角法と第三角法（その2）

　いま立画面を動かさずに，各画面の交線（**基線**という）を軸として平画面を向こう側に倒し，立画面に一致する位置まで回転させる。さらに側画面も同様に立画面に一致する位

置まで向こう側に倒せば（図1－3の②），第一角法の立面図，側面図，平面図を置く位置となり，三面図（図1－3の③）が完成する。

(5) 第三角法

図1－3の④～⑥は第三角法を示している。第三角法は物体をつる位置を変えて，第三角の空間に物体をつり，(3)で述べたように光に対し物体の手前にある3つの面にそれぞれの投影を求める。第一角法と同様，平画面に投影された図形は平面図であり，立画面と側画面に投影された図形はそれぞれ立面図，側面図である。

いま立画面を動かさずに，平画面を両画面の基線を軸として，手前の方へ起こして，立画面に一致する位置まで回転させ，側画面もまた，立画面に一致する位置まで手前の方へ回転させれば（図1－3の⑤），第三角法の立面図，側面図，平面図が完成する（図1－3の⑥）。

図1－3の③が⑥と異なる点は，立面図を基準とした場合，第一角法では平面図が下側にあったのに対し，第三角法では上側になって反対の側に位置していることである。側面図の場合も同様で，第一角法と第三角法では，左・右の位置が逆になっている。

(6) 第一角法と第三角法の比較

第三角法で描かれた図（図1－3の⑥）を，図の基線を折れ目にして，各図が外側に表れるように折り曲げ，箱を作ると，その箱の外側に描かれている図が箱の中の投影された物体の同じ側の形状を表している（図1－3の④）。すなわち，第三角法による投影は物体の展開図となっており，図面から物体を判断するのに極めて都合がよいことになる。

図1－3の③と⑥により，第一角法と第三角法を比較すると，第一角法では立方体のコーナーの切欠き部（くぼんだ部分）が平面図，立面図，側面図において，互いに最も遠い位置に表される。一方，第三角法では，立方体のコーナーの切欠き部が平面図，立面図，側面図において，互いに最も近い位置に表される。したがって，機械を製図する場合，第三角法は見やすいので，第一角法よりよく用いられている。

(7) 軸測投影法

軸測投影法は図1－4（a）に示すように，物体の前方斜め上から平行光線を当て，その光線に垂直な平面に物体を投影する方法である。投影された図面は物体の斜め上から眺めたように描かれており，一般の人にも理解しやすい特徴を持っている。

軸測投影法で表した軸測投影図（立体図とも呼ぶ）には，等角投影図，等角図，二等角投影図，不等角投影図がある。

図1－4（b）に示す**等角投影図**は直交する3つの軸ＯＸ，ＯＹ，ＯＺ，直方体の場合は直交する3辺が画面上で等角（120°）になるように投影した投影図である。ＯＸ，ＯＹ

軸は水平線（基線）に対して30°傾いている。

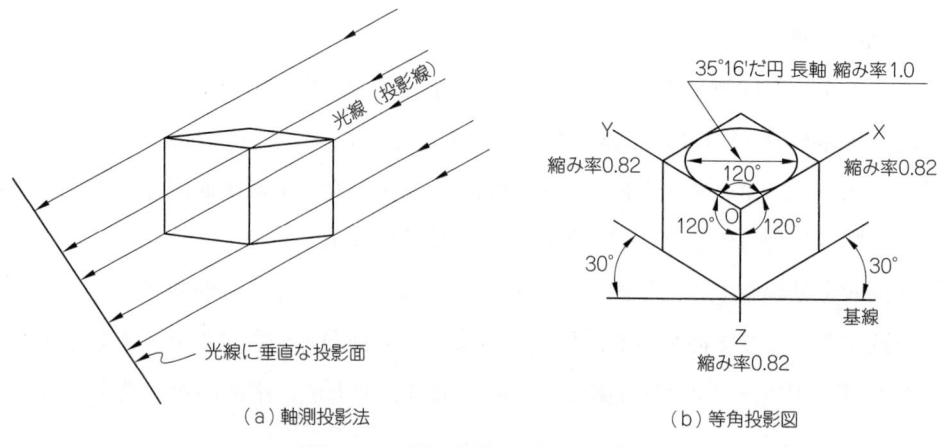

(a) 軸測投影法

(b) 等角投影図

図1-4　軸測投影法と等角投影図

等角投影図の投影された直交する3辺は，投影線に対し斜めに投影されるので実際の長さより縮小されることになるが，同じ割合で縮小されているので，正確な形状を知ることができ，便利である。

製図上では，便宜上3つの軸方向とも長さを実際の長さ（ただし，図面の縮尺は考慮する）で描いていく。これを**等角図**という（図1-5）。等角図は，英語のIsometric Drawingの日本語訳であり，**アイソメ図**と呼ばれ，配管の設計や施工に多く用いられている。

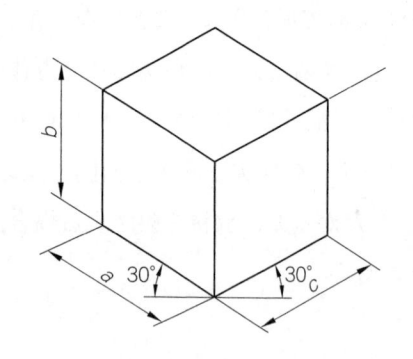

(a) 立方体の場合（図形上の寸法は，$a:b:c=1:1:1$）

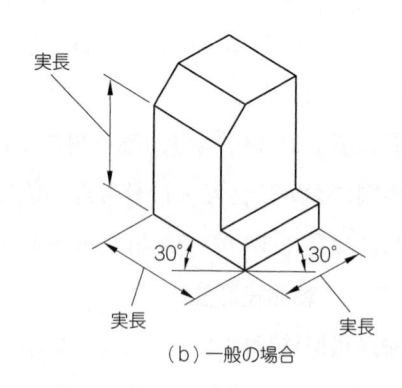

(b) 一般の場合

図1-5　等角図

また，図1-6は軸測投影図のうち，(a) は3つの座標軸の画面上の交角のうち，2つの交角が等しくなる**二等角投影図**，(b) は3つの座標軸の画面上の交角がすべて等しくない**不等角投影図**を示している。

(a) 二等角投影図   (b) 不等角投影図

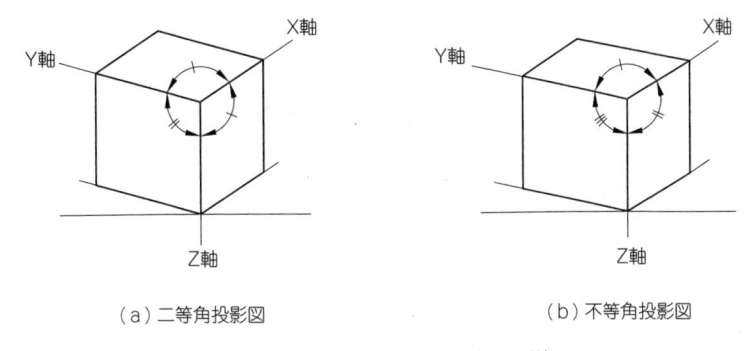

図1-6　二等角投影図と不等角投影図

(8) 斜投影法

斜投影法は，実際に光線を当ててできる投影ではない。立体形の正面を正投影した立面図に，立体形の側面を斜め上方より平行光線を当てて投影した図を，同じ投影面につけ加えたものである。側面の傾きは，基線に対して30°又は45°を用いる。斜投影法による**斜投影図**を図1-7に示す。斜投影図の正面の投影は実長を示すが，側面の投影は縮小されて実長を示していない。しかし，斜投影図は等角図と同様理解しやすく，等角図より描きやすいので，配管やダクトの立体図の多くはこの斜投影図で描かれている。

(a) 立方体の場合（図形上の寸法は，$a:b:c=1:1:\frac{1}{2}$）　　(b) 一般の場合

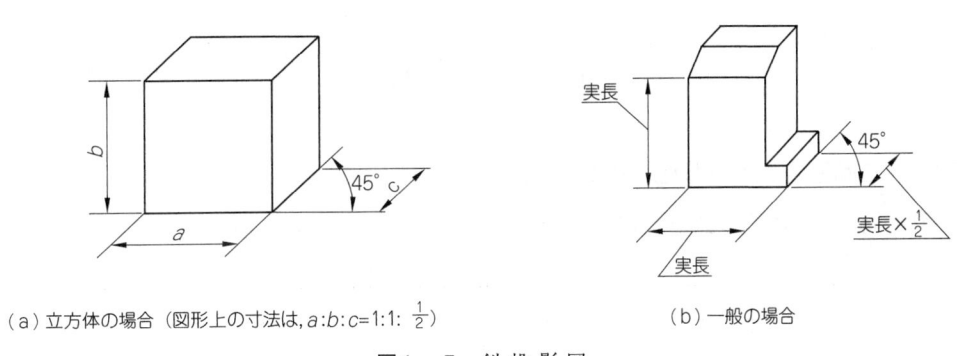

図1-7　斜投影図

(9) 透視投影法

図1-1(b)に示すように，眼と物体の間にガラスのような透明な板を置き，物体を透かして見た像を板に作図する方法を**透視投影法**（図1-8），作図されたものを**透視投影図**（図1-9）という。視点（眼の位置）を中心として視線は物体へ向かい広がっていくが，一方，物体の各点は水平線上のある点に終結していく。終結する点を**消点**という。

透視投影図は，立体の形や遠近感を表すことができるので，建築用の説明図などに利用されている。しかし，長さは縮尺となっておらず，実長を示していない。

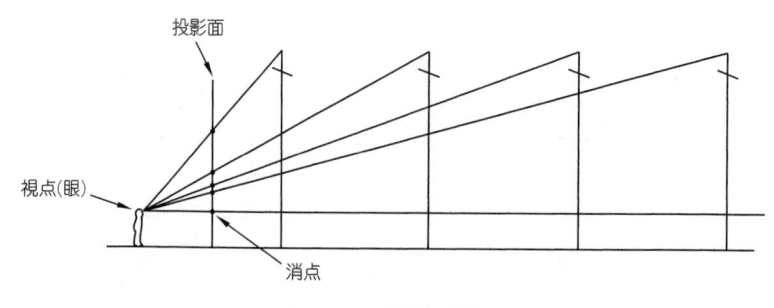

図1−8　透視投影法

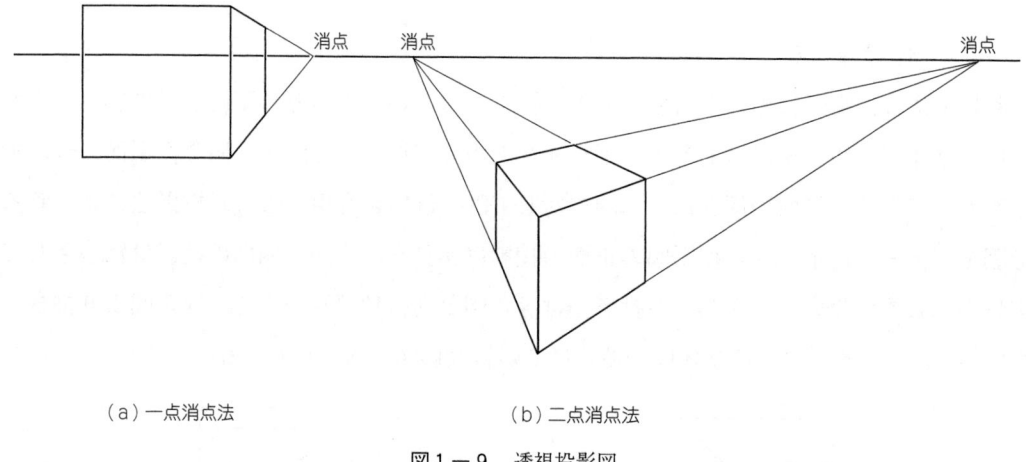

（a）一点消点法　　　　　　　　（b）二点消点法

図1−9　透視投影図

(10)　三面図方式と立体図方式の比較

三面図方式と立体図方式を比較してみると次のようになる。

三　面　図	立　体　図
立面図，平面図，側面図，などの複数の図を使って表す。	立体的に表現した1つの図で表す。
読み取るのにある程度の習熟を要する。	どのような形状か一般の人でも一目で分かる。
同一の縮尺図面である。 （オン　スケール図）	同一縮尺図としないことが多い。 （ノット　スケール図）
形状を正確に表すことができる。	角度を読むことが難しく，角度を表すための補助的手法が必要な場合もある。
機械や部品の製作図に適する。	配管図によく使われる。

ここで配管図の場合を比較してみる。

いま，ごく簡単な配管を，三面図による方法と等角図，斜投影図の立体図による方法で

描いてみると，図1－10のようになる。

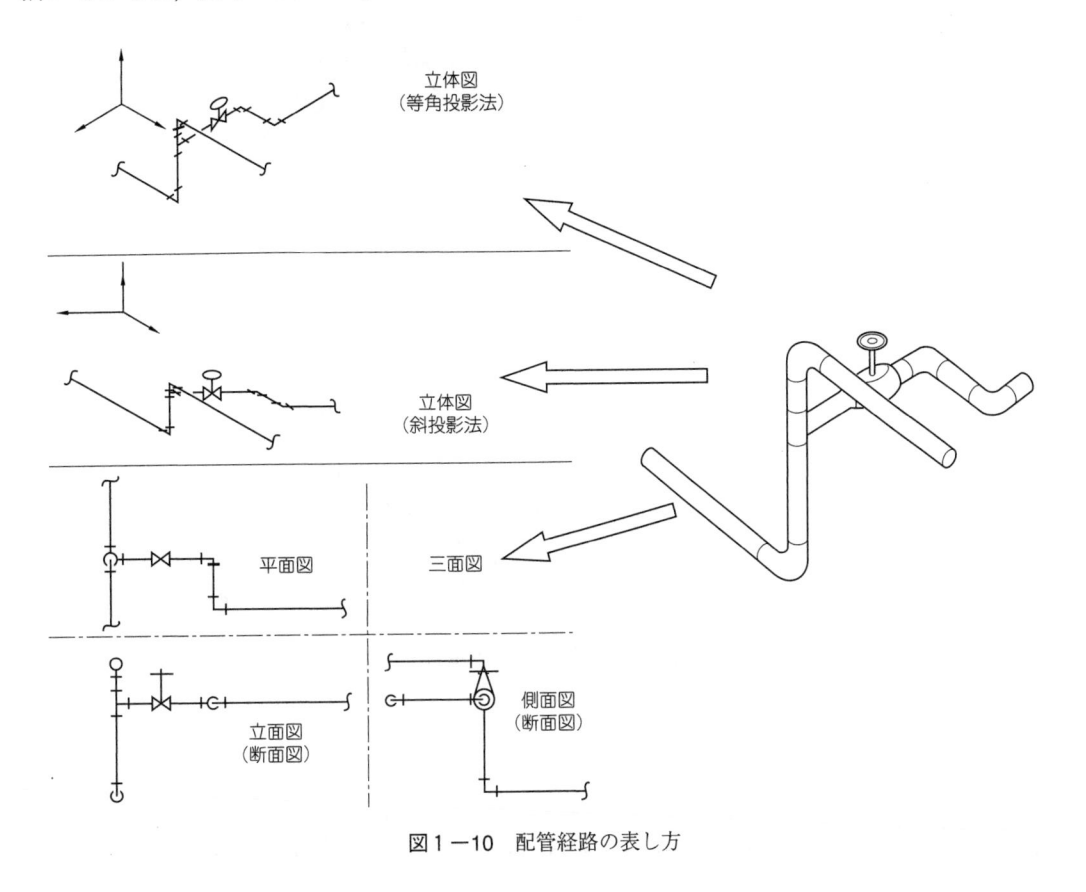

図1－10　配管経路の表し方

　三面図の場合，基本となる図面は，機械製図では立面図であるのに対し，配管図又はダクト図の製図の場合は，上から見た平面図である。平面図だけで表せないところは，補助的に立面図，側面図又は断面図で補う。
　配管図の場合は，図1－10で分かるように，立体図は三面図に比較して配管の経路が一目で理解できるので，比較的多く用いられている。配管の立体図では，配管がアイソメ軸（図1－11のX軸，Y軸，Z軸）に平行でないと，角度が分かりにくい場合がある。これらの角度を表す方法としては，図1－11のようにハッチングを用いる方法がある。例えば，図1－11の点2，点3，点4を結ぶ線はハッチング部分がなければ，直線に見えてしまうが，ハッチングの助けにより，点3で折れ曲がっていることが分かる。同様に，点4と点5及び点5と点6を結ぶ線は，Y－Z平面やZ－X平面に平行でないことが分かる。
　配管の立体図は，配管の形状を把握しやすい特徴を持っているが，配管が建物のどこを通っているのかを表すことにはあまり適していない。その理由は，三次元の世界を1つの図面で表すため，図面に記入する建物の情報量が制限されるからである。

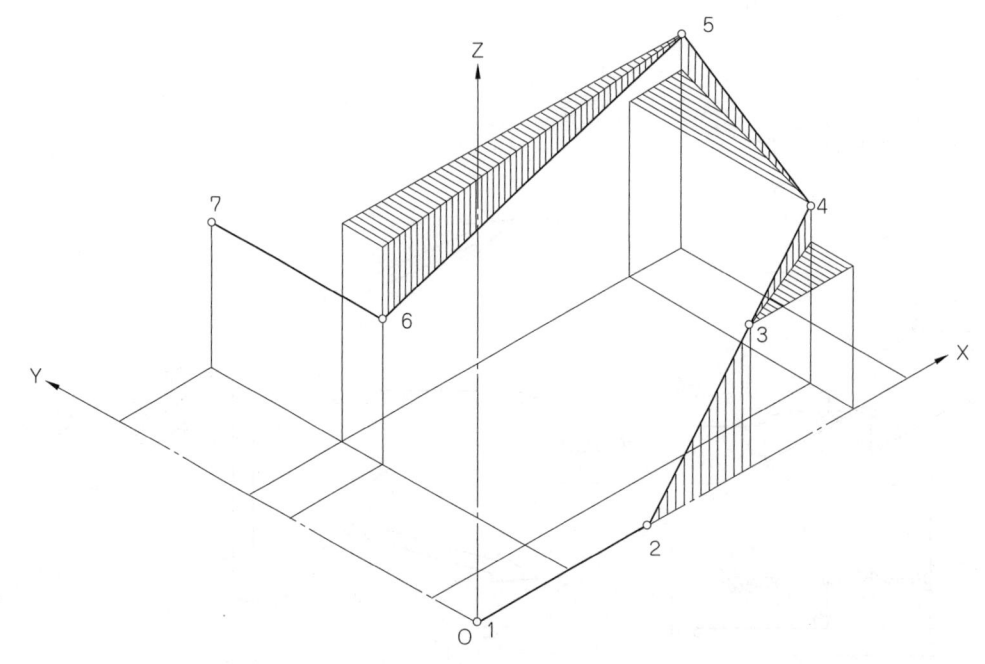

図1－11 立体図の表現方法

学習のまとめ

1. ものを作るために必要な図面は，投影法に従って描かれている。
2. 平行投影法の中の正投影法には，第一角法と第三角法があり，第三角法による投影図は表そうとするものの展開図となっており，見やすいので機械製図はもっぱらこの方法が使われている。
3. 平行投影法のうち，軸測投影法及び斜投影法はものの形を立体的に表しているので，図面に慣れていない人でも理解しやすい特徴がある。
4. 透視投影法による透視投影図も形状を立体的に表しており，一般の人でも理解しやすいので，建築の説明図などに使われる。

1.2 建築設備の図面

建築設備配管の設計，施工に使われる主な図面は，おおよそ次のように分類される。

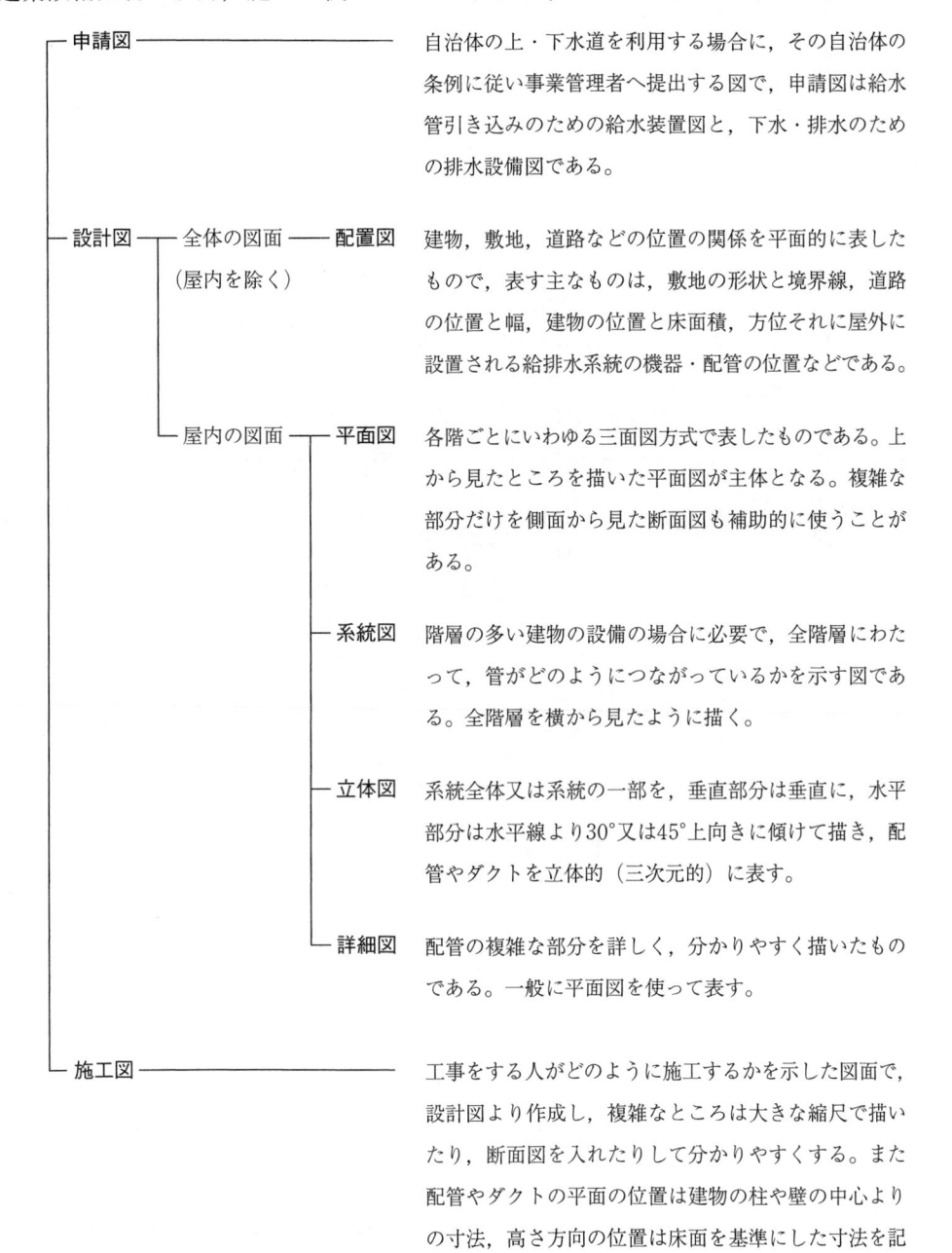

- 申請図 ── 自治体の上・下水道を利用する場合に，その自治体の条例に従い事業管理者へ提出する図で，申請図は給水管引き込みのための給水装置図と，下水・排水のための排水設備図である。

- 設計図
  - 全体の図面（屋内を除く）
    - 配置図 ── 建物，敷地，道路などの位置の関係を平面的に表したもので，表す主なものは，敷地の形状と境界線，道路の位置と幅，建物の位置と床面積，方位それに屋外に設置される給排水系統の機器・配管の位置などである。
  - 屋内の図面
    - 平面図 ── 各階ごとにいわゆる三面図方式で表したものである。上から見たところを描いた平面図が主体となる。複雑な部分だけを側面から見た断面図も補助的に使うことがある。
    - 系統図 ── 階層の多い建物の設備の場合に必要で，全階層にわたって，管がどのようにつながっているかを示す図である。全階層を横から見たように描く。
    - 立体図 ── 系統全体又は系統の一部を，垂直部分は垂直に，水平部分は水平線より30°又は45°上向きに傾けて描き，配管やダクトを立体的（三次元的）に表す。
    - 詳細図 ── 配管の複雑な部分を詳しく，分かりやすく描いたものである。一般に平面図を使って表す。

- 施工図 ── 工事をする人がどのように施工するかを示した図面で，設計図より作成し，複雑なところは大きな縮尺で描いたり，断面図を入れたりして分かりやすくする。また配管やダクトの平面の位置は建物の柱や壁の中心よりの寸法，高さ方向の位置は床面を基準にした寸法を記入する。

ここでは，建築設備で中心的役割を果たす平面図，系統図，立体図についてもう少し詳しく説明する。

(1) 平 面 図

図1−12は平面図の例である。平面図の表す内容，特徴を次に示す。

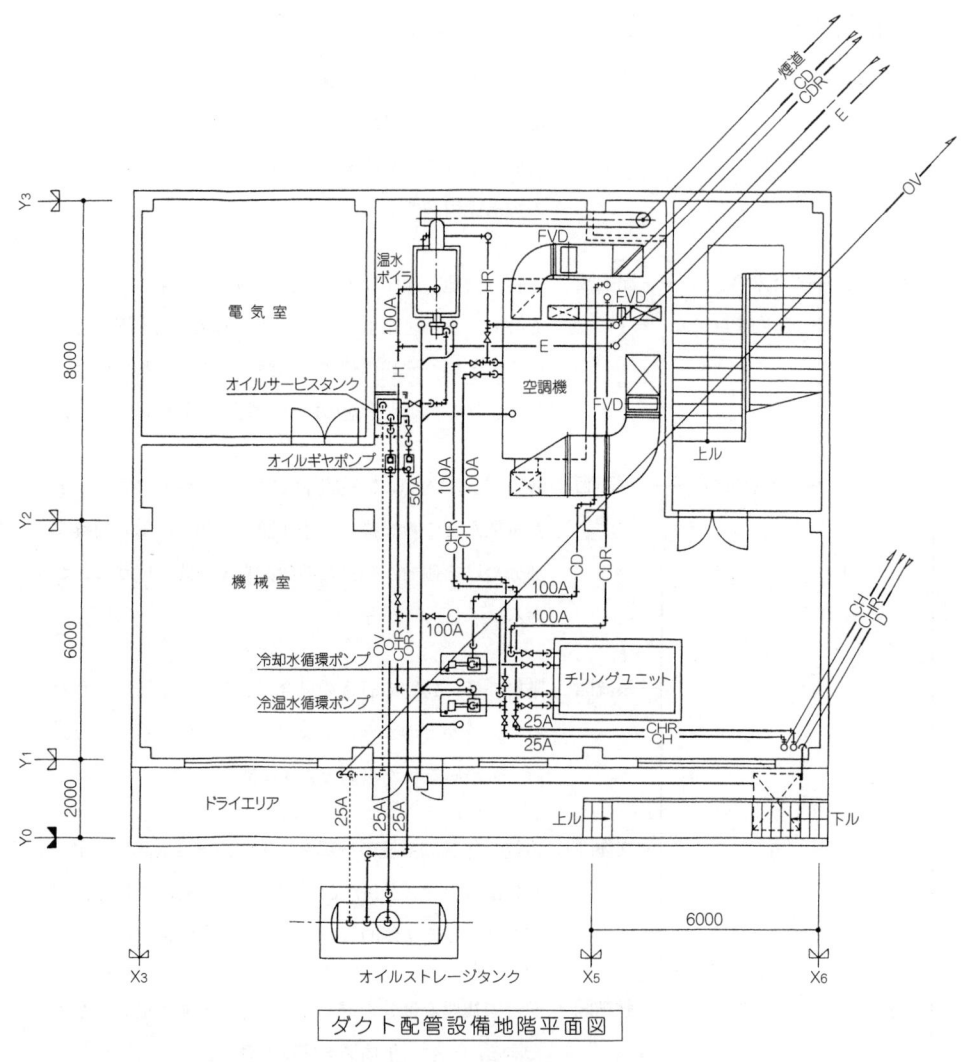

図1−12 平面図の例

① 三面図方式で，配管やダクトの経路，機器の位置を建物の平面図を背景に描いたもので，設計図の最も基本となる図面である。配管，ダクトと建物との位置関係もよく分かるようになっている。

② 建物の各階を床上1mくらいのところで水平に切断した建築平面図の上に，各種設備図面を記入する。

③ 床上に機器，配管がある場合は，機器や配管を床上から平面に投影し，外形図を記入する（図1−13）。

④ 床上に機器があり，床下に配管がある場合は，機器は床上から平面に投影し，配管

は床下から見た図を機器に関連付けて平面図に投影する（図2－60～64参照）。
⑤ 天井に機器がある場合は，天井の上から機器や配管を平面に投影し，床面の機器などに関連付けて記入する（図2－114参照）。
⑥ いくつかの階が同じ間取り，同じ機器配置である場合は，代表的な階を**基準階**と呼び，同じ配置のほかの階も基準階の平面図で代表させることができる。
⑦ 図面は**縮尺**で描き，縮尺は規模により $\frac{1}{50}$，$\frac{1}{100}$，$\frac{1}{200}$ などの中より選ぶ。
⑧ 図面に描かれる主な内容は，次のようなものである。

　　　　建物：壁，窓，出入口，階段，室名など。
　　　　ダクトや配管：経路及び弁や計器の取付位置など。
　　　　機器：位置，形式，形状など。

⑨ 平面図は1つの階層の配管（又はダクト）の経路を知るには最も適している。しかし，階層の多い建物で，配管の全体像を知るには，次の系統図が適している。

（2）系 統 図

図1－13は系統図の例である。系統図の表す内容と特徴を次に示す。
① 管の起点と終点の機器や管の起点と終点の間にどのような分岐，合流があるかなどを表す図面である。立面図の形をとっているが，一番下の階から最上階まで配管の接続を分かりやすく描くため，一般に縮尺は採用せず，距離的なものはある程度無視している。したがって，系統図からは機器の位置や配管経路などの寸法的な情報はあまり得ることはできない。
② 階層の多い建物の設備，配管をすべての階層にわたり連続的に，横から見たところを描いている。
③ 図面に描かれている主な内容は，配管の接続，管径（呼び径），管の種類，機器，弁，各階の高さなどである。
④ 機器一覧表は右上に示してあるが，一般的には表1－1（空調），表1－2（衛生）のように表示する。

14　配管製図

機器一覧表

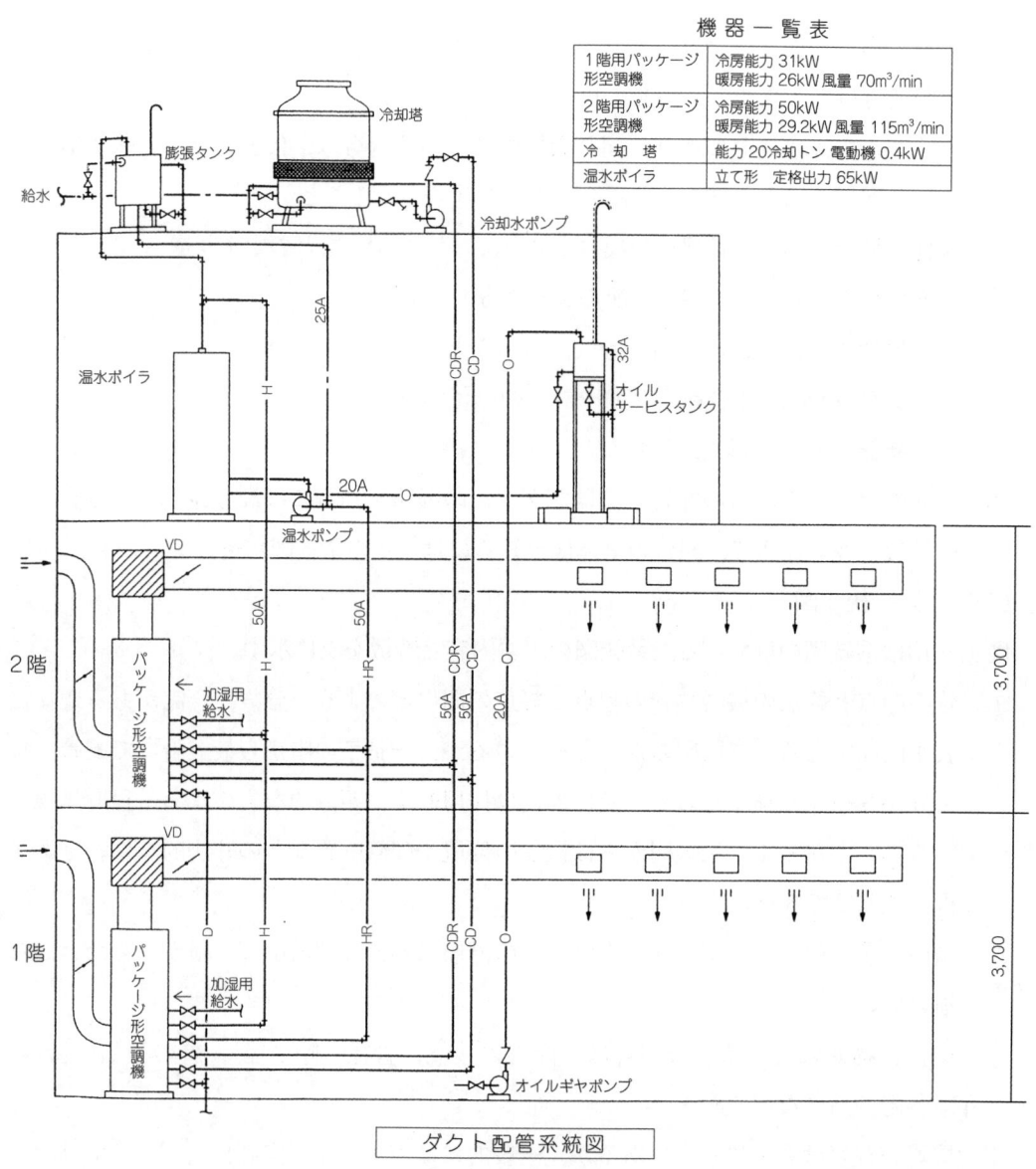

1階用パッケージ形空調機	冷房能力 31kW 暖房能力 26kW 風量 70m³/min
2階用パッケージ形空調機	冷房能力 50kW 暖房能力 29.2kW 風量 115m³/min
冷 却 塔	能力 20冷却トン 電動機 0.4kW
温水ボイラ	立て形 定格出力 65kW

ダクト配管系統図

図1-13　系統図の例

表1-1　熱源機器表

記号	名称	仕様	動力			台数	設置場所
			φ	〔V〕	〔kW〕		
RH-1	二重効用形冷温水発生機	冷房能力540kW 暖房能力410kW 冷水量1550 L/min 温水量1550 L/min 冷却水量2600 L/min ガス消費量（13A） 冷房55.2N・m^3/h 暖房40.0N・m^3/h 電源：溶液ポンプなど	3	200	6.5	1	B2
CR-1	チリングユニット	冷房能力264kW 圧縮機 冷却水量975 L/min	3 3	200 200	30×3 7.5	1	B2
CT-1	冷却塔	直交流形 冷却能力1000kW 冷却水量2600 L/min （37.5〜32℃） 送風機　超低騒音形 外気湿球温度28℃	3	200	3.7×2	1	屋上
CT-2	冷却塔	直交流形 冷却能力360kW 冷却水量975 L/min （37.5〜32℃） 送風機　超低騒音形 外気湿球温度28℃	3	200	2.2	1	屋上
PCH-1	冷温水ポンプ	片吸込み渦巻きポンプ φ125×1550 L/min×1.4MPa 単段	3	200	7.5	1	B2
PCD-1	冷却水ポンプ	片吸込み渦巻きポンプ φ150×2600 L/min×2.0MPa 単段［スターデルタ起動］	3	200	15	1	B2

オフィスビルの空気調和・給排水衛生設備デザイン（オーム社）H15年版
この表は，建築設備設計計算書作成の手引き　国土交通省仕様を参考に作成

表1-2 衛生器具総括表（例）

名称JIS記号	地下1階 便所	地下1階 守衛室	地下1階 湯沸し室	地下1階 小計	1階 便所	1階 湯沸し室	1階 小計	基準階(2~8階) 便所	基準階(2~8階) 湯沸し室	基準階(2~8階) 小計	合計	備考
洋風便器 C-1110	6	1		7	6		6	6×7 42		42	55	F.V方式 紙巻き器他付属品とも
和風便器 C-317R	2			2	2		2	2×7 14		14	18	F.V方式 紙巻き器他付属品とも
壁掛小便器 U410	4	(F.V) 1		5	6		6	6×7 42		42	(F.V付1) 53	洗浄タンク方式付属品とも
同上洗浄装置 U220BT-416	(4人立)1			(4人立)1	(5人立)1		(5人立)1	1×7 (5人立)7		(5人立)7	(4人立)1 (6人立)8	洗浄管埋込み型止水弁他付属品とも
洗面器												

（3） 立 体 図

立体図には，次の特徴がある。

① 機器，配管，ダクトなどを斜め上から見下ろして描いた図で，垂直の部分は垂直（上下）に，直交する水平部分は水平より30°（等角図），又は45°の角度で下向きに傾けて描かれている。

② 建物各階全体を表した立体図は系統図と似ているが，系統図は横から見ているため，奥行きの方向を表すことができないのに対して，立体図は斜め上から見ているので，奥行きも表すことができる。したがって，人が斜め上から実際の配管を眺めるように，立体的に表され，三面図方式より分かりやすい。

③ 立体図は多くの場合，縮尺を適用しない。線が錯綜するところはその部分だけを分かりやすくするため，多少拡大してもかまわない（ただし，必ず寸法を入れること）。

④ 立体図は，平面図と系統図を1つにしたような図である。建物の形状，寸法を立体図に入れると，図が複雑になるので，省略する部分が多く，そのため建物の平面図との関係が分かりにくくなるところがある。

⑤ 立体図は，分かりやすいという特徴をいかして，建物全体の配管設備図だけではなく，部分的な配管図にも使われる。

図1-14に等角投影図（アイソメ図）で配管設備の一部を描いた立体図の例を示す。

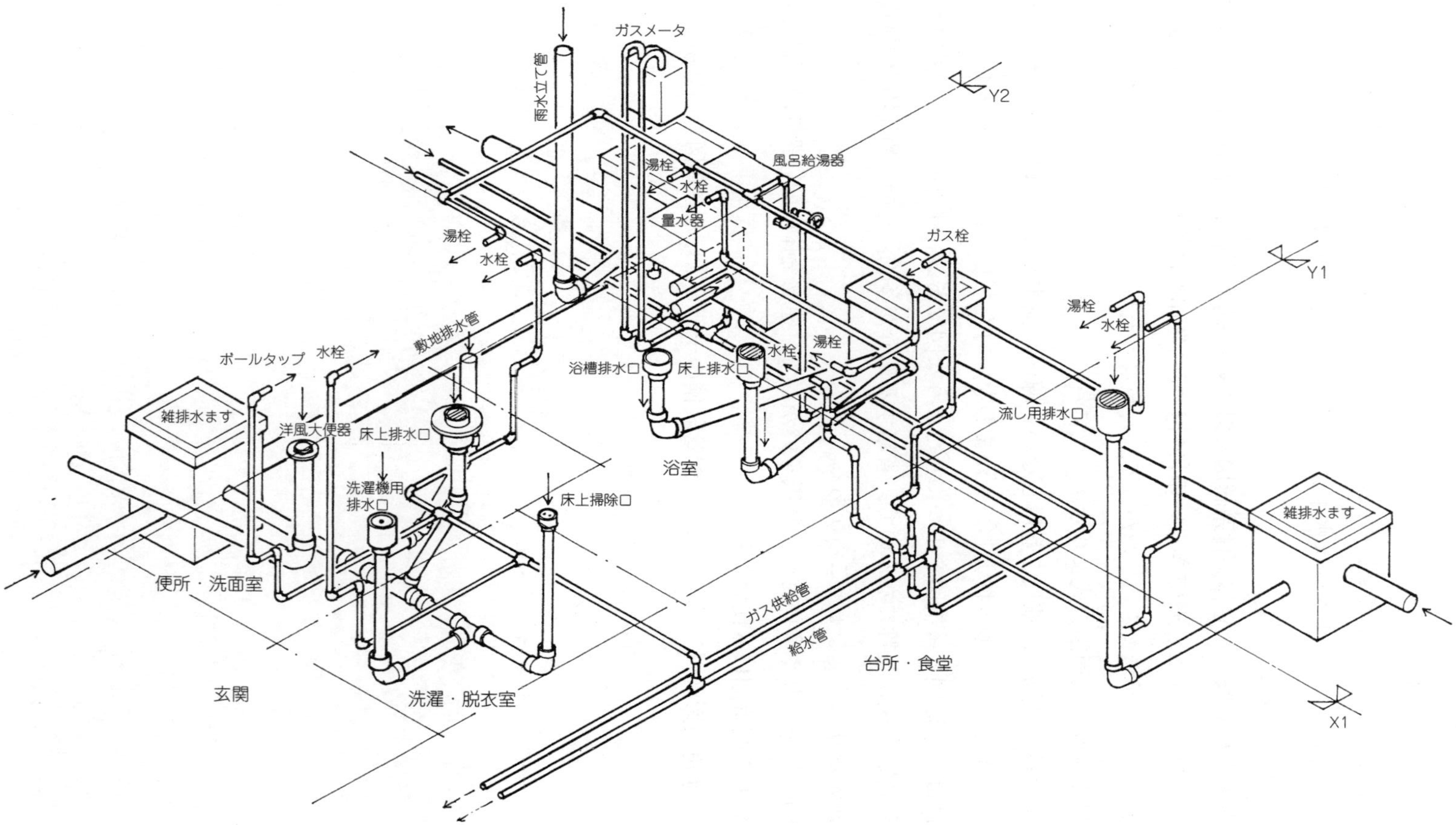

18　配管製図

給排水・ガス設備等角投影図

図 1-14　立体図の例

> **学習のまとめ**
> 1．設備配管で最も基本的な図面は平面図，系統図，立体図である。
> 2．平面図は機器，配管，ダクトの配置や経路を建物との関係において正確に示すのに適している。
> 3．系統図は機器と配管の接続を主に示す図面である。
> 4．立体図は機器や配管，ダクトを斜め上から立体的にながめた図で，図面に慣れていない人でも分かりやすいという特徴がある。

1．3　JIS製図の規格

　製図には，前に述べたように誰でも同じように，正しい図面を描き，正しく読めるように，描き方を定めた規則がある。

　その最も基本的なものは，**JIS（日本工業規格）**の製図総則があり，これはあらゆる産業，製品を対象としているため，各分野の共通事項しか決めていない。

　これだけでは空気調和・衛生設備の図面を描き，読むためには不十分である。空気調和・衛生設備の図面に出てくる機器，配管，ダクト，継手などを示す記号は，**空気調和・衛生工学会規格**の図示記号（SHASE-S001-1998）に定められており，上記設備の図面では，一般にこちらのほうが多く用いられている。

　また，水道の配水管や給水管を示す記号は自治体などにより，まちまちであったので，**日本水道協会**が基準の記号を定めた。

　ここではJISの製図規格のうち，最も基本的なものについて説明する。

　（1）　図面の大きさ

　紙の大きさは，JIS P 0138によって表1－3のようにA列とB列の2つの系統が定められている。製図では，JIS Z 8311の「図面の大きさ及び様式」によってA列を使うよう定められている。紙の長さと幅の比率は，$\sqrt{2}：1$の関係になっており，図面の大きさは図1－15に示すように，A列で一番大きいA0の長いほうを半分にしたのがA1であり，またその半分がA2となっている。

　紙の大きさは，建物の大きさや建物の中の配管の複雑さなどを考慮して，窮屈過ぎることなく，また空白の目立ち過ぎることのないサイズを選択する。

表1－3　紙加工仕上げ寸法（JIS P 0138抜粋）

列番号	A 列 [mm]	B 列 [mm]
0	841×1189	1030×1456
1	594× 841	728×1030
2	420× 594	515× 728
3	297× 420	364× 515
4	210× 297	257× 364
5	148× 210	182× 257
6	105× 148	128× 182

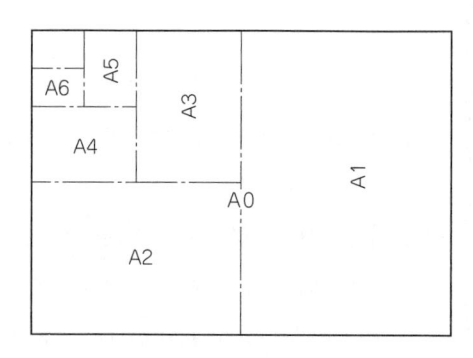

図1－15　図面の大きさ

（2）　線と文字

a．線

図面に用いる線は，JISにより種類，太さ，用法などが定められている。

（a）　線の種類

製図に使われる線の一部を次に示す。

- 太い実線
- 細い実線
- 細い破線
- 細い一点鎖線
- 細い二点鎖線

（b）　線の太さ

　線の太さは，0.13mm，0.18mm，0.25mm，0.35mm，0.5mm，0.7mm，1mm，1.4mm，2mmである。この中から図面の大きさや複雑度合いにより選定し，極太線，太線，及び細線の比は4：2：1であって1本の線の太さを途中で変えてはならない。また，極太線はあまり用いない。

（c）　線の役割

　線はその用途によって**外形線，寸法線，寸法補助線，引出線，中心線，かくれ線，ピッチ線，想像線，破断線，切断線**などに分類されている。その用途はJISで，表1－4のように定められている。

　図1－16にそれらの線の使用例を示す。(a)は，つばの付いた円筒に丸いふたをかぶせることを想像した図である。また，(b)は，ピッチ線，(c)は，切断線の使用例である。

第1章　設備配管製図の基礎　21

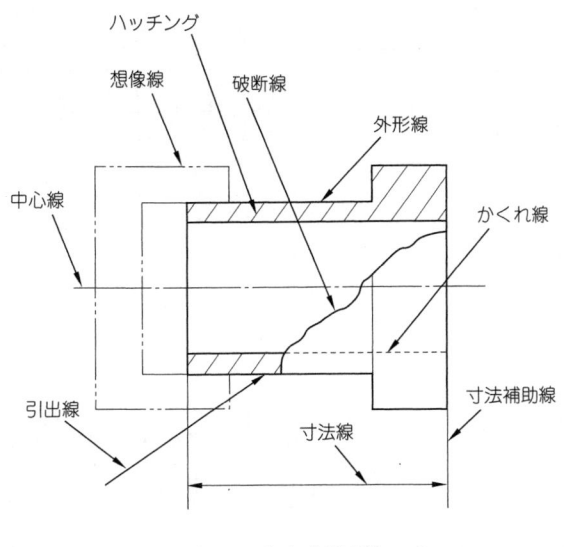

(a) 各種の線

(b) ピッチ線

(c) 切断線（JIS B 0001）

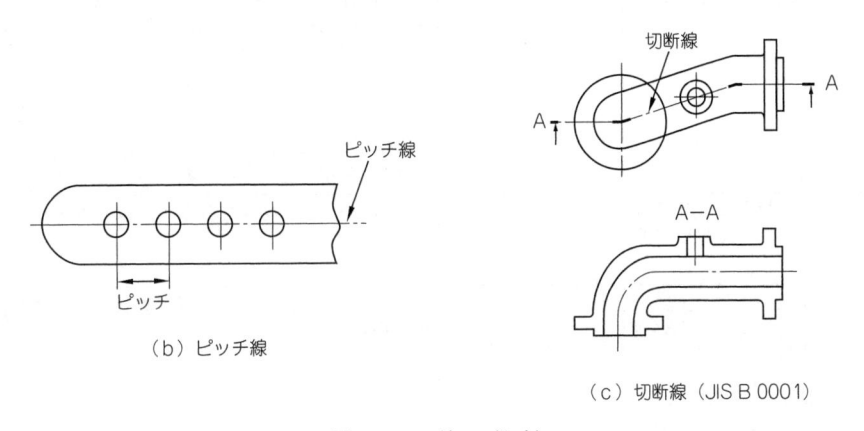

図1-16　線の役割

表6-3　　　　　表1-4　線の種類及び用途（JIS B 0001-2000抜粋）

用途による名称	線の種類[3]		線の用途
外形線	太い実線	———————	対象物の見える部分の形状を表すのに用いる。
寸法線	細い実線	———————	寸法を記入するのに用いる。
寸法補助線			寸法を記入するために図形から引き出すのに用いる。
引出線			記述・記号などを示すために引き出すのに用いる。
回転断面線			図形内にその部分の切り口を90度回転して表すのに用いる。
中心線			図形の中心線を簡略に表すのに用いる。
水準面線[1]			水面，液面などの位置を表すのに用いる。
かくれ線	細い破線又は太い破線	- - - - - - - -	対象物の見えない部分の形状を表すのに用いる。
中心線	細い一点鎖線	—・—・—・—	a) 図形の中心を表すのに用いる。 b) 中心が移動する中心軌跡を表すのに用いる。
基準線			特に位置決定のよりどころであることを明示するのに用いる。
ピッチ線			繰返し図形のピッチをとる基準を表すのに用いる。
特殊指定線	太い一点鎖線	━・━・━	特殊な加工を施す部分など特別な要求事項を適用すべき範囲を表すのに用いる。
想像線[2]	細い二点鎖線	—・・—・・—	a) 隣接部分を参考に表すのに用いる。 b) 工具，ジグなどの位置を参考に示すのに用いる。 c) 可動部分を，移動中の特定の位置又は移動の限界の位置で表すのに用いる。 d) 加工前又は加工後の形状を表すのに用いる。 e) 図示された断面の手前にある部分を表すのに用いる。
重心線			断面の重心を連ねた線を表すのに用いる。
破断線	不規則な波形の細い実線又はジグザグ線	～～～	対象物の一部を破った境界，又は一部を取り去った境界を表すのに用いる。
切断線	細い一点鎖線で，端部及び方向の変わる部分を太くしたもの[4]	⌐—・—⌐	断面図を描く場合，その断面位置を対応する図に表すのに用いる。
ハッチング	細い実線で，規則的に並べたもの	/////	図形の限定された特定の部分を他の部分と区別するのに用いる。例えば，断面図の切り口を示す。
特殊な用途の線	細い実線	———————	a) 外形線及びかくれ線の延長を表すのに用いる。 b) 平面であることを示すのに用いる。 c) 位置を明示又は説明するのに用いる。
	極太の実線	━━━━━	薄肉部の単線図示を明示するのに用いる。

注[1]　JIS Z 8316には，規定されていない。
　[2]　想像線は，投影法上では図形に現れないが，便宜上必要な形状を示すのに用いる。また，機能上・工作上の理解を助けるために，図形を補助的に示すためにも用いる。
　[3]　その他の線の種類は，JIS Z 8312によるのがよい。
　[4]　他の用途と混用のおそれがないときは，端部及び方向の変わる部分を太くする必要はない。
備考　細線，太線及び極太線の線の太さの比率は，1:2:4とする。

b. 文　　字

　図面に用いる文字は，漢字，仮名，ローマ字，数字の4種類がある。これらは正確，明りょう，ていねいに書いて，読み誤りのないようにしなければならない。いかに正確な図面であっても，へたな文字のために図面としての商品価値を失うこともあるので，注意が必要である。

（a）　漢字と仮名

　漢字はかい書（字体をくずさないで書く漢字），仮名は片仮名又は平仮名のいずれかを用い，同一の図面においては混用しない。ただし，術語に用いる仮名は原則として片仮名を用いる（例えば，エルボ，トラップなど）。文章は原則として左から右への横書きとし，必要に応じて分かち書*とする。

　漢字の大きさは高さを10mm，7mm，5mm，3.5mm，仮名の大きさは，漢字の大きさに2.5mmの種類を加えたものが用いられる（JIS B 0001, 図1-17）。

大きさ 10 mm　断面詳細矢視側図計画組

大きさ 7 mm　断面詳細矢視側図計画組

大きさ 5 mm　断面詳細矢視側図計画組

大きさ 3.5 mm　断面詳細矢視側図計画組

　　（備考）　この図は，書体及び字形を表す例ではない。

(a)　漢字の例

図1-17　漢字及び仮名の例（JIS B 0001）

---

*分かち書：文字をつらねて語句や文章を書くとき，言葉単位の区切りを明らかにするため，単位と単位との間を一文字の半分以上のすき間をあける書き方。

大きさ 10 mm	アイウエオカキクケ
大きさ 7 mm	コサシスセソタチツ
大きさ 5 mm	テトナニヌネノハヒ
大きさ 3.5 mm	フヘホマミムメモヤ
大きさ 2.5 mm	ユヨラリルレロワン
大きさ 10 mm	あいうえおかきくけ
大きさ 7 mm	こさしすせそたちつ
大きさ 5 mm	てとなにぬねのはひ
大きさ 3.5 mm	ふへほまみむめもや
大きさ 2.5 mm	ゆよらりるれろわん

(備考) この図は,書体及び字形を表す例ではない。

(b) 仮名の例

図1-17 漢字及び仮名の例 (JIS B 0001)

(b) ローマ字と数字

　ローマ字*と数字は直立した字体又は直立から約15°右へ傾けた字体で書く。同一図面に2つの字体を混用しない。ローマ字及び数字の大きさは,高さが10mm,7mm,5mm,3.5mm,2.5mmの5種類が用いられているが,その一例を図1-18に示す。

大きさ 10 mm	1234567890
大きさ 5 mm	1234567890
大きさ 7 mm	ABCDEFGHIJKLMN OPQRSTUVWXYZ aabcdefghijklmnopqrstuvwxyz

(備考) この図は,書体及び字形を表す例ではない。

図1-18 ローマ字及び数字の例

*ローマ字:英字は主としてローマ字の大文字を用いる。ただし,記号,その他必要のある場合には,小文字を用いてもよい。

(3) 寸法と補助記号

物体の形状や構造は図形からだけで分かるが、物体を工作するためには、寸法が表示されていなければならない。また、寸法の表示が適切でなければ、作業に必要な寸法の計算に時間をとられ、作業能率に影響したり、間違いのもとにもなってしまう。

したがって、寸法は細心の注意を払い、必要な寸法を正確に、見やすく表示する必要がある。

a．寸法の単位

図面に記入する寸法は、原則としてミリメートル単位とし、単位記号は付けない。ただし、ミリメートル以外の単位を用いるときは、その単位記号を明示する必要がある。例えば、m、cmなどは数字のあとに付ける。

　　　　［例］　　1000，　　　100cm，　　　1 m
　　　　　　　　　50，　　　5cm，　　　0.05m

角度の単位は度［°］で表し、必要のある場合は分［′］、秒［″］を併用する。

　　　　［例］　　90°，　　22.5°，　　15°25′40″

b．寸法の記入方法

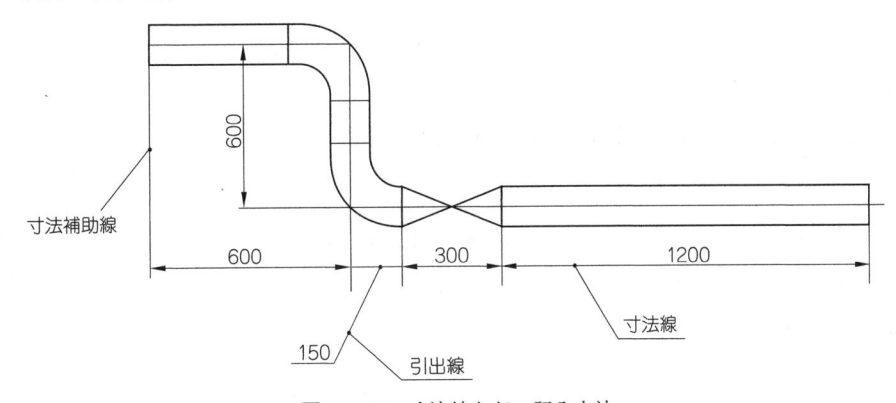

図1-19　寸法線などの記入方法

物体の寸法は寸法線、寸法補助線、引出線、寸法補助記号などを用い、寸法を表す数値によって表示する（図1-19）。

寸法線は物体の寸法を記入するために、外形線に平行に引いた線をいう。

寸法補助線は、寸法線を引くために外形線から引き出した線をいう。

また、寸法線を用いないで、寸法を表示するときに

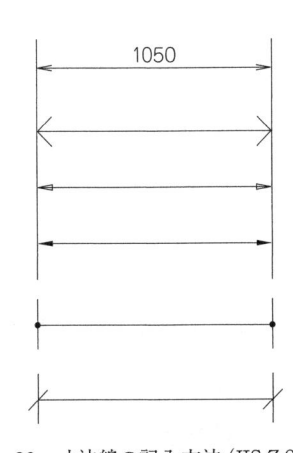

図1-20　寸法線の記入方法（JIS Z 8317）

用いる線を引出線という。寸法線は両端に矢印，斜線又は黒丸をつけ，寸法線の上側に寸法数字を記入する（図1－20）。数字の向きは寸法線が水平のときは図面の下側から，寸法線が垂直のときは図面の右側から読めるように記入する。斜めの場合もこれに準じて記入する（図1－21）。

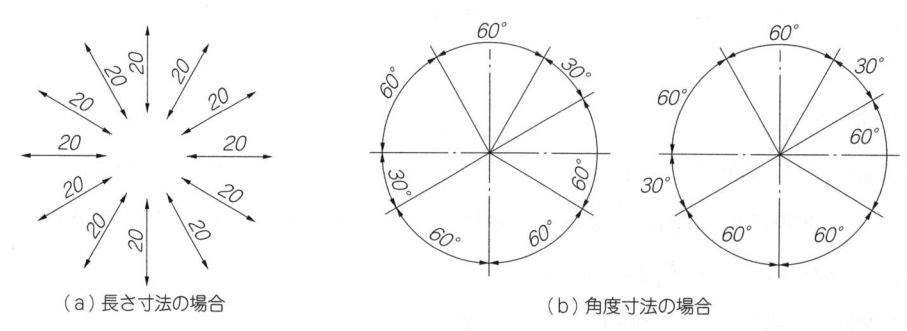

（a）長さ寸法の場合　　　　（b）角度寸法の場合

図1－21　寸法の記入方法（JIS Z 8317）

　寸法補助線は，寸法線に直角に，寸法線よりわずかに超えるところまで引く。引出線は，狭い部分の寸法表示が困難な場合などに用いられる。例えば，図1－19のように水平線に対し，なるべく60°の角度で引き出し，引き出した側に矢印又は黒丸を付け，反対側は水平に折り曲げ，その上側に寸法数値などを記入する。

　寸法記入上の留意事項：
① 寸法はなるべく主要な図面に集中して記入する。
② 寸法の重複記入は避ける。
③ 寸法は計算して求める必要がないように記入する。
④ 関連する寸法はなるべく1箇所にまとめて記入する。

c．寸法補助記号

寸法数字の前にいろいろな記号を付けて，その寸法がどんな形状の寸法を表しているかを説明している記号がある。

図1－22に寸法補助記号を用いた例を示す。

直　径：円の形状が画面に垂直となっている場合（この場合，円は画面上には円の形ではなく，線分として表される。），その図からは円と判定しにくいので，直径を表す数字の前にϕ（マルと読む）を記入する（図1－22（a））。図に円の形状が表されているときは，この記号は付けない。

半　径：半径を表すときにはR（アールと読む）の記号を用いる（図1－22（a））。

球　　：球であることを表すときには，球の半径はＳＲ（エスアールと読む），球の直径はＳϕ（エスマルと読む）の記号を用いる。

正方形：正方形を表すときは□（カクと読む）の記号を用いる（図1－22（a））。円の場合と同様に図面上に正方形の形状が表されている場合，この記号を使わず2辺の寸法で表す。

　　　　平面であることが理解しにくいときは，その部分に細い実線で対角線を引く。

厚　さ：厚さを表すときには，その図の付近又は図の中の見やすい位置に，t（ティーと読む）の記号を書き，そのあとに厚さを示す数値を記入する（図1－22（b））。

面取り：45°面取りを表すときには，C（シーと読む）の記号を用いる（図1－22（a））。

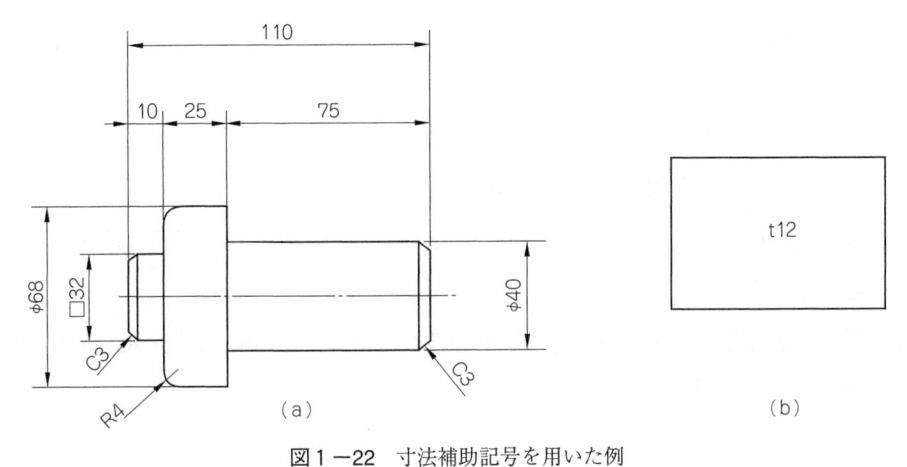

図1－22　寸法補助記号を用いた例

（4）　こう配とテーパの表し方

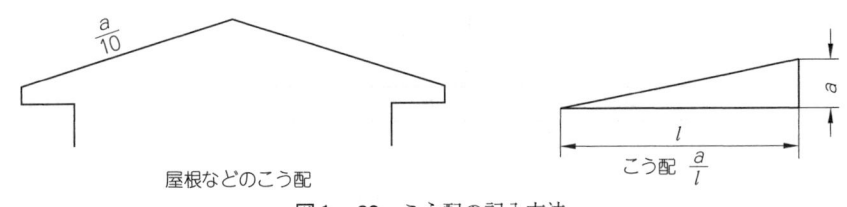

図1－23　こう配の記入方法

こう配とは，配管のドレンこう配*や溝の排水こう配のように水平に対し傾きを付けることをいう。図1－23に示すように傾きの割合を分数で表す。

一般に配管や溝のこう配の場合，分子を1とする方法で，$\frac{1}{50}$や$\frac{1}{100}$などと呼んでいる。

また屋根のこう配などは分母を10とする方法で，こう配$\frac{3}{10}$や$\frac{3.5}{10}$などと呼んでいる。

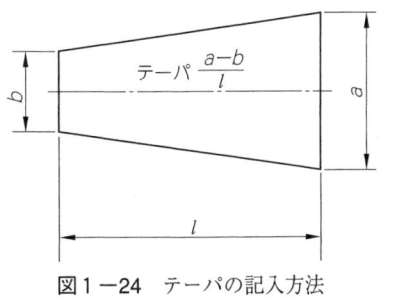

図1－24　テーパの記入方法

＊ドレンこう配：水平管のドレン（排水）が抜けやすいように，ドレン抜きの位置のほうへ配管を水平よりやや傾けること。

テーパとは，中心線の両側に傾きを持っているもので，傾きの割合 $(\frac{a-b}{l})$ を分数で表したものである（図1－24）。例えば，「テーパピン*のテーパは $\frac{1}{50}$ である。」というように表す。

（5）尺　　度

製図は実物と同じ大きさで描くのが理想であるが，用紙の大きさや作業能率などの関係で一般には実物に対して，適当に縮小，時には拡大して描く。このように実物と図形の大きさの割合を尺度という。製図の尺度には現尺，縮尺，倍尺の3種類がある。

現尺とは，実物と同じ大きさで描く場合の尺度で，実際の大きさをたやすく想像することができる。

縮尺とは，実物の何分の1かに縮小して描く場合の尺度で，建物や配管，ダクトの経路を示す図（ルート図）などは寸法が大きいので，すべて縮尺で描かれている。

倍尺とは，実物の何倍かに拡大して描く場合の尺度で，特に，複雑な部分を明示する場合などに用いられる。

尺度は図面の表題欄に表示するが，同一の図面の中に，異なる尺度を用いた図がある場合は，その図の近くに適用した尺度を表示する。

縮尺になっていない場合は「比例尺でない」，又は「NTS」（NOT TO SCALEの略）などと表示する。

建築製図通則（JIS A 0150）では，尺度をJIS Z 8314で定めた製図－尺度を用いている。

製図に用いる推奨尺度を表1－5に示す。

表1－5　推　奨　尺　度

種別	推　奨　尺　度		
倍　尺	50：1	20：1	10：1
	5：1	2：1	
現　尺	1：1		
縮　尺	1：2	1：5	1：10
	1：20	1：50	1：100
	1：200	1：500	1：1000
	1：2000	1：5000	1：10000

備考　特別に，表1－5に示した尺度より大きい倍尺，又は小さい縮尺が必要な場合には，尺度の推奨範囲を超えて上下に拡張してもよいが，用いる尺度は推奨尺度に10の整数乗を乗じて得られる尺度にする。
　　　やむを得ず推奨尺度を適用できない場合には，中間の尺度を選んでもよい。
　　　なお，この場合には，表1－6に規定する尺度を選ぶことが望ましい。

---

*テーパピン：部品の位置決めや固定用に用いるテーパのついたピン。

表1-6 中間の尺度

種別	中間の尺度		
倍尺	$50\sqrt{2} : 1$	$25\sqrt{2} : 1$	$10\sqrt{2} : 1$
	$5\sqrt{2} : 1$	$2.5\sqrt{2} : 1$	$\sqrt{2} : 1$
現尺(参考)	1:1		
縮尺	$1 : \sqrt{2}$	$1 : 2\sqrt{2}$	$1 : 5\sqrt{2}$
	$1 : 10\sqrt{2}$	$1 : 20\sqrt{2}$	$1 : 50\sqrt{2}$
	$1 : 100\sqrt{2}$	$1 : 200\sqrt{2}$	$1 : 500\sqrt{2}$
	$1 : 1000\sqrt{2}$	$1 : 2000\sqrt{2}$	$1 : 5000\sqrt{2}$
	1:1.5 1:2.5	1:3 1:4 1:6	
	1:15 1:25	1:30 1:40 1:60	
	1:150 1:250	1:300 1:400 1:600	
	1:1500 1:2500	1:3000 1:4000 1:6000	

備考 特別に，この表に示した尺度より大きい倍尺，又は小さい縮尺が必要な場合には，この表の尺度の範囲を超えて上下に拡張してもよいが，用いる尺度はこの表の尺度に10の整数乗を乗じて得られる尺度にする。

（6） 図示記号

製図に使用する図示記号は簡単で分かりやすく，その物体を表すのにふさわしく，だれが見ても分かるものでなくてはならない。

配管図示記号には，日本工業規格のJIS B 0011及び空気調和・衛生工学会のSHASE-S 001がある。ここではJISの例を紹介する。

管は1本の太い実線で表し，同一図面内の同種類の管を表す線は同じ太さとする。管径，配管の仕様（材質，厚さなど）などを表示する場合は図1-25（a），（b）のように管を表す線の上側に沿って，図面の左の方から，又は図面の下の方から読むように記入する。複雑な図面などで，誤解を招くおそれのある場合は，図1-26のように引出線を用いて表すこともできる。

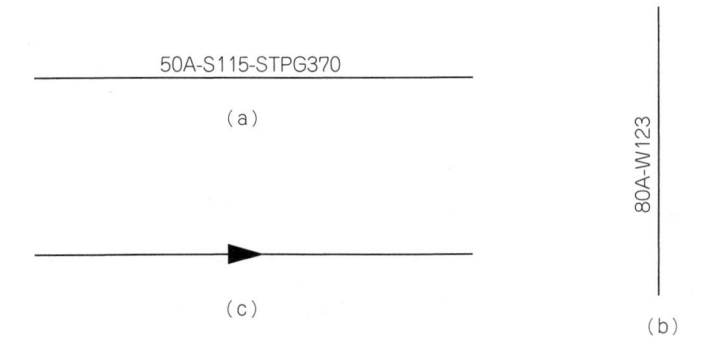

図1-25 管の種類の表し方（その1）

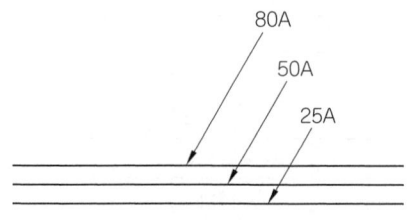

図1-26 管の種類の表し方(その2)

なお，流体の種類のうち空気，ガス，油，蒸気，水などの文字記号は，表1-7に示すものを用いる。

また，流体の流れの方向を図示する場合は，図1-25（c）のように矢印で示す。

管径や材質の表示には，管径は数字，材質は記号を用いる。管径の**呼び径**[*]にはA寸法とB寸法があり，管径を表す数字の次にA又はBを記入して，区別する。銅管や塩化ビニル管など，mm単位で呼ぶ場合は，呼び径記号のA，Bは記入しない。また，材質はJISに定められた材料記号（ローマ字の頭文字又は化学元素記号）を用いて記入することになっている。

表1-7 流体の種類の記号

流体の種類	文字記号
空　気	A（air）
ガ　ス	G（gas）
油	O（oil）
蒸　気	S（steam）
水	W（water）

図1-25（a）の記号は左から管径（呼び径）50mm，蒸気管の管番号115，材質STPG370，すなわちJISの圧力配管用炭素鋼鋼管で，370は引張強さN/mm^{2}を示している。

三面図方式による管の立体的な（図面に対して垂直な）曲がり方の表示方法を図1-27に示す。

	正投影図	等角図
管Aが画面に直角に手前に立ち上がっている場合		
管Aが画面に直角に向こうに下がっている場合		
管Aが画面に直角に手前に立ち上がって，管Bに接続している場合		

図1-27 管の曲がりの表し方（JIS B 0011）

---

[*]**呼び径**：A寸法は管径のミリメートル表示をベースとし，またB寸法はインチ表示をベースとして定めたもので，管径の正確な寸法を示すものではなく，呼び径として使用する。

管の接続状態と継ぎ方の表し方を表1－8に示す。

表1－8　管の接続状態と継ぎ方（JIS B 0011-1-1998）
（a）管の接続状態の表し方

管の接続状態		図示方法
接続していないとき		─┼─ , ─┬─ 又は ─┤├─
永久結合部 （溶接又は他の 工法による）	交　差	─●─
	分　岐	─●─

（b）管の結合方式の表し方（JIS B 0011-2）

結合方式の種類	図　記　号
一　般	──┼──
溶接式	──●──
フランジ式	──┤├──

学習のまとめ

1. 配管製図の規格には日本工業規格（JIS）と空気調和・衛生工学会の規格（SHASE）などがあり，数字，記号，寸法線などの書き方を定めている。
2. 空気調和・衛生設備の図面に使用する図示記号などは，JISよりSHASEのほうがより詳細に定めている。

第2節　建築製図の基礎

　配管製図には，一般の住宅・事務所用の給排水配管のほか，上・下水道，発電所，化学工場などの，いろいろな専門分野の配管に関する製図がある。この教科書では住宅・事務所などの建築配管に限定する。

　この節では，配管設備の製図をするに当たって，知っておきたい建築図面の用語や見方などについて説明する。

（1）　平　面　図

　平面図は，図1－28のように建物を階ごとに平面的に描いた図面で，**間取り図**ともいう。平面図を描くときには，次のようにする。

① 　寸法は，柱の中心（**柱心**という）を基準として，寸法を記入するのが一般的である。

　　場合により，壁の中心を基準として寸法を記入することがあるが，これを**壁心**という。この場合は，「壁心」と図面に記入して，「柱心」と間違えないように注意する。

② 　浴槽・便器・調理台などの動かさない器具，食卓・ベッドなどのめったに移動しない家具は図面に描き込むが，簡単に移動できる家具などは省略する。

③ 　壁・窓・扉などは，それぞれ決まった記号がある（JIS A 0150）。表1－9，表1－10に代表的な記号を示す。

1階平面図

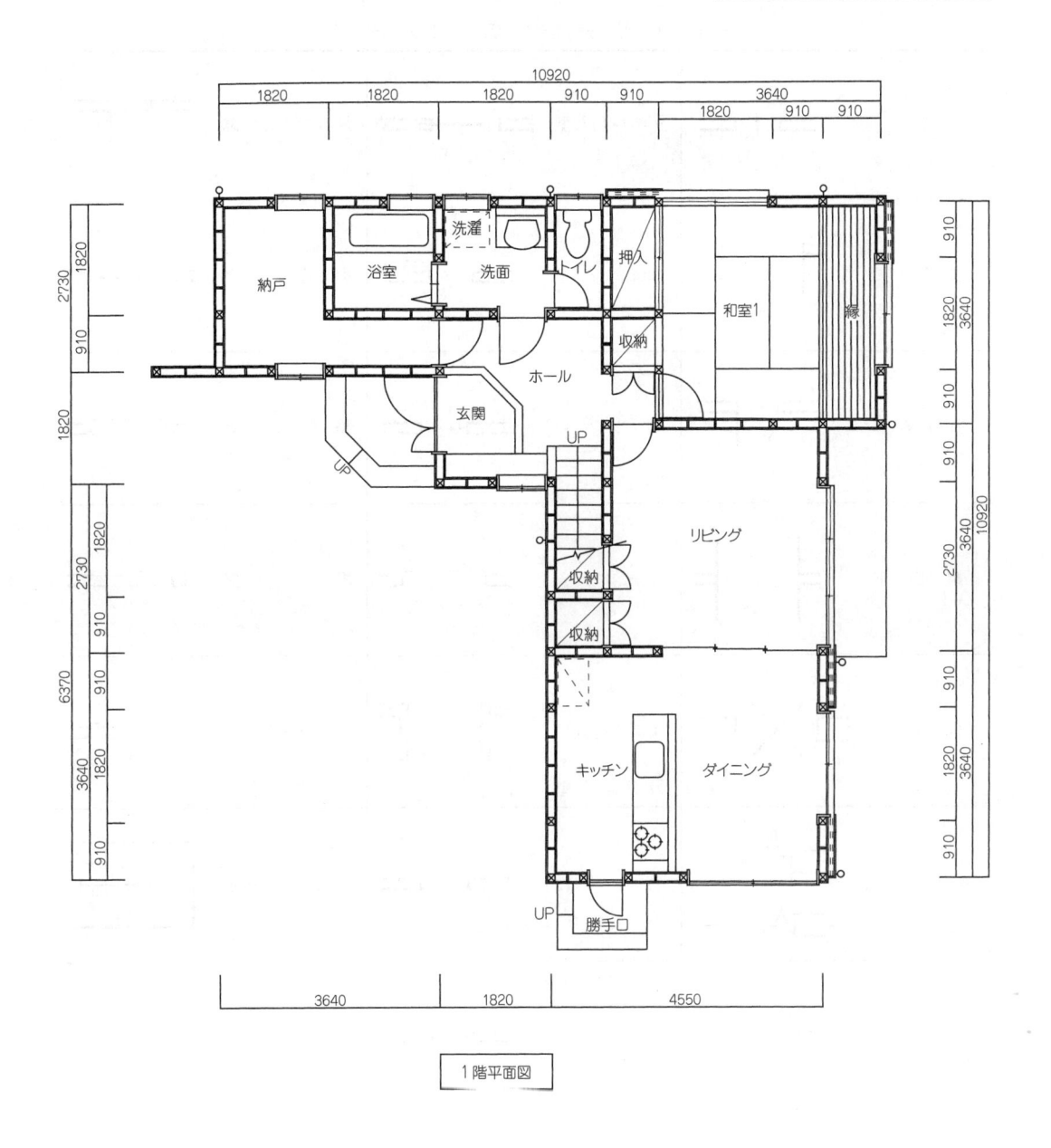

図1-28 平 面 図(例)

表1−9 平面表示記号（JIS A 0150-1999抜粋）

名称	記号	名称	記号	名称	記号
出入口一般		引き戸隠し型		片開き窓	
両開き扉		雨戸		引違い窓	
片開き扉		網戸		格子付き窓	
自由扉		シャッター		網窓	
回転扉		両開き防火戸及び防火壁		シャッター付き窓	
折りたたみ式引き戸		窓一般		階段昇り表示	
伸縮間仕切（材質及び様式記入）		はめごろし窓 回転窓 すべり出し窓 突出し窓 （開閉方法記入）			
引違い戸		上げ下げ窓			
引き戸表面型		両開き窓			

表1−10 材料構造表示記号（JIS A 0150-1999抜粋）

表示事項 / 縮尺程度別による区分	縮尺 $\frac{1}{100}$ 又は $\frac{1}{200}$ 程度の場合	縮尺 $\frac{1}{20}$ 又は $\frac{1}{50}$ 程度の場合（縮尺 $\frac{1}{100}$ 又は $\frac{1}{200}$ 程度の場合でも用いてもよい。）	現寸及び縮尺 $\frac{1}{2}$ 又は $\frac{1}{5}$ 程度の場合（縮尺 $\frac{1}{20}$, $\frac{1}{50}$, $\frac{1}{100}$ 又は $\frac{1}{200}$ 程度の場合でも用いてもよい。）
壁 一 般			
コンクリート及び鉄筋コンクリート			
軽量壁一般			
普通ブロック壁 / 軽量ブロック壁			実形をかいて材料名を記入する。
鉄 骨			
木材及び木造壁	真壁造 管柱 片ふた柱 通柱 / 真壁造 管柱 片ふた柱 通柱 / 大壁 管柱 間柱 通柱 / (柱を区別しない場合)	化粧材 / 構造材 / 補助構造材	化粧材（年輪又は木目を記入する）/ 構造材 / 補助構造材 / 合板
地 盤			

（2） 立 面 図

立面図は図1-29のように，建物を東西南北から見て描いた図で姿図又は外観図ともいう。西から見たのか，北から見たのかはっきり分かるように，「西立面図」といった説明を付ける。

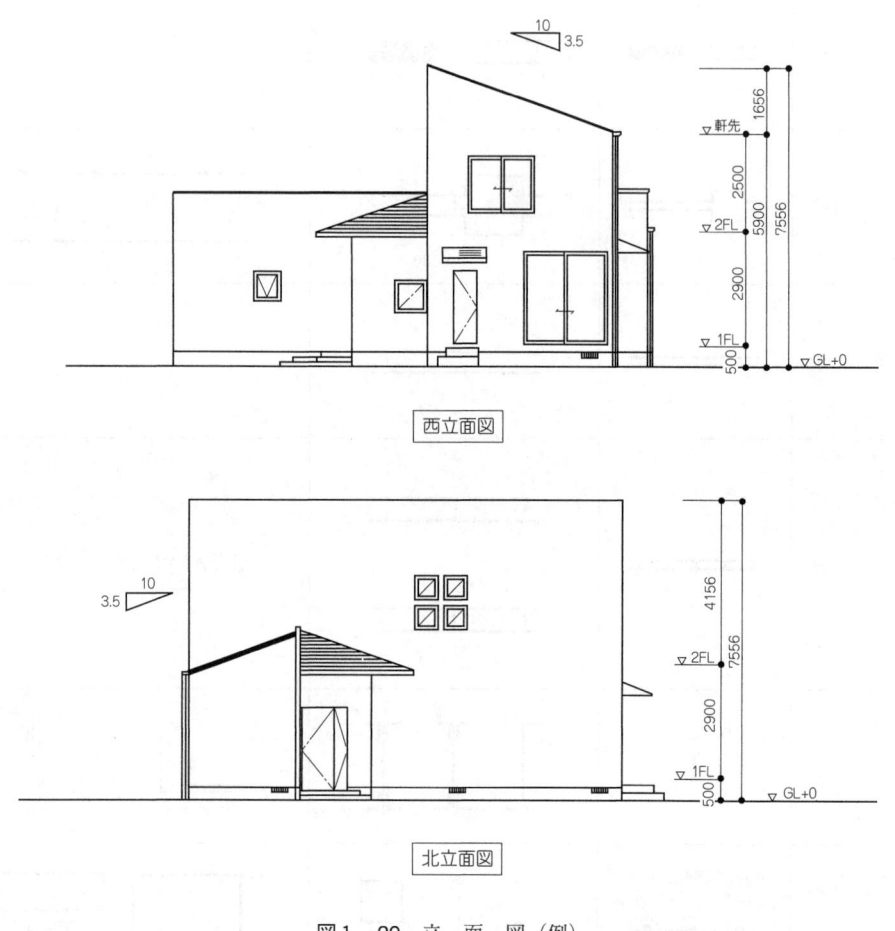

図1-29 立 面 図（例）

（3） 伏　図

伏図は平面図の一種で，図1-30，図1-31のようなものである。

屋根・天井・床・基礎などに使っている材料や寸法を記入する。図1-30（a）は「**小屋伏図**」といわれるもので，屋根と天井との間の骨組み構造を示している。（b）の「**天井伏図**」は，天井に使う材料や仕上げを示し，設備図では天井換気口，スプリンクラ，埋込照明器具などを記入する。図1-31（a）の「**基礎伏図**」は建物の下のコンクリートの部分を上から見た図で，設備図では，床下換気口などを記入する。（b）の「**床伏図**」は畳・じゅうたん・カーペットなどを取り払った，大工さんが作る部分の構造を示した図である。

(a) 小屋伏図

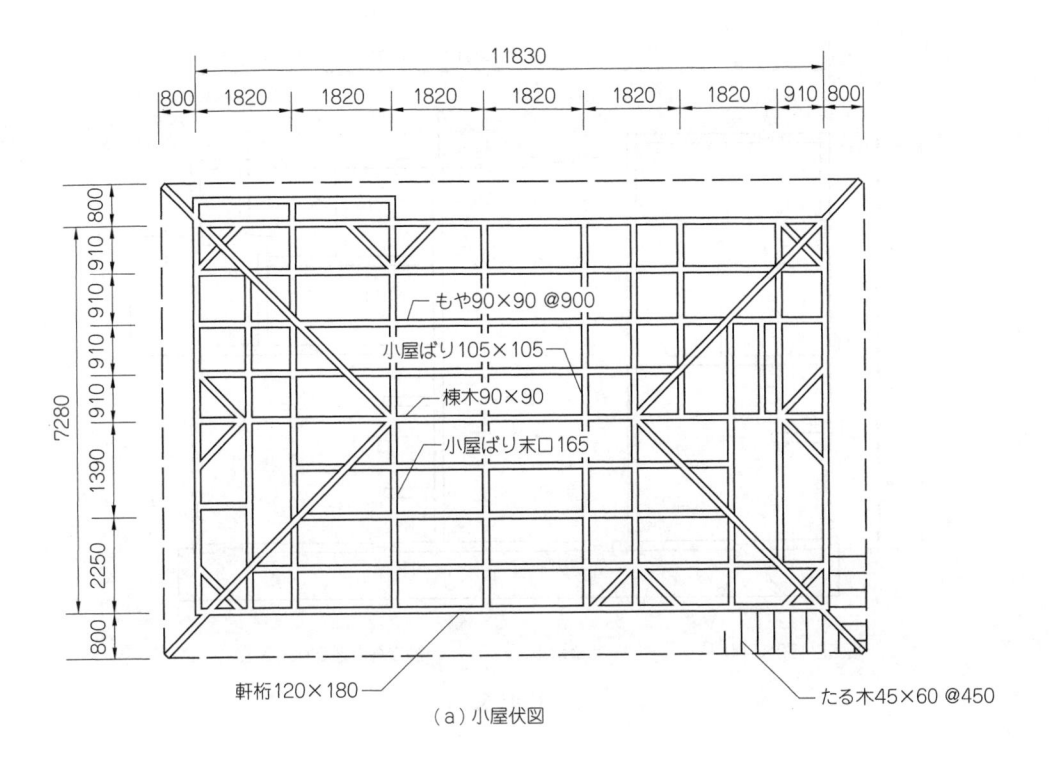

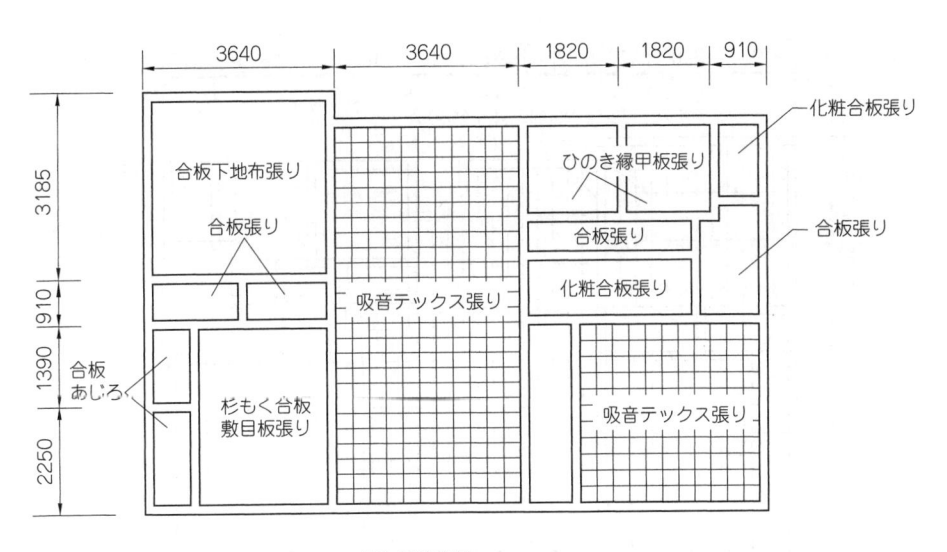

寸法: 11830 (800, 1820, 1820, 1820, 1820, 1820, 1820, 910, 800)
7280 (800, 910, 910, 910, 910, 1390, 2250, 800)

- もや90×90 @900
- 小屋ばり105×105
- 棟木90×90
- 小屋ばり末口165
- 軒桁120×180
- たる木45×60 @450

(b) 天井伏図

寸法: 3640, 3640, 1820, 1820, 910
3185, 910, 1390, 2250

- 合板下地布張り
- 合板張り
- ひのき縁甲板張り
- 化粧合板張り
- 合板張り
- 化粧合板張り
- 合板張り
- 吸音テックス張り
- 合板あじろ
- 杉もく合板敷目板張り
- 吸音テックス張り

図1—30　伏　図（1）

38　配管製図

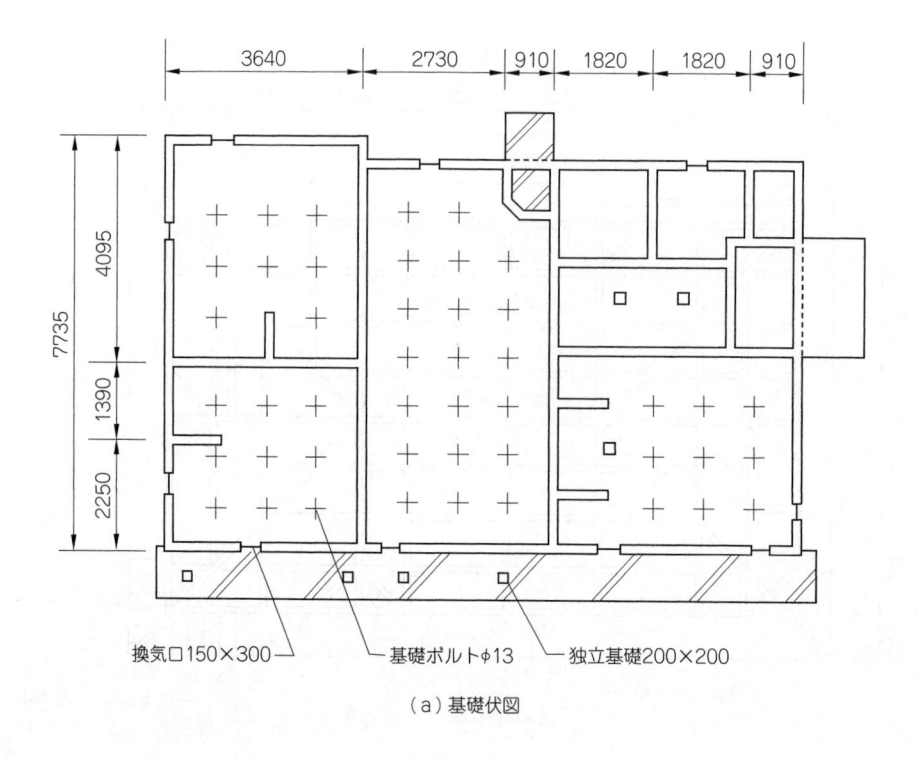

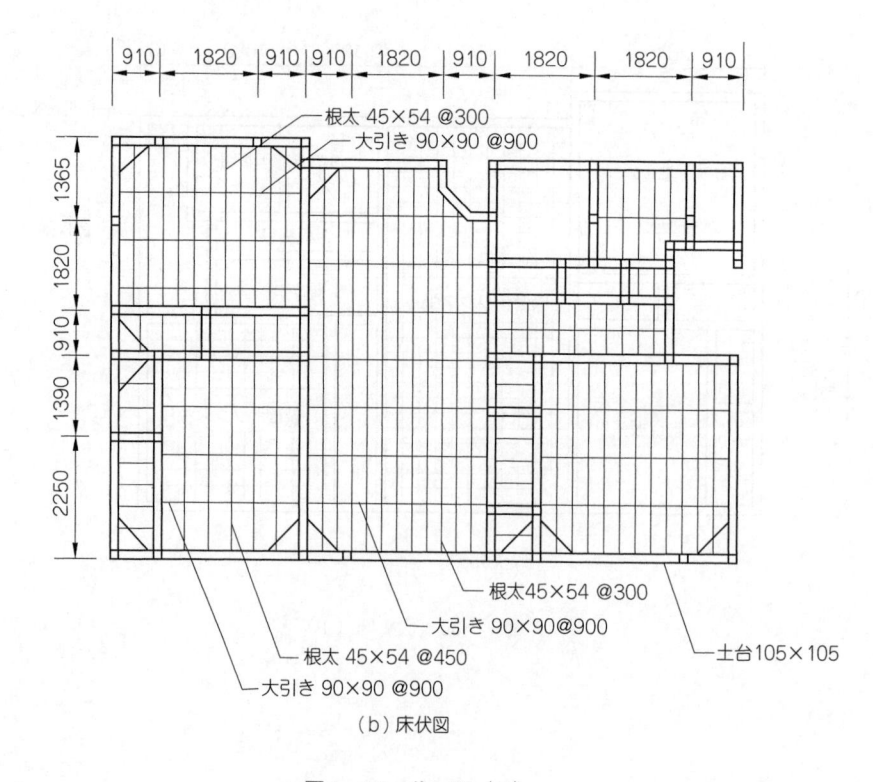

(a) 基礎伏図

換気口150×300　　基礎ボルトφ13　　独立基礎200×200

(b) 床伏図

根太 45×54 @300
大引き 90×90 @900
根太 45×54 @300
大引き 90×90 @900
根太 45×54 @450
大引き 90×90 @900
土台 105×105

図1-31　伏　図（2）

（4） 矩計図

矩計図は，図1-32のように建物の断面の寸法や使っている材料を詳細に記入した図面で，小住宅では，これと平面図があれば施工ができるため重要な図面といえる。

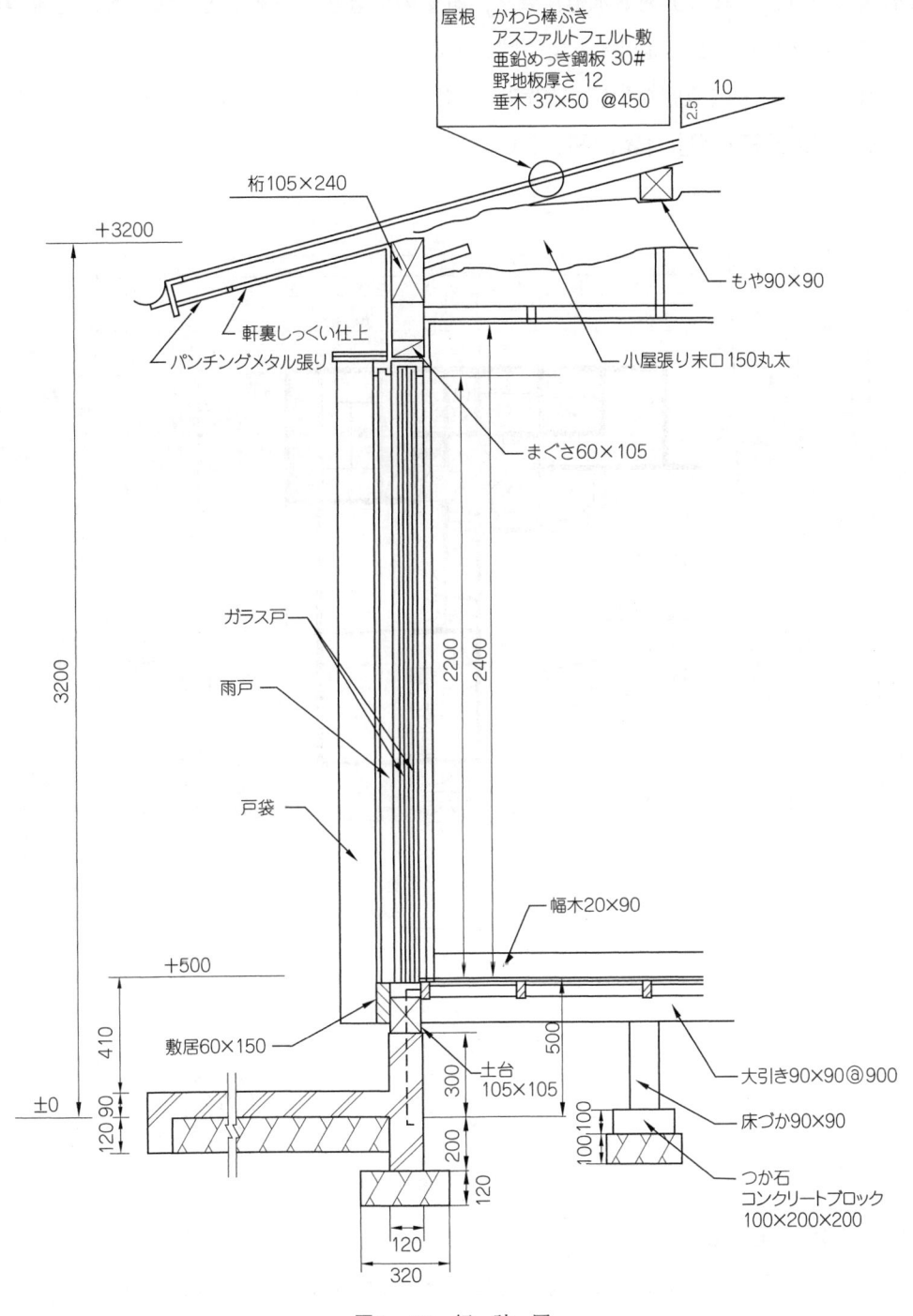

図1-32 矩計図

(5) 配 置 図

　配置図は，図1－33のように敷地内の建物とその周辺の道路・境界線などを平面で示した図面である。建物自体はかなり省略し，四角い箱のように描くことが多くなっている。配管製図では，これに上・下水道，ガス，電気の引き込み位置などを書き加えて水道事業管理者，ガス会社などへ提出する申請図とする。

　これに，もっと広範囲な地図（最寄りの駅・バス停からの道順）を付けることがあり，これを「付近見取り図」，「案内図」という。

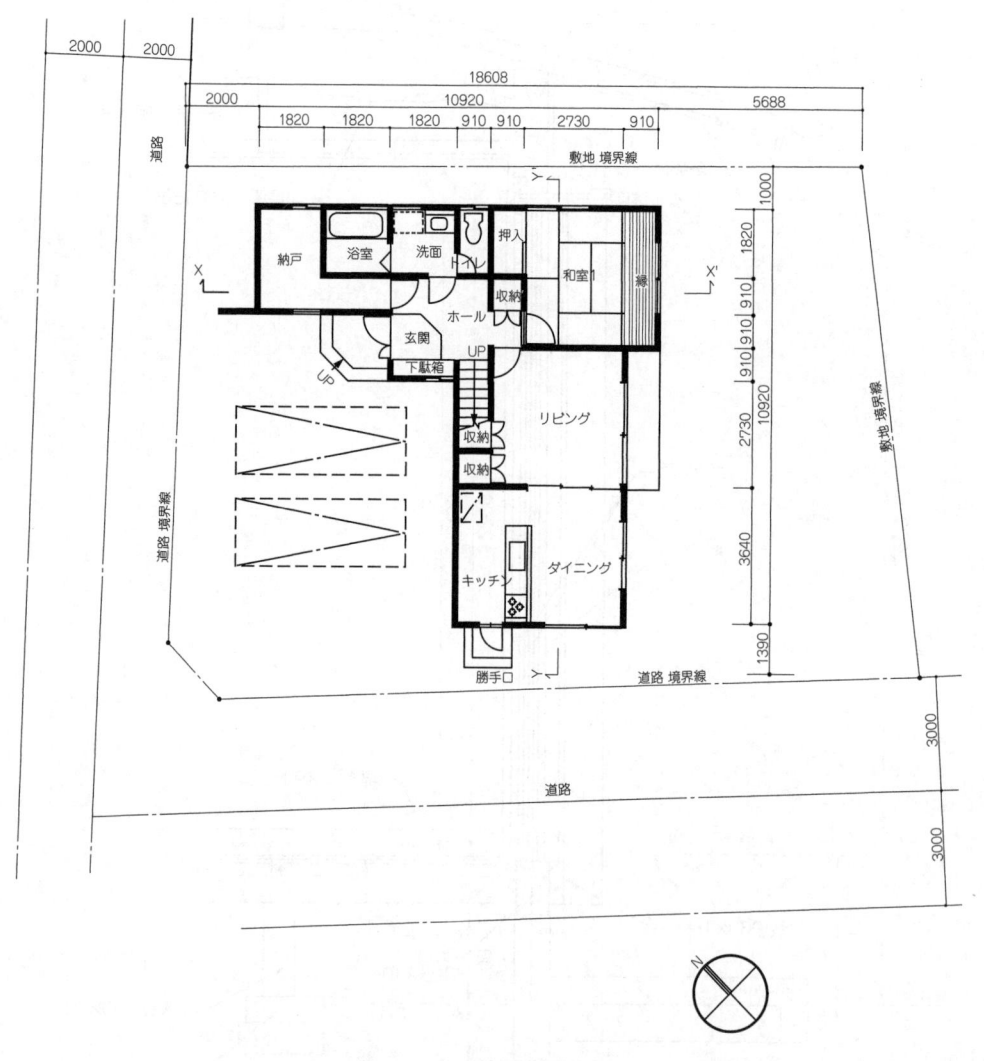

図1－33　配　置　図（例）

(6) 断　面　図

　断面図は，図1－34のように建物を切断した図面である。矩計図に似ているが，これは建物全部を切断した図であるため，階段のこう配や各階の高さ関係がすぐ分かるので便利

な図といえる。

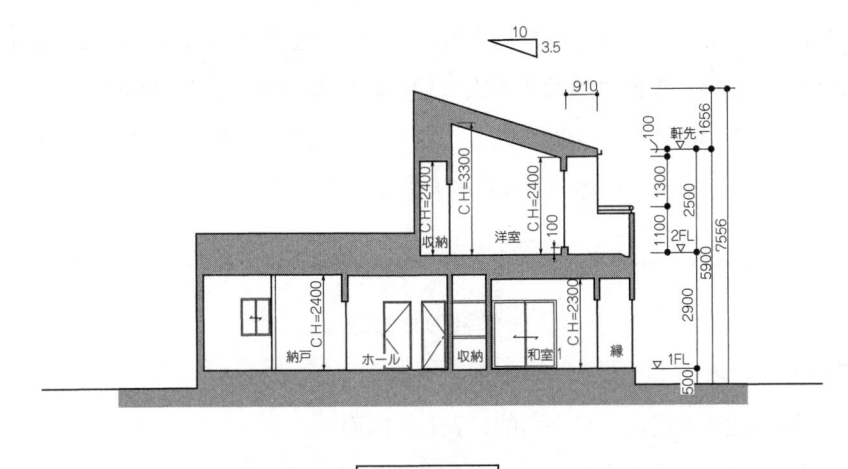

X-X'断面図

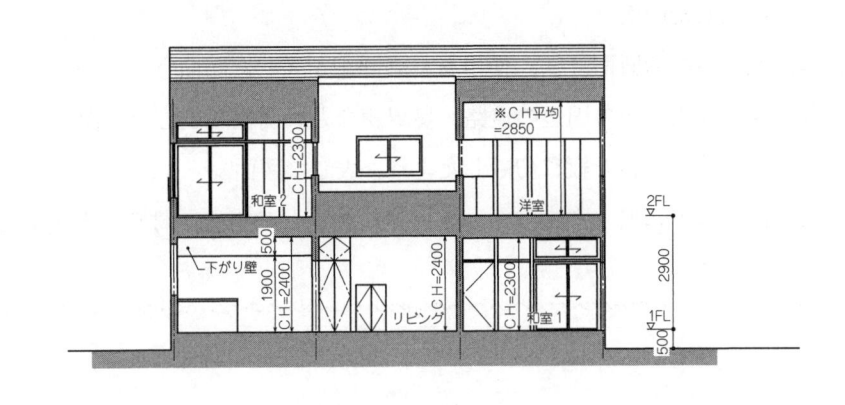

Y-Y'断面図

図1-34　断　面　図（例）

(7) 軸組図

（3）の伏図は，屋根・天井などの構造や材質を表す平面図であるが，軸組図は，巻末折込－1のように横から壁の方を見た構造・材質を表す。鉄骨コンクリート造り，鉄骨造りの建物の場合に多く用いられる。

巻末折込－1の図面で，1，2，‥や「A通り」などの記号があるが，これは1丁目のA番地というように，場所を示す記号で，その記号を付けられた柱心を**通り心**という。これは，便所や湯沸室などを部分的に拡大して詳細に描く場合，「これは何丁目何番地付近

を拡大しています。」ということを表すのに便利なためである。

　建築製図は，**建築基準法**などの法律に従って，違法建築にならず，また住む人，利用する人に十分満足してもらうよう，専門的な知識と経験を必要とするので，この教科書の範囲では言い尽くせない。専門に勉強する人は他の教科書で学ぶことが必要である。配管製図は建物の中にいろいろな器具を置いたり，それらを配管で連結したりする図面を作ることであるから，多くの図面を見て，それに慣れるよう心掛ける。

学習のまとめ

　建築図面には次のようなものがある。
1．平面図　建物を階ごとに平面的に表した図面
2．立面図　建物を東西南北から見たときの外観を表した図面
3．伏　図　平面図の一種で，屋根・天井・床などに使っている材料や寸法を表した図面
4．矩計図　建物の断面寸法，使用材料の詳細を表した図面
5．配置図　建物とその周辺の道路・境界線などの関係を表した図面
6．断面図　建物全体を縦に切断したように表した図面
7．軸組図　水平に壁の方を見たときの壁・柱などの構造，材料などを表した図面

第3節　電気設備製図の基礎

　電気設備製図は，主に照明や動力器具類を配置し，それに配線を行うための図面を作成することであるが，空調設備や衛生設備などに電気を供給するための製図でもあり，ガス配管のように電線及び電気工作物に近接又は交差する場合は，関係法規に従い必要な離隔距離をとるか，又は防護措置をする。以下に電気設備製図に必要な事項について説明する。

（1）　屋内配線用図記号

　電気設備製図には，JISにに規定された「屋内配線用図記号」（JIS C 0303）があり，主要なものを表1－11に示す。

表1-11 屋内配線用図記号 (JIS C 0303-2000抜粋)

名　　称	図　記　号	名　　称	図　記　号
天井隠ぺい配線	――――	コンセント	⊖
床隠ぺい配線	― ― ―	点　滅　器	●
露　出　配　線	-------	電　力　量　計 (箱入り又はフード付)	Wh
立　上　り	↗	電　流　制　限　器	Ⓛ
引　下　げ	↙	分　電　盤	◣
素　通　し	↗	内　線　電　話　機	Ⓣ
プルボックス 及び接続箱	⊠	加　入　電　話　機	ⓣ
接　地　極	⏚	ファクシミリ	FAX
受　電　点	⌇	ス　ピ　ー　カ	◁
換　気　扇 (扇風機を含む)	∞	警報サイレン	◁
ルームエアコン	RC	電　　柱	⊖
一般用照明 白　熱　灯 H I D 灯	○	マンホール	M , ⊠
蛍　光　灯	─⊂○⊃─	ハンドホール	H , ⊠

(2) 電気設備の製図例

図1-35の (a) と (b) では, (b) の方が分かりやすいが, これでは描くのが大変なうえ, 配線の種類や太さなどが分からないので, 普通は (a) のように表す。(a) を**配線図**, 屋内だけ表したものを**屋内配線図**という。(b) で①はアウトレットボックスという電線をつなぐ箱, ②は電線, ③は床に取り付けたフロアコンセント, ④は壁に取り付けた埋込口コンセントと呼ばれる器具である (図1-36)。②の電線は, 実際には室内で直接見えるものではなく, 天井裏や床下へ配線されるもので, 天井裏に配線されるものを**天井隠ぺい配線**, 床下に配線されるものを**床隠ぺい配線**という。

次に, 図1-36の (a) について細部を説明する。

44　配管製図

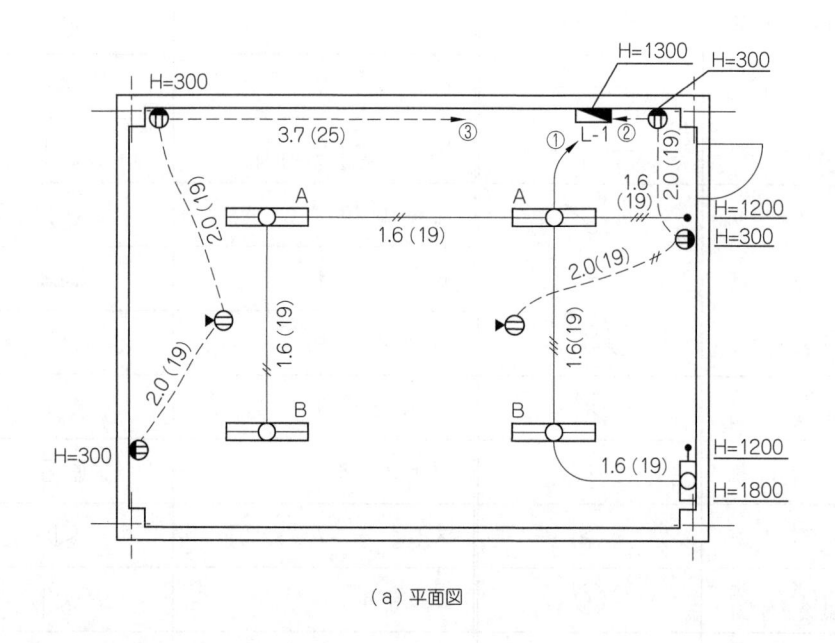

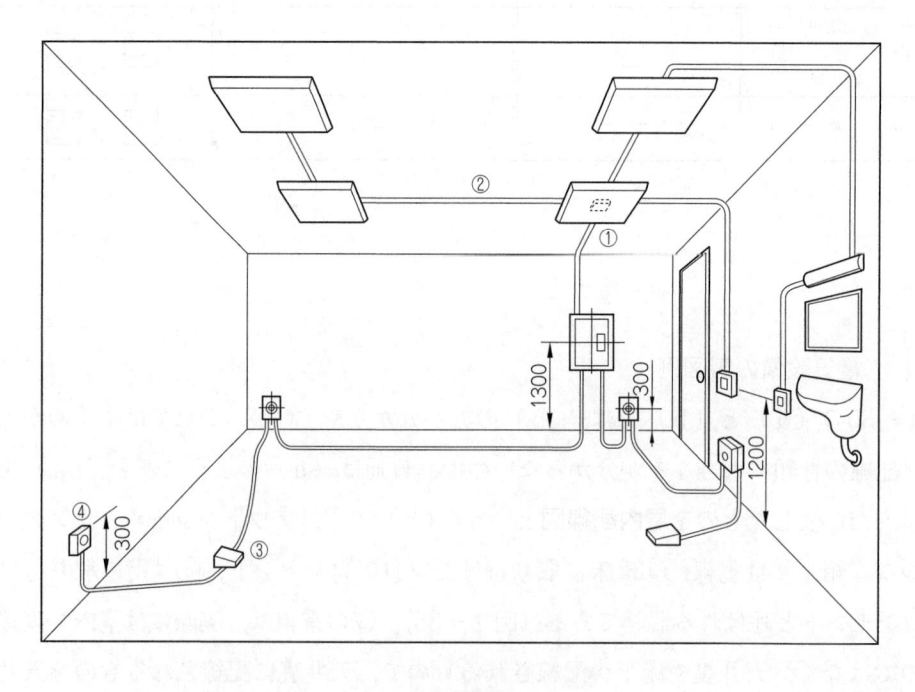

(a) 平面図

(b) 透視図

図1-35　屋内配線図（平面図・透視図）その1

(a) フロアコンセント 　　　　(b) 埋込口コンセント

図1－36　各種コンセント

① 太線で $\underline{\quad 1.6(19) \quad}$ などと書いてある。これは，
- 天井隠ぺい配線（実線）で（表1－11の記号参照），
- 1.6とは，1.6mmの**IV電線**（電線の種類：図1－37参照，単に1.6と書いてあればIV電線のこと）で，
- ━╫━ は電線3本を使って，
- (19) とは，「直径19mmの**電線管**に電線を通して配線する。」ということを表している。

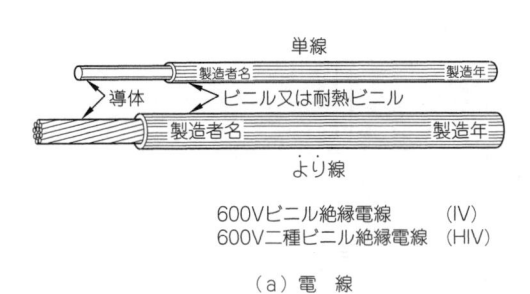

図1－37　電線とケーブル

(a) 電線
600Vビニル絶縁電線　(IV)
600V二種ビニル絶縁電線　(HIV)

(b) ケーブル
600Vビニル絶縁ビニルシースケーブル　(VV)
VVR（単心）
VVR（2心）
VVF（2心）
VVF（3心）

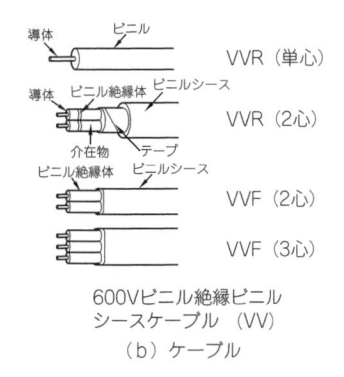

② →① のように，行き先と番号を書いているものがある。これは，配線を分岐する箱，**分電盤**L－1の①へ接続することを表している。

③ ▭━▭ と描いてあるのは蛍光灯で，同じ建物でもいろいろな種類の蛍光灯を使うことが多いので，種類ごとにA，B，Cなどの記号を付け，表1－12のような器具一覧表（例）を図面の隅か別表で表す。

表1－12　器具一覧表（例）

A 蛍光灯	B 蛍光灯	C 蛍光灯
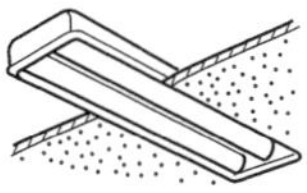	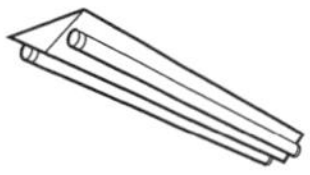	
FL 20W－2	FL 20W－2	FL 20W
天井埋込	天井直付	壁横付ブラケット

④　コンセントは，壁埋め込みのものを ⊖，床埋め込み（フロア・コンセントという）のものを ⊕ で表す。

⑤　**スイッチ**は黒丸で表す。

　　もう１つの例を図１－38に示す。これは，ある建物の会議室で，（a）は平面図，

(a) 平面図

(b) 透視図

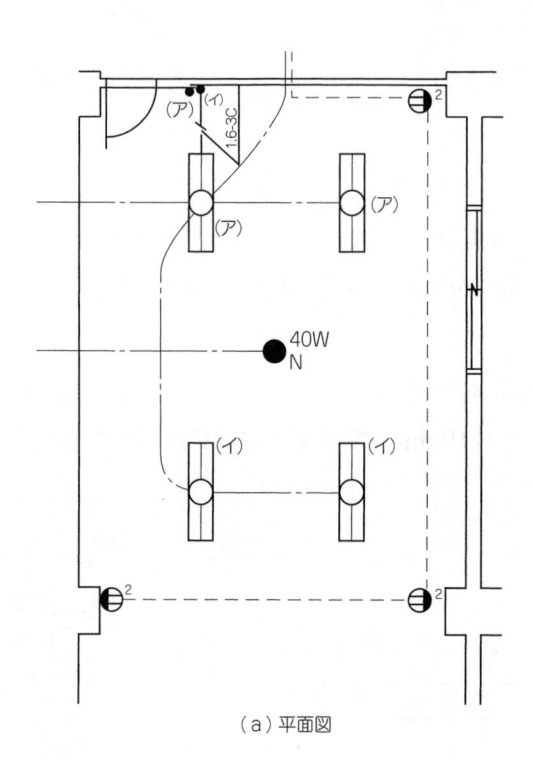

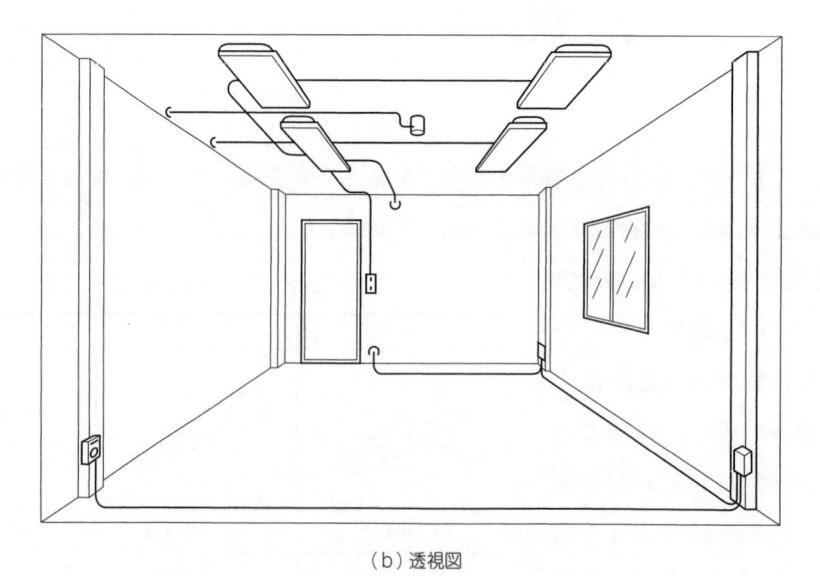

図１－38　屋内配線図（平面図，透視図）その２

（b）は透視図である。（a）について細部を説明する。

① 一点鎖線 —・—・— は，**天井ふところ内配線**の記号で，天井裏のすき間を利用する配線方法であるが，天井隠ぺい配線の一種であるから実線で描いてもかまわない。また，線の記号として1.6－3Cと書いてあるが，これは600Ｖビニル**絶縁**ビニルシースケーブル（VVF）1.6mm 3 心のものを 1 本引く，ということを示している。前の例のような，(19)などという電線管の記号がないのは，電線管を使わず，むき出しでケーブルを引くことを表している（図 1 －39参照）。

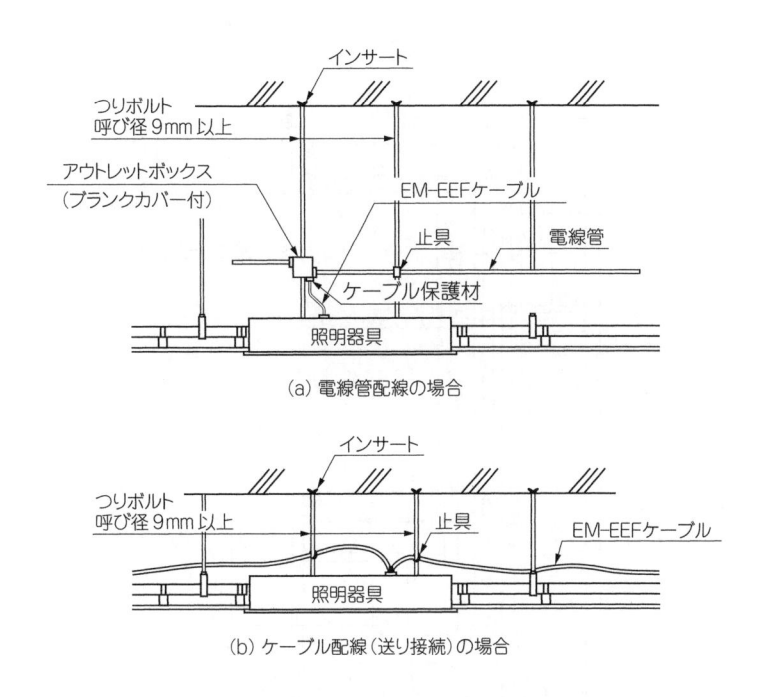

（国土交通大臣官房官庁営繕部監修　（社）公共建築協会編：電気設備工事標準図（平成16年度版），（社）建築電気技術協会）
図 1 －39　電線管配線とケーブル配線

② 中央の黒丸は非常用の白熱灯（電灯）を表している。非常用でない一般の白熱灯は白丸で表す。
③ コンセント $\ominus^2$ は，差込口が 2 つある 2 口コンセントを示す。
④ 蛍光灯のうち，（ア）の蛍光灯は黒丸（ア）のスイッチで点滅するもの，（イ）の蛍光灯は黒丸（イ）のスイッチで点滅するものを表している。

実際の配線図の例を巻末折込－ 2 ，図 1 －40に示す。矢印で①，②などと書いてあるのは先述と同じように分電盤へ電線を継ぐ，ということを表している。また，六角形で囲った数字は表 1 －13の器具一覧表（例）の数字と対応している。

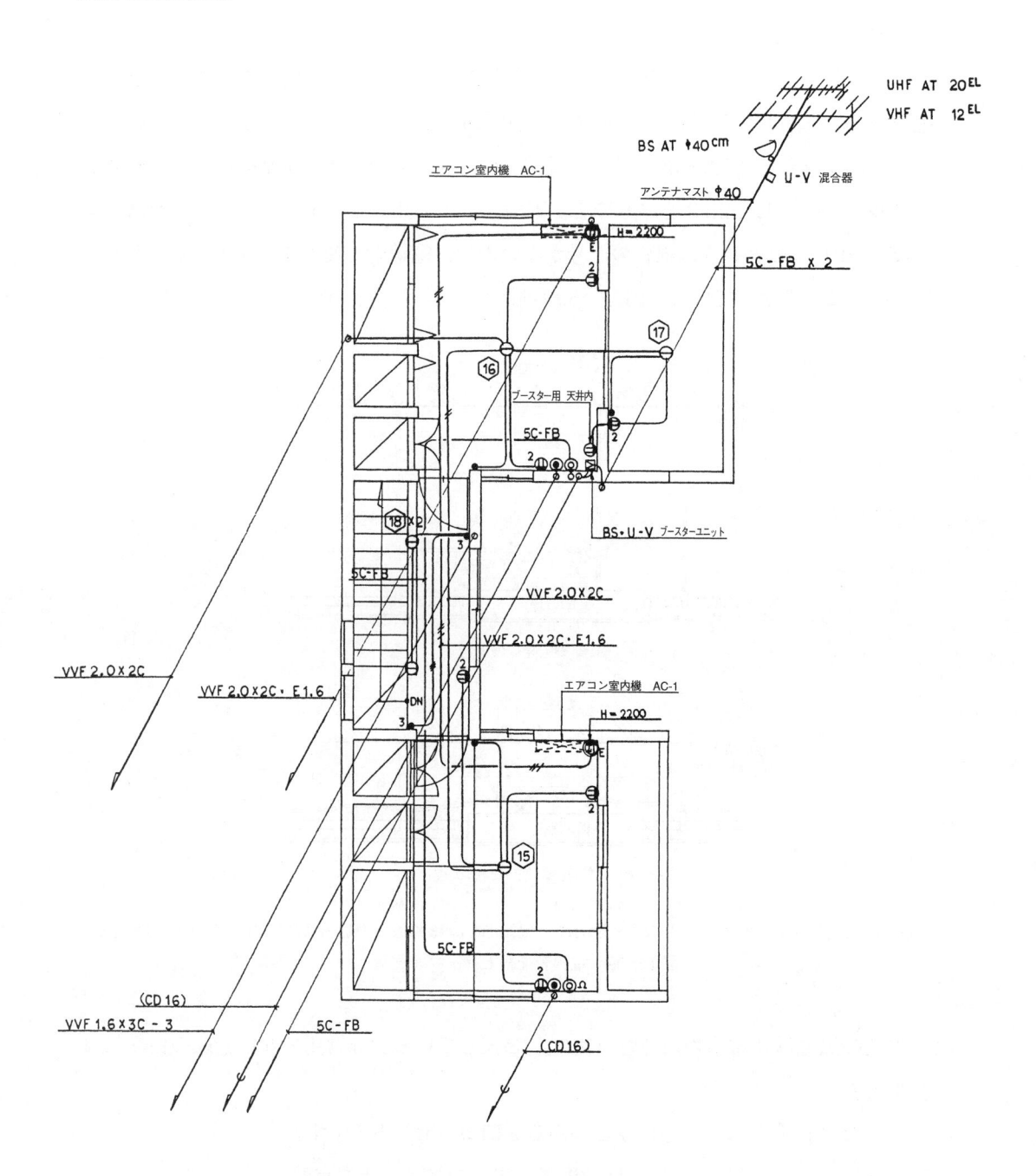

図1−40 屋内配線図例

表1-13 器具一覧表（例）

No.	器具名	備考	台数	設置場所
①	シーリングライト 1L 40W		2台	納戸
②	浴室ブラケット 1L 60W	防湿・防雨形	1台	浴室
③	シーリングライト 1L 40W	防湿・防雨形	2台	化粧室・便所
④	ポーチライト 1L 40W	防湿・防雨形	1台	玄関ポーチ
⑤	シーリングライト クリア球 60W		1台	玄関
⑥	シーリングライト クリア球 40W×4		1台	玄関ホール
⑦	和室コードペンダント FL 40W+32W	プルスイッチ付	1台	和室 1階広縁
⑧	ダウンライト 1L 40W		2台	1階広縁
⑨	シャンデリア 1L 60W×4		2台	居間
⑩	ダウンライト 1L 40W		4台	居間
⑪	シーリングライト FL 40W+32W	プルスイッチ付	1台	食堂
⑫	流し元灯 FL 20W	プルスイッチ付	1台	台所
⑬	シーリングライト FL 40W	防水形	2台	台所
⑭	勝手口ブラケット 1L 40W		1台	台所勝手口
⑮	コードペンダント FL 40W+32W	プルスイッチ付	1台	2階和室
⑯	シーリングライト FL 20W×4	プルスイッチ付	1台	2階洋室
⑰	シーリングライト FL 20W×2	プルスイッチ付	1台	2階洋室
⑱	シーリングライト 1L 60W		2台	階段ホール

照明器具 姿図

> **学習のまとめ**
> 1. 天井隠ぺい配線とは，天井裏へ配線をすること，床隠ぺい配線とは床下へ配線をすることをいう。
> 2. (19)のように，括弧内に数字が書かれている配線はケーブルを電線管に納めて配線をするもの，括弧のない配線はむき出しで配線をするものを表す。
> 3. 器具一覧表には，蛍光灯・白熱灯など，使用する器具の外形図を描き，どのような器具であるかがすぐ分かるようにしておく。

【練習問題】

図1のような等角図で表した，折れ曲がった形状のものを第三角法により，平面図，立面図で表しなさい（基本となる図面は平面図とする。）。

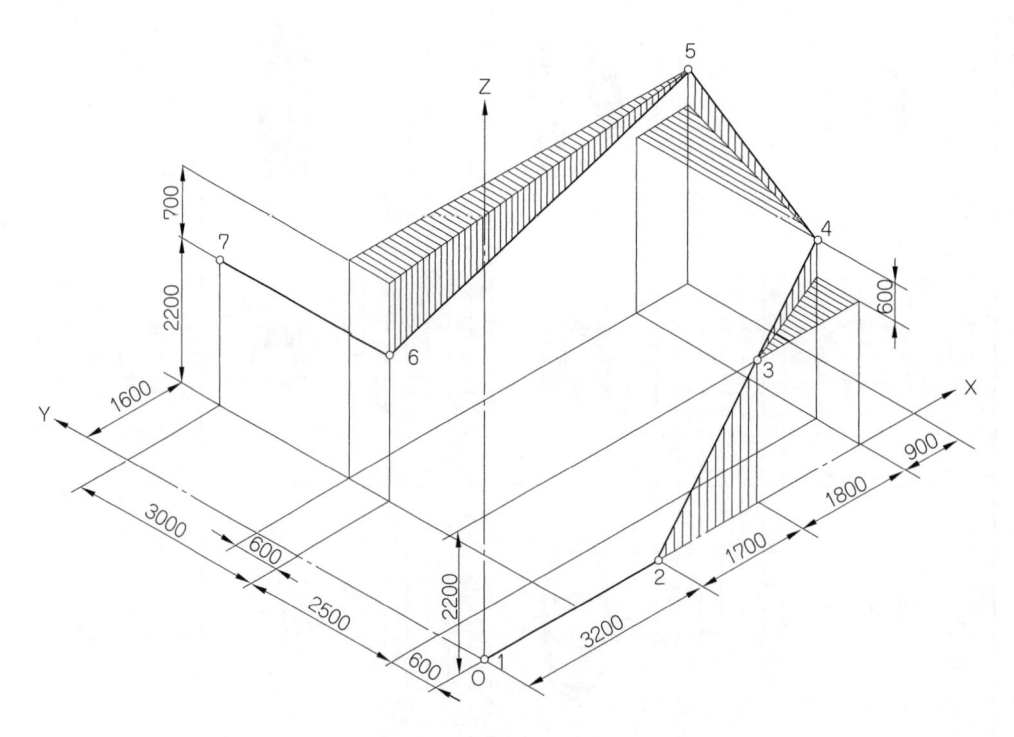

図1　練習問題の課題図

第2章　設備配管設計製図の実際

　ここでは，衛生設備の設計例から設計製図の実際を順序立てた説明と，空気調和設備では，各機器・器具の実際の写真及び製図記号を用いて，ダクトの設計・図面の描き方の概要について述べる。

第1節　給排水・衛生設備製図の基礎

　給水設備とは，建物及び敷地内において，飲み水，浴槽の水，台所の水，洗濯水，便所の水などを水道事業管理者の配水管から引いてきて必要なところへ分配する管類，継手類，弁類，水槽類，機器などを用いて水を供給する設備の総称をいう。

　排水通気設備とは，建物及び敷地内において，雨水，浴槽の水，便所の汚物とそれを流す水，流し台から排出された水，洗濯機から出てきた水などを下水道事業管理者が設置したます（公共ますという）まで引いていく管類，継手類，弁類，水槽類，機器などを用いて，排水する設備の総称をいう。

　事務所・住宅では，このほかに燃料用のガスを必要な箇所へ送る**ガス設備**，沸かしたお湯を供給する**給湯設備**などがあり，これらを含めて**給排水・衛生設備**という。

1.1　図示記号

　設備配管製図では，一般に，空気調和・衛生工学会規格SHASE-S 001が多く用いられているので，以下これに沿って説明する。

　この規格の抜粋を表2-1に示す。

① 水，湯，ガスなどの流体の流れが管の中を上がっていく配管を立上り配管，下がっていく配管を立下り配管という（図2-1）。

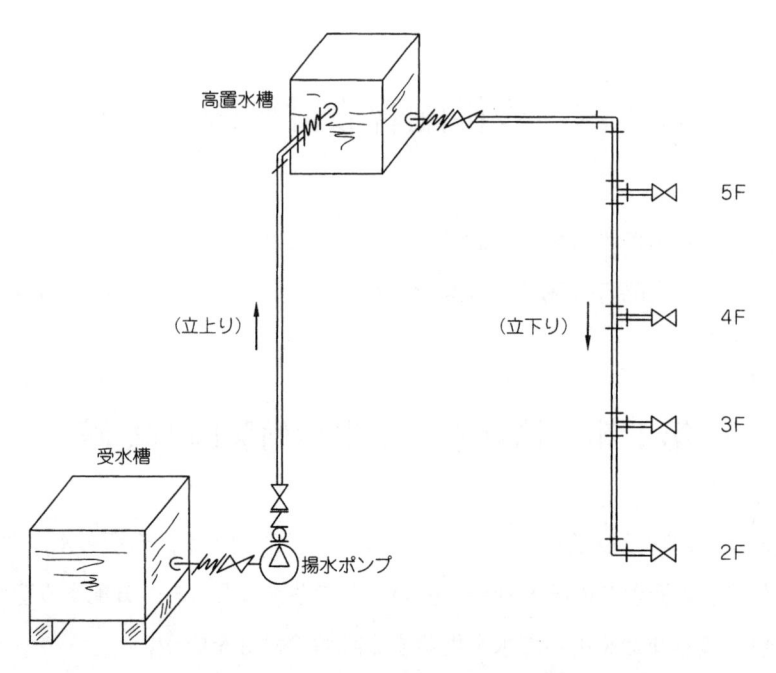

図2－1　立上り配管と立下り配管

② 表2－1より管が，屈曲して立ち上がったり，立ち下がったり又は，立上り立下り途中で分岐した場合の表示がある（図2－2）。※↓印は目で見た方向

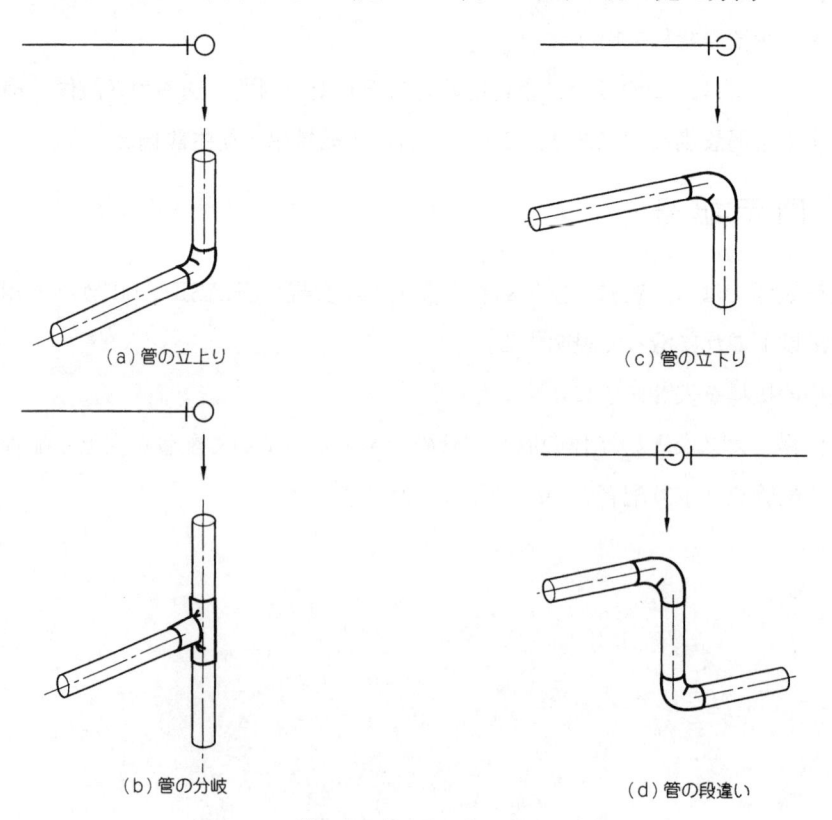

(a) 管の立上り

(b) 管の分岐

(c) 管の立下り

(d) 管の段違い

図2－2　管の立上り，立下り，分岐した表示

③　1つの管から枝分かれを行うのを**分岐配管**といい，図2－3に示すように立上げて分岐する（a）のようなものを**管の分岐立上り**，立下げて分岐する（b）のようなものを**管の分岐立下り**，水平に直角に分岐する（c）のようなものを**管の分岐水平取り**という。

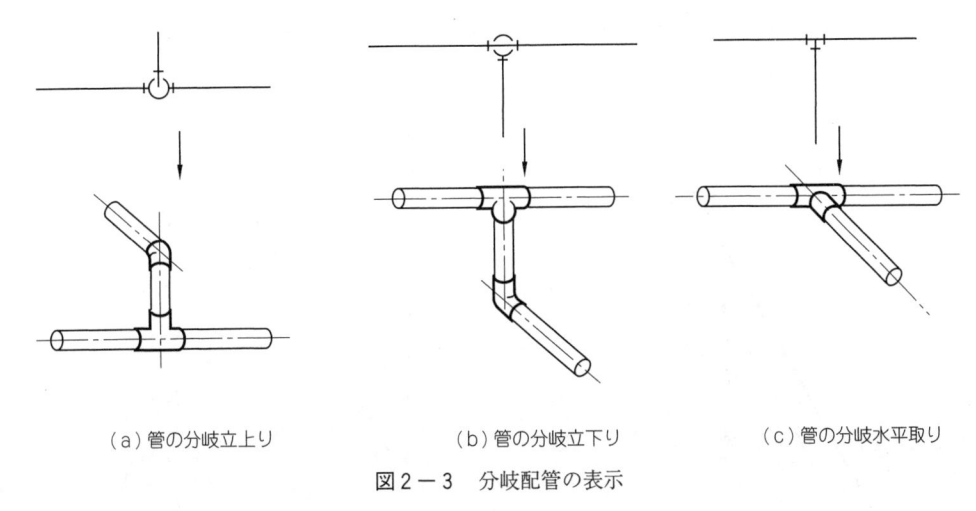

(a) 管の分岐立上り　　　(b) 管の分岐立下り　　　(c) 管の分岐水平取り

図2－3　分岐配管の表示

④　立上り，立下りに弁が付いているのを平面図で示す場合は，普通，図2－4（a）のように描く。また，（b）のように描かれることもある。

⑤　事務所などの比較的大きな建物は，何本かの配管が1箇所に並べて引かれているが，これを実際の寸法どおりに図面に描くと複雑になり，分かりにくくなるので，実際の位置から多少ずらして分かりやすく表示する。図2－5は，上・下2段に6本の配管を引く場合を示すが，図面上では6本を平面上に並べて引いたように描いてもよい。

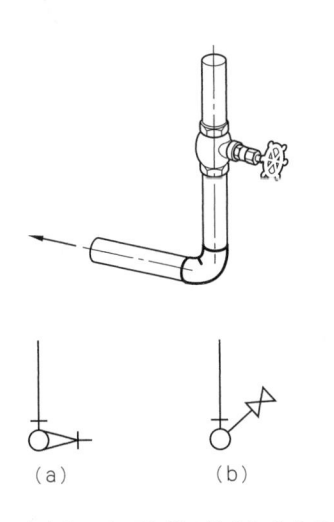

図2－4　立上り，立下り管の途中にある弁

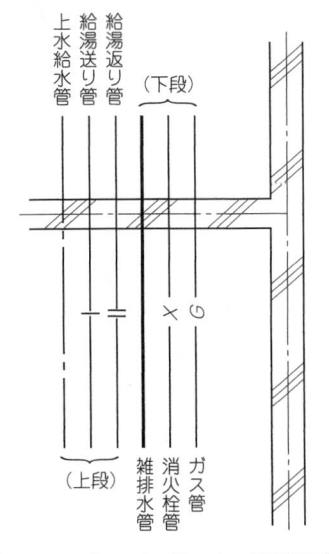

図2－5　上・下2段6本の配管平面図

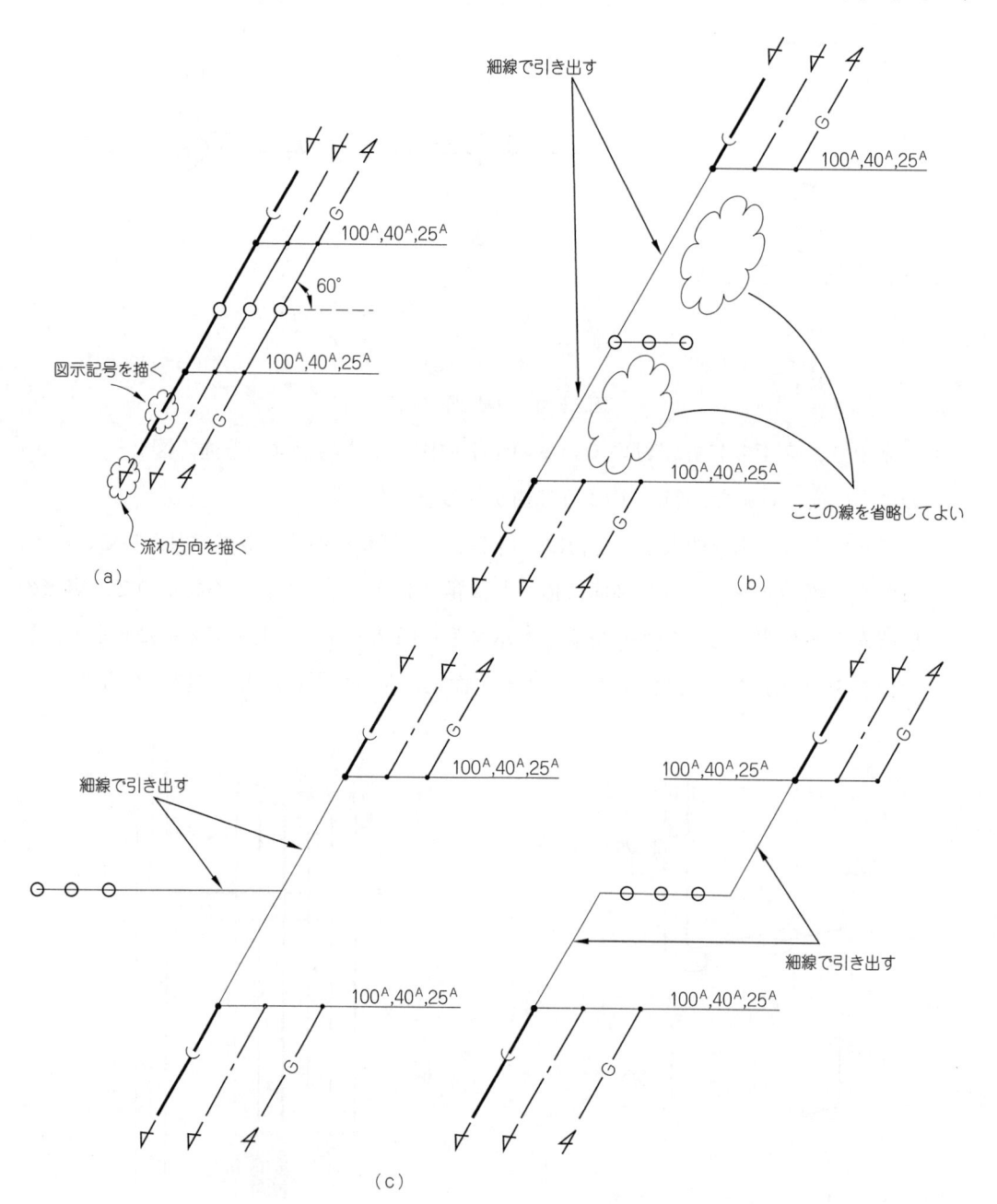

⑥ 配管の立上り，立下りは，図2－6（a）に示すように，60°の斜め右上がりの線で配管を表し，これに「流体を示す図示記号」，「流れの方向」，「管径」を記入する。図では，100mmの汚水排水管，40mmの上水給水管，25mmの低圧ガス管が立上り・立下りしていることを示す。管径（呼び径）はA寸法（mm表示）かB寸法（インチ表示）で表し，材質を表す記号は付けなくてもよいことになっている。材質の表示は，

(d)

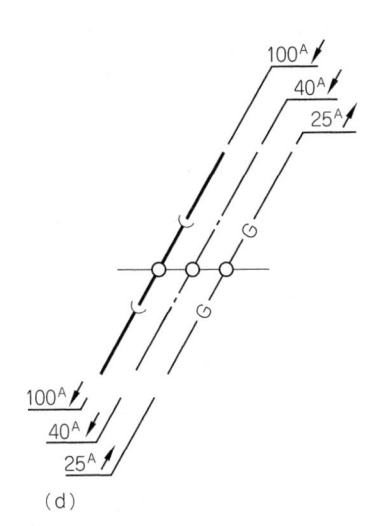

図2−6　多数の管の立上り，立下りの表示

別図（仕様書に記載されている）か，凡例として表示されているので材質記号を書かなくてもよい。管の数が多い場合は，（b）に示すように間を省略して代表の1本の斜め線で表してもよい。（c）は，引き出し線の方向を変え，書きやすい場所へ記入する方法でもよい。（d）は，管に引き出し線を付けて，それに管径と方向を記入する方法もよく行われている。

⑦　排水設備の場合，排水工事計画届を下水道事業管理者に事前に届け出なければならないと定められており，ここでは届出書の設計図書の設計について記述する。

敷地内の屋外排水図は，排水管の管径・こう配・ますの大きさ，ますの深さなどは図2−7，図2−8のように記入する。このうち，下水道事業管理者の指示により縦断面図を描く場合がある。いずれにせよ，設計図は施工実施の基準となり，積算業務に移行するため，管の布設位置・ますの深さが表示されないと，床掘・埋戻し・発生残土の量が算出されないことになる。

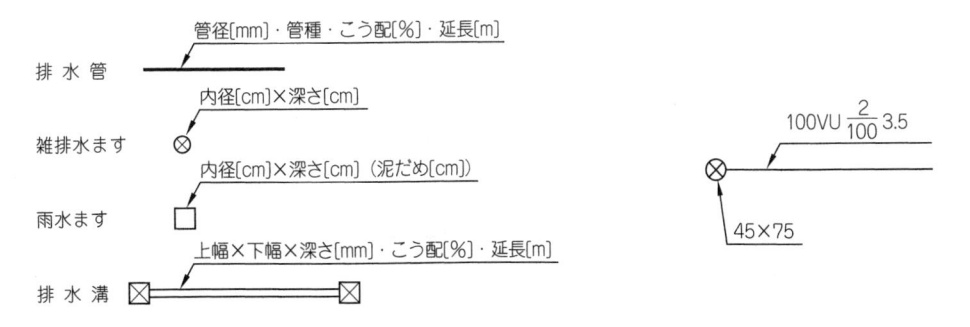

図2−7　排水管，ます，排水溝の表示

図2−8　排水管，ますの表示例

表2-1　配管図示記号　SHASE-S 001-1998（抜粋）

名　　称	図　示　記　号	備　　考
1.2　　給水・給湯		
1.2.1　　上水給水管	——　—　——	
1.2.2　　上水揚水管	——　・　——	
1.2.3　　雑用水給水管	——　--　——	中水・井水・工業用水など
1.2.4　　雑用水揚水管	——　‥　——	中水・井水・工業用水など
1.2.5　　給湯送り管	————I————	
1.2.6　　給湯返り管	————II————	
1.2.7　　膨張管	————E————	
1.2.8　　空気抜き管	— — — AV — — —	
1.3　　排水・通気		
1.3.1　　雑排水管	━━━━━━━━	
1.3.2　　ちゅう房排水管	━━━KD━━━	
1.3.3　　汚水排水管	━━━⊃━━━	
1.3.4　　雨水排水管	━━━RD━━━	
1.3.5　　通気管	— — — — — —	
1.4　　消　　火		
1.4.1　　消火栓管	————X————	
1.4.2　　連結送水管	————XS————	
1.4.3　　連結散水管	————XB————	
1.4.4　　スプリンクラ管	————SP————	
1.4.5　　水噴霧消火管	————WS————	
1.4.6　　泡消火管	————F————	
1.4.7　　二酸化炭素消火管	————CO2————	炭酸ガス消火管
1.4.8　　ハロゲン化物消火管	————HL————	
1.4.9　　粉末消火管	————DC————	
1.5　　ガ　　ス		
1.5.1　　低圧ガス管	————G————	
1.5.2　　中圧ガス管	————MG————	
1.5.3　　プロパンガス管	————PG————	
1.6　　特殊ガス		
1.6.1　　酸素配管	————O2————	

名　　称	図　示　記　号	備　　考
1.7　　　**配管符号・管径**		
1.7.1　　立　て　管		
1.7.2　　管の立上がり・分岐		継手記号は省略してもよい
1.7.3　　管の立下がり		継手記号は省略してもよい
1.7.4　　管の段違い		継手記号は省略してもよい
1.7.5　　管の分岐立上がり		継手記号は省略してもよい
1.7.6　　管の分岐立下がり		継手記号は省略してもよい
1.7.7　　管の接続		継手記号をつける場合は不要
1.7.8　　管の交差	または	
1.7.9　　配管固定点		
1.7.10　配管貫通部		
1.7.11　配管こう配		矢印の方向に下がる
1.7.12　管径・流れ方向	管径	継手記号は省略してもよい

名　　　称	図 示 記 号	備　　　考
	(管径表示の図)	
1.8　　配 管 材 料		配管材料を示す場合に用いる管径の後ろに添え書きする給水用ステンレス鋼管の例
1.8.1　　鋼　　　　　管	SGP	
1.8.2　　鋳　鉄　管	CIP	50SUS
1.8.3　　鉛　　　　　管	LP	
1.8.4　　銅　　　　　管	CU	
1.8.5　　ステンレス鋼管	SUS	
1.8.6　　硬質塩化ビニル管	VP	
1.8.7　　ポリエチレン管	PEP	
1.8.8　　ポリブテン管	PBP	
1.8.9　　硬質塩化ビニルライニング鋼管	VLP	
1.8.10　ポリエチレン粉体ライニング鋼管	PLP	
1.8.11　コンクリート管	CP	
2.　継　手　類		
2.1　　管 継 手		
2.1.1　継手の標準記号	─┼─	
2.1.2　フ　ラ　ン　ジ	─┼┼─	
2.1.3　ユ　ニ　オ　ン	─┼╂─	
2.1.4　ベ　　ン　　ド	(ベンド図)	継手記号は省略してもよい

名　　　称	図 示 記 号	備　　考
2.1.5　90°　エ ル ボ		継手記号は省略してもよい
2.1.6　45°　エ ル ボ		継手記号は省略してもよい
2.1.7　チ　　ー　　ズ		継手記号は省略してもよい
2.1.8　ク　　ロ　　ス		継手記号は省略してもよい
2.1.9　閉止フランジ		
2.1.10　ねじ込み式キャップ・プラグ		
2.1.11　溶接式キャップ		
2.2　　　水道用鋳鉄異形管		
2.2.1　90°　曲　　管		
2.2.2　45°　曲　　管		
2.2.3　T　字　管		
2.2.4　割 T 字 管		
2.2.5　フランジ付きT字管		
2.2.6　フランジ短管		
2.2.7　短 管 1 号		
2.2.8　短 管 2 号		
2.2.9　継　ぎ　輪		
2.2.10　乙　字　管		

名　　称	図　示　記　号	備　考
2.2.11　差受け片落ち管		
2.2.12　受け差片落ち管		
2.2.13　両差片落ち管		
2.2.14　栓		
2.2.15　帽		
2.3　　汚水排水用継手		
2.3.1　90°エルボ		
2.3.2　45°エルボ		
2.3.3　45°　Y		
2.3.4　90°　Y		
2.3.5　排　水　T		
2.3.6　片　落　ち　管		
2.3.7　継　ぎ　輪		
2.4　　排水用継手		継手記号は省略してもよい
2.4.1　90°エルボ		
2.4.2　45°エルボ		
2.4.3　排　水　T		

名　　称	図 示 記 号	備　　考
2.4.4　90°　Y		
2.4.5　45°　Y		
2.4.6　片落ち管		
2.4.7　Uトラップ		
2.5　そ の 他		
2.5.1　伸縮継手（単式）		
2.5.2　伸縮継手（複式）		
2.5.3　伸縮継手（ループ形）		
2.5.4　ボールジョイント		
2.5.5　防 振 継 手		
2.5.6　変位吸収管継手		たわみ継手、可とう継手など
2.5.7　満水試験継手		
2.5.8　リフト継手		
3．弁・計器類・自動計装		
3.1　弁		
3.1.1　弁		弁種を区分する場合は記号を記入 　GV　：仕切弁 　BV　：バタフライ弁 　SV　：玉形弁 　BAV：ボール弁 　AV　：アングル弁
3.1.2　アングル弁		
3.1.3　三 方 弁		
3.1.4　四 方 弁		
3.1.5　逆 止 め 弁		流れの方向は三角形の頂点から底辺に縦線が表示されている方向へ（この図の場合，流れの方向は左から右へ）

名　　　称	図　示　記　号	備　　　考
3.1.6　安全弁・逃し弁		
3.1.7　減　圧　弁		小さい三角形側が高圧側
3.1.8　温度調節弁（自力式）		温調弁など
3.1.9　圧力調節弁（自力式）		落水防止弁など
3.1.10　電磁弁（二方弁）		必要に応じSを記入
3.1.11　電動弁（二方弁）		必要に応じMを記入
3.1.12　空気駆動弁（二方弁）		
3.1.13　自動空気抜き弁		
3.1.14　埋　設　弁		
3.1.15　水　抜　き　栓		
3.1.16　ストレーナ		
3.1.17　Y型ストレーナ		
3.1.18　蒸気トラップ		
3.2　　計　器　類		
3.2.1　圧　力　計		
3.2.2　連　成　圧　力　計		

名　　　称	図　示　記　号	備　　考
3.2.3　温　度　計	―Ⓣ―	
3.2.4　瞬　間　流　量　計	―Ⓕ―	
3.2.5　流　　量　　計	―Ⓜ―	
3.2.6　油　　量　　計	―[OM]―	

5. 給排水・衛生・消火・ガス器具
　5.1　　　給水・排水用器具

名称	図示記号	備考
5.1.1　量　水　器	[M]	
5.1.2　定　水　位　弁	⊗	
5.1.3　ボールタップ	○―φ	
5.1.4　水　　栓	¤	
5.1.5　混　合　栓	◐	
5.1.6　湯　　栓	●	
5.1.7　水　栓　柱	□¤	
5.1.8　散　水　栓	[¤]	
5.1.9　シャワー（水）	◁	
5.1.10　シャワー（混合）	◐◁	
5.1.11　シャワー（湯）	◀	
5.1.12　洗　浄　弁	⦿	
5.1.13　床上掃除口	―◯―	
5.1.14　床下掃除口	―┤	
5.1.15　グリース阻集器	[GI]	トラップ付きの場合ＧＴ
5.1.16　オイル阻集器	[OI]	トラップ付きの場合ＯＴ
5.1.17　プラスタ阻集器	Ⓟ	トラップ付きの場合ＰＴ
5.1.18　ドラムトラップ	Ⓓ	
5.1.19　排水金具	◉	トラップ付き
5.1.20　排水目皿	⊗	

64　配管製図

名　　称	図　示　記　号	備　考
5.1.21　共栓付き排水金物	⊗	
5.1.22　間接排水受け	◎	
5.1.23　ルーフドレン	○ RD	
5.1.24　ベントキャップ	⌓	
5.1.25　雨　水　ます	□　　○	
5.1.26　雑排水ます	⊠　　⊗	
5.1.27　汚　水　ます	▣　　◎	
5.1.28　格　子　ます	▦　　⊕	
5.1.29　トラップます	T　　Ⓣ	
5.1.30　浸　透　ます	■　　⊙	
5.1.31　公　共　ます	公　　公	
5.2　　衛生器具		
5.2.1　和風大便器		
5.2.2　洋風大便器		
5.2.3　洗浄タンク		
5.2.4　小　便　器		
5.2.5　洗　面　器		
5.2.6　手　洗　器		
5.2.7　掃除流し		
5.3　　消火器具		
5.3.1　屋内消火栓（1号）		
5.3.2　屋内消火栓（2号）		
5.3.3　屋内消火栓（放水口付き）		
5.3.4　屋内消火栓（放水口・同ホース付き）		

名　　称	図　示　記　号	備　考
5.3.5　連結送水管放水口（格納箱付き）	⊠	
5.3.6　連結送水管放水口（ホース・格納箱付き）	⊠	
5.3.7　屋外消火栓（スタンド形）	Ⓗ	
5.3.8　屋内消火栓（総合盤組込み形）		
5.3.9　送水口（自立形）		
5.3.10　送水口（壁付き形）		
5.3.11　放水口・採水口・テスト弁（自立形）		
5.3.12　放水口・採水口・テスト弁（壁付き形）		
5.3.13　スプリンクラヘッド	○　●▽―	
5.3.14　泡ヘッド・噴射ヘッド（天井付き形）	○	
5.3.15　スプリンクラヘッド（開放形）	⊘	
5.3.16　スプリンクラヘッド（壁付き形）	D	
5.3.17　火災感知用ヘッド	●	
5.3.18　噴射ヘッド（コーン形）	◁	
5.3.19　一斉開放弁	⊗	
5.3.20　アラーム弁		
5.3.21　モータサイレン	Ⓜ	
5.3.22　スピーカ	Ⓢ	
5.3.23　放出表示灯	◐	
5.3.24　手動起動装置		
5.3.25　ピストンレリーザ	●	
5.3.26　復旧弁箱	◉	
5.3.27　容器ユニット	⊠⊠	
5.4　　ガス器具		
5.4.1　ガス栓（一口）	○+	
5.4.2　ガス栓（二口）		
5.4.3　ガス栓（埋込み）	○+	

名　　称	図示記号	備　考
5.4.4　ガ ス メ ー タ	GM	
5.4.5　バルブ・コック	⋈	
5.5　　特殊ガス器具		
5.5.1　アウトレット（酸素）	O2	
5.5.2　アウトレット（笑気）	N2O	
5.5.3　アウトレット（真空）	V	

1.2 給排水・衛生設備図面の作り方

　建築設備の給排水設備の作図に当たっては，まず建築図面があり，作図をする人はこの図面に沿って，

- 施工性がよく，資材や配管ルートが経済的であること
- 設備としての機能が十分に発揮され，居住する人に満足感を与えるものであること
- 図示記号に従い，だれが見ても理解できること
- 施工後も，保守・点検がしやすいこと

を心掛けて図面を作成する。

　ここでは木造平屋建ての小住宅を例として，給排水設備図面の作り方を説明する。

　なお，参考として給水設備の設計製図フローチャート（給水計画フローチャート）を図2-9，排水設備の設計製図フローチャート（排水計画フローチャート）を図2-10に示す。

　① 図2-11のような建築平面図が与えられたものとする。

68　配管製図

給水計画フローチャート（図2-9）

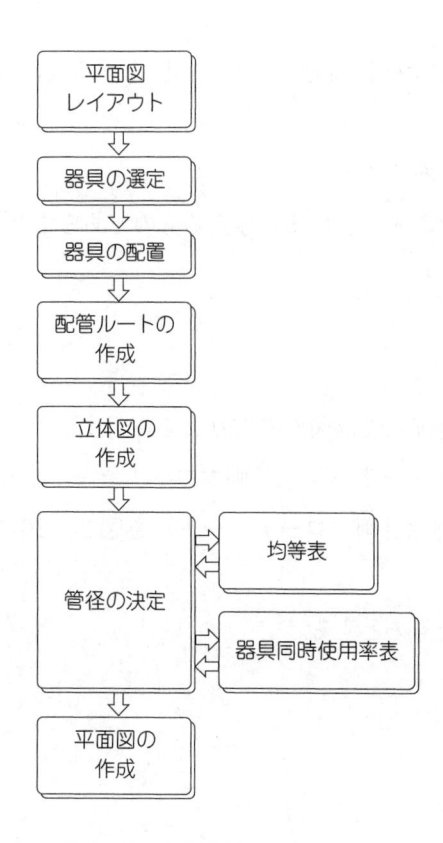

平面図レイアウト
↓
器具の選定
↓
器具の配置
↓
配管ルートの作成
↓
立体図の作成
↓
管径の決定 ⇔ 均等表
　　　　　 ⇔ 器具同時使用率表
↓
平面図の作成

図2-9　給水計画フローチャート

排水計画フローチャート（図2-10）

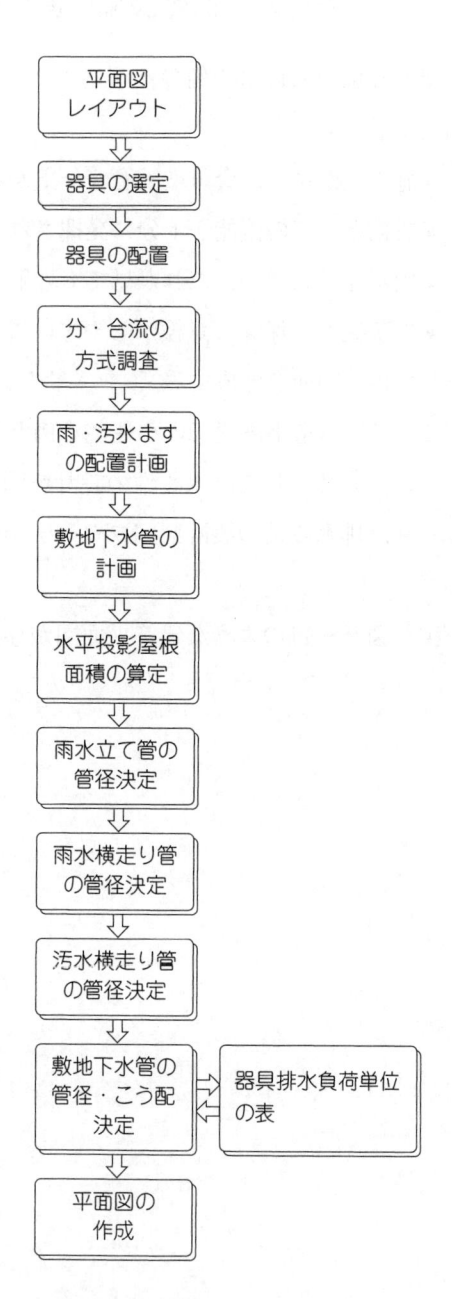

平面図レイアウト
↓
器具の選定
↓
器具の配置
↓
分・合流の方式調査
↓
雨・汚水ますの配置計画
↓
敷地下水管の計画
↓
水平投影屋根面積の算定
↓
雨水立て管の管径決定
↓
雨水横走り管の管径決定
↓
汚水横走り管の管径決定
↓
敷地下水管の管径・こう配決定 ⇔ 器具排水負荷単位の表
↓
平面図の作成

図2-10　排水計画フローチャート

図2-11 平面図

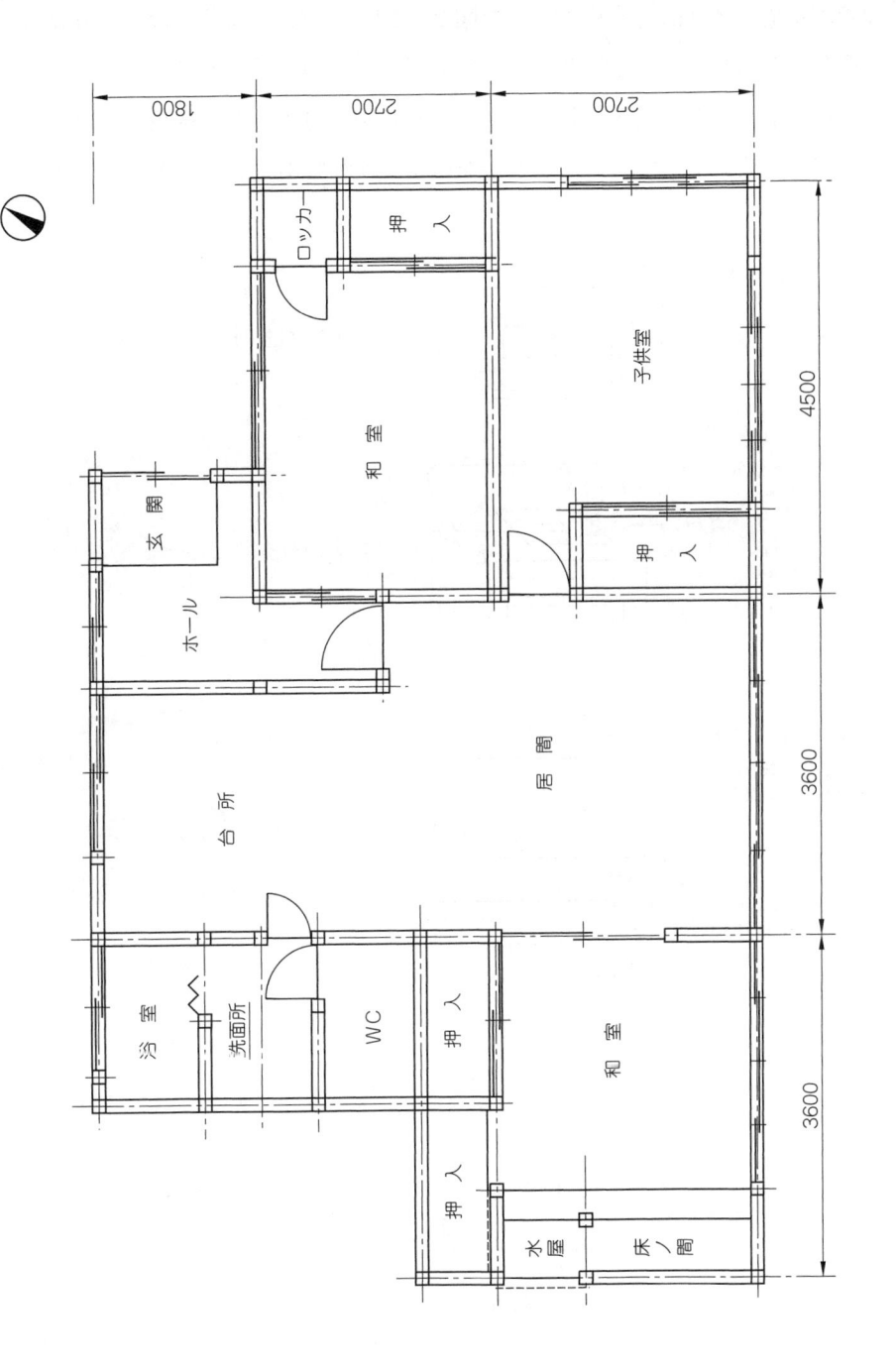

<参　考>

　配管図を描くときは，建築平面図を図2-12の（ロ）のようにひっくり返してコピーを取り，それをトレーシングペーパの裏側に建物の要所（あまり細かいところは省略する）をトレース（敷き写し）すると，配管図を訂正したり変更したりするときに建物の線を一緒に消してしまうことがないので便利である。これを**裏トレース（裏トレ）**という。

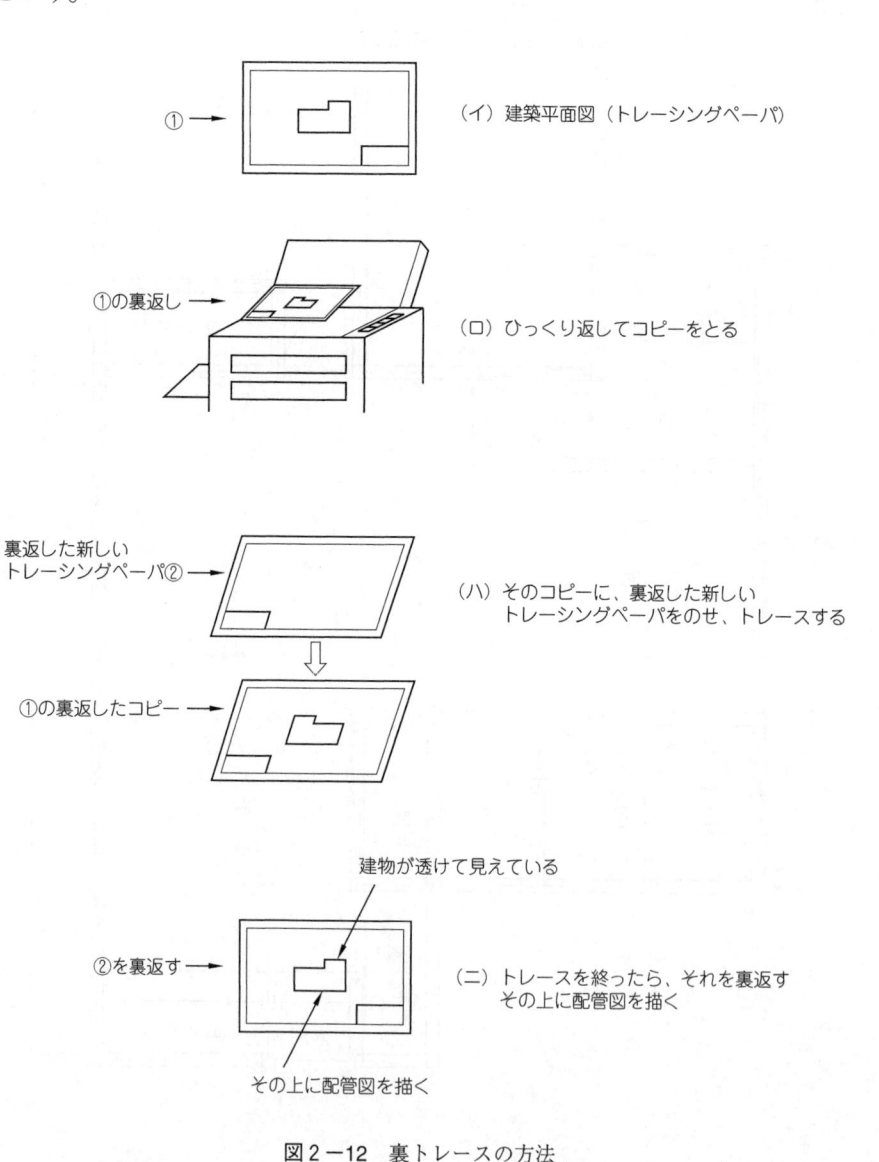

① → （イ）建築平面図（トレーシングペーパ）

①の裏返し → （ロ）ひっくり返してコピーをとる

裏返した新しいトレーシングペーパ② → （ハ）そのコピーに、裏返した新しいトレーシングペーパをのせ、トレースする

①の裏返したコピー →

建物が透けて見えている

②を裏返す → （ニ）トレースを終ったら、それを裏返す
　　　　　　　　　その上に配管図を描く

その上に配管図を描く

図2-12　裏トレースの方法

② トイレ・浴室・台所・居間などに必要な器具を配置する。このとき，トイレ・洗面所・浴室には図2-13のように必要最小限の寸法，標準的な寸法がだいたい決まっており，あまり狭いと不便なので，建築設計者側と相談して間仕切りを変更するなどの修正を行う。また，浴槽・便器などの大形の器具は平面図の縮尺に従って正確に描く。

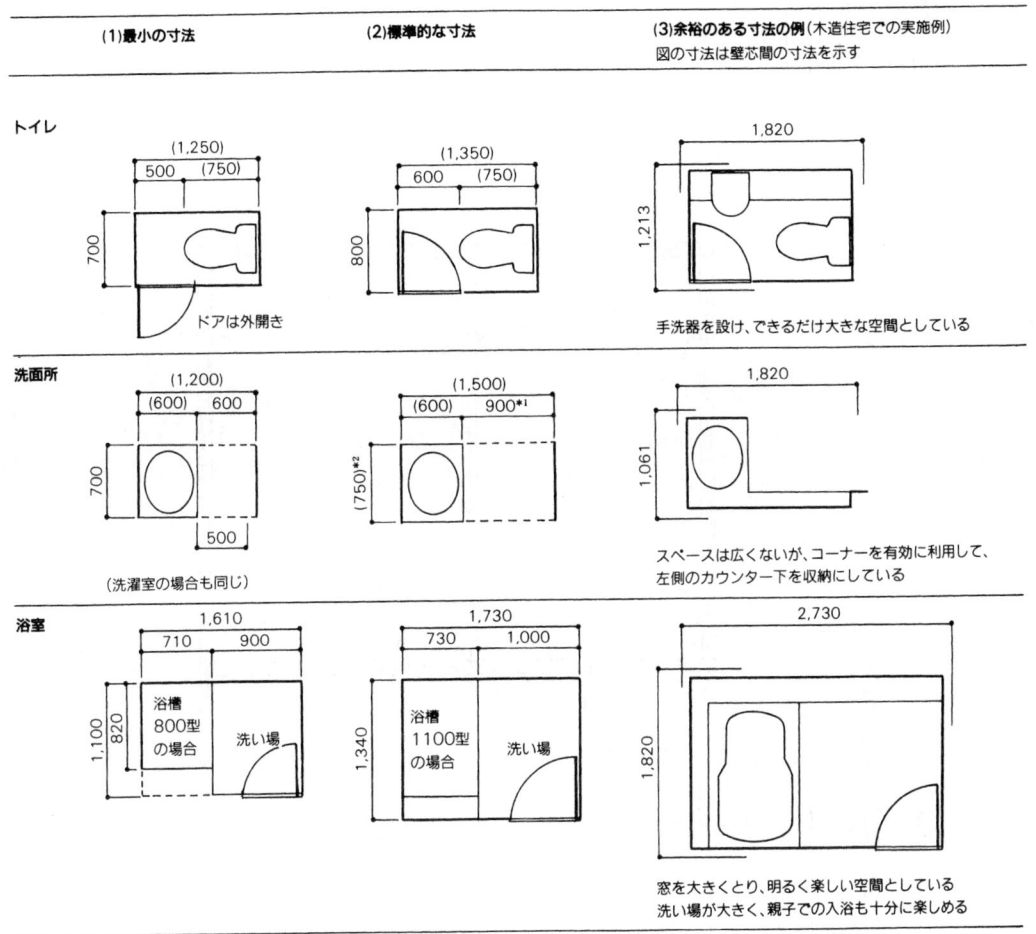

(1)最小の寸法　　(2)標準的な寸法　　(3)余裕のある寸法の例(木造住宅での実施例)
　　　　　　　　　　　　　　　　　　　図の寸法は壁芯間の寸法を示す

トイレ
　　ドアは外開き
　　　　　　　　　　　　　　　　　　　手洗器を設け，できるだけ大きな空間としている

洗面所
　　(洗濯室の場合も同じ)
　　　　　　　　　　　　　　　　　　　スペースは広くないが，コーナーを有効に利用して，
　　　　　　　　　　　　　　　　　　　左側のカウンター下を収納にしている

浴室
　浴槽800型の場合／洗い場
　浴槽1100型の場合／洗い場
　　　　　　　　　　　　　　　　　　　窓を大きくとり，明るく楽しい空間としている
　　　　　　　　　　　　　　　　　　　洗い場が大きく，親子での入浴も十分に楽しめる

＊1──幅900は洗面中に人の通行を考慮したものである(洗濯室の場合も同じ)
＊2──洗面化粧台等の幅による

(紀谷文樹総合監修：給排水衛生設備学入門 初級水まわり入門，TOTO出版)

図2-13　トイレ・洗面所・浴室の広さ

図2-14に器具を配置した例を示す。このとき参考にした器具のカタログなどから，器具の名称，大きさ・形式などの仕様，メーカの型番を図の右上へ書き込む。これを**器具一覧表**という（器具一覧表は，「A社のB製品でなければならない」ということを表しているわけではなく，「これを参考にした」ということであるから，実際に施工するときには，これに相当するものであればよい。）。

72　配管製図

器具一覧表

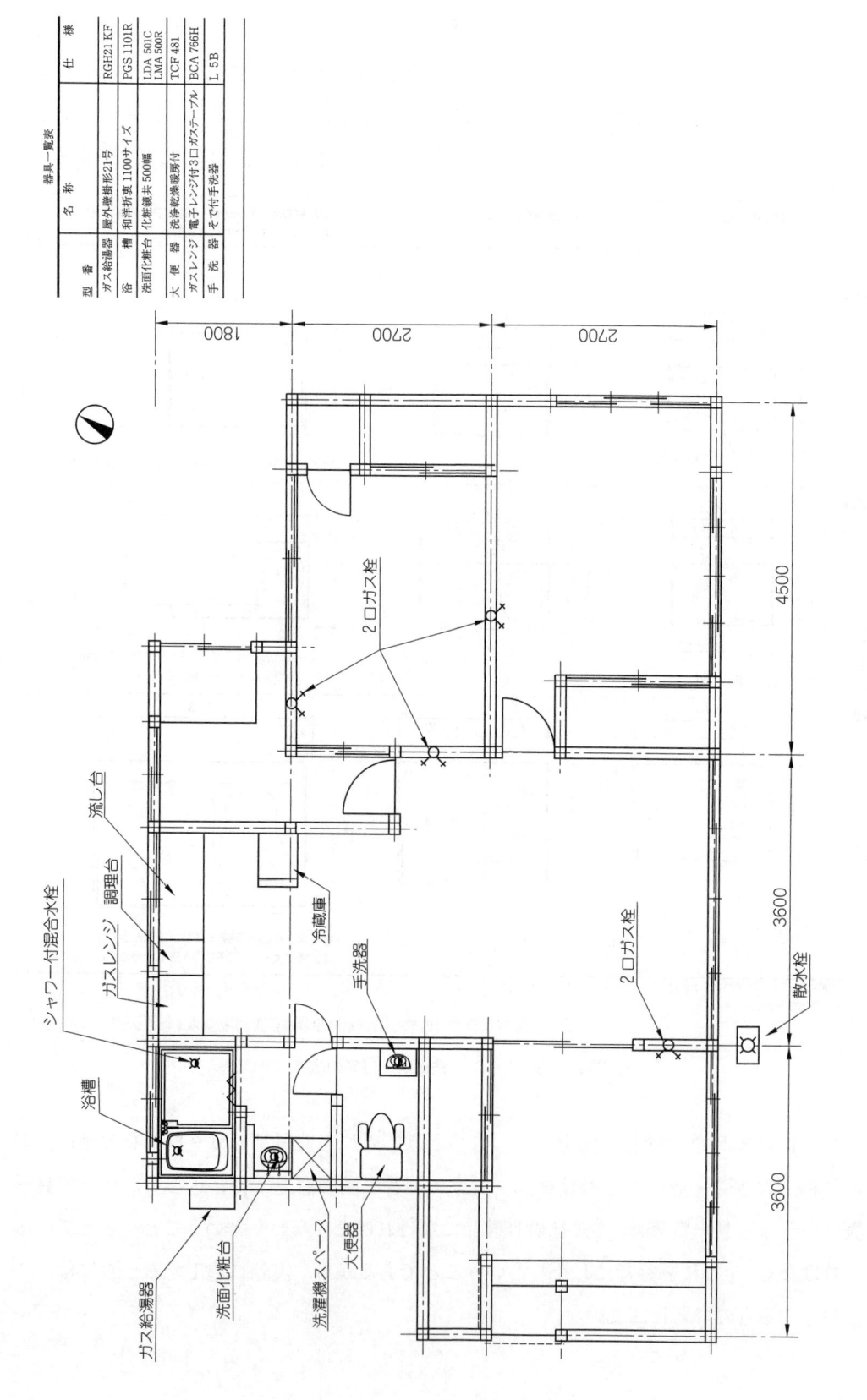

型番	名称	仕様
ガス給湯器	屋外壁掛形21号	RGH21KF
浴槽	和洋折衷1100サイズ	PGS1101R
洗面化粧台	化粧鏡共500幅	LDA501C / LMA500R
大便器	洗浄乾燥暖房付	TCF481
ガスレンジ	電子レンジ付3口ガステーブル	BCA766H
手洗器	そで付手洗器	L5B

図2-14　器具の配置と器具一覧表

(1) 給水配管

建家の平面図を基に給水配管図を作成する。

① 給水配管平面図に配管ルートを作成する。

このときの注意点は次のとおりである。

屋外の給水管は，建物の基礎など障害物を考慮し，埋設深さは，道路部分にあっては道路管理者の指示（通常の場合は1.2m以下としない）に従うものとし，敷地部分にあっては0.3m以上を標準とする。凍結のおそれがある場合は，土中埋設し，かつ埋設深度は凍結深度より深くする。屋内での器具への接続は，壁（羽目板）の中を通して立ち上げるか（図2－15参照），器具の真下まで行ってから床に穴をあけ立ち上げるようにする。建物ができあがってから器具を増設するようなときは，壁の外側で立ち上げてから壁に穴をあけ，器具に接続することもある。

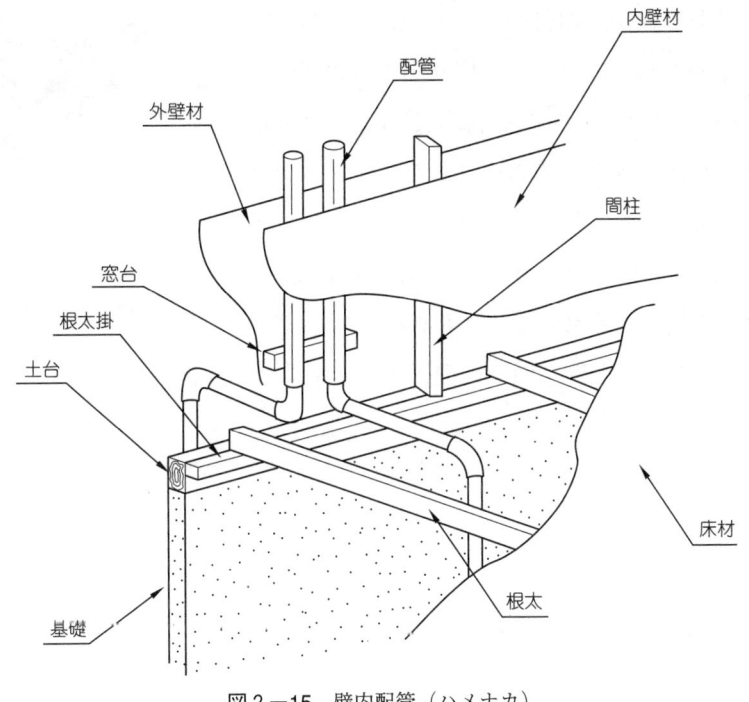

図2－15　壁内配管（ハメナカ）

水道メータから上流側の配管は，水道事業管理者側の施工となるため，水道メータの取付け位置・深さなどは水道事業管理者と打合わせのうえ決定する必要がある。一般的には，配水管が引かれている公道側の**敷地境界線**から内側に入ったすぐの所で検査・点検が容易に行える場所となっているが，平面図（図2－22参照）・立体図（図2－25）を作成し，それによって水道事業管理者の承認を受けることになっている。

屋外にはガス**給湯器**が取り付けられているが，この配管図は，図2－16のようにな

っており，給水管・給湯管・ガス管が各1本ずつ接続される。機種によって，別に逃し管，排水管が付いているものもあるので，カタログなどでよく調べることが必要である。図の中に「フレキシブル管」とあるのは，長さ20cm程度の両端金具付き（袋ナット付き）のフレキシブル管で接続する。これは，給湯器の交換時及び，地盤の沈下，地震などによる振動を吸収するためのものである。

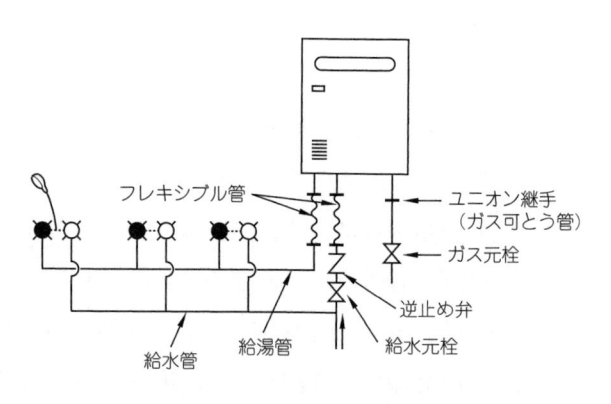

図2-16　給湯器配管図

屋外には散水栓が1個付いているが，これは庭の散水，洗車の水などをホースで取り出すもので，図2-17のようなカップリング付きである。普通は鉄・強化プラスチックの箱の中に入れて土・コンクリートに埋め込まれ，使うときは，ふたを開けてホースをつないで使用する。地上に水栓柱を建てて，それに水栓を付けて散水することもある。

図2-17　カップリング付き散水栓

できあがった給水配管平面図の配管ルートを図2-18に示す。

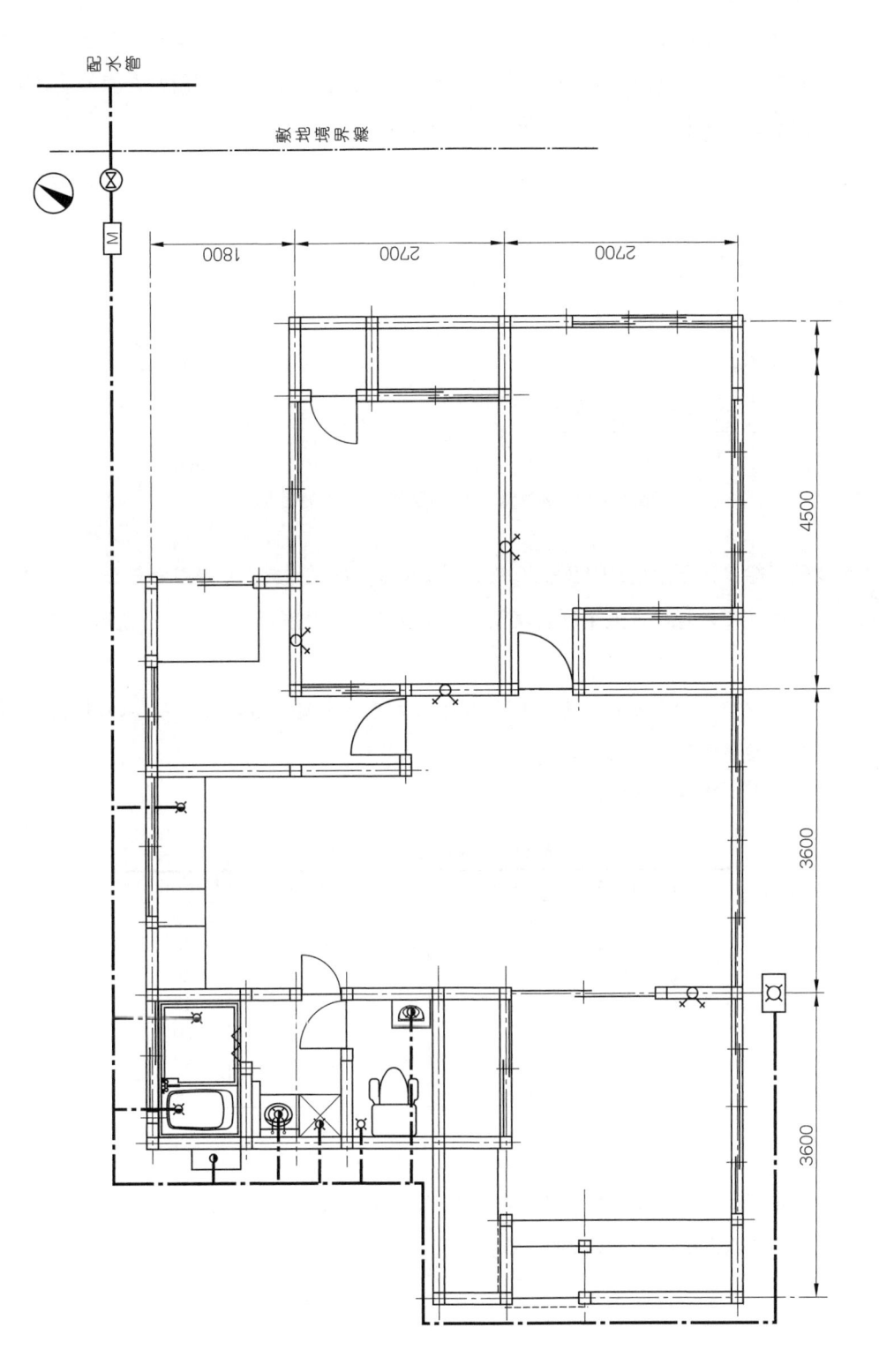

図 2−18 給水配管平面図

② 立体図を描く。

これは，第1章で説明した等角図（アイソメ図）を用いて配管ルートを立体的に表したもので，図2-19のように元となる水平線（基線）から30°傾斜した線と垂直線により曲がり，立上り，立下り，分岐などを表す。

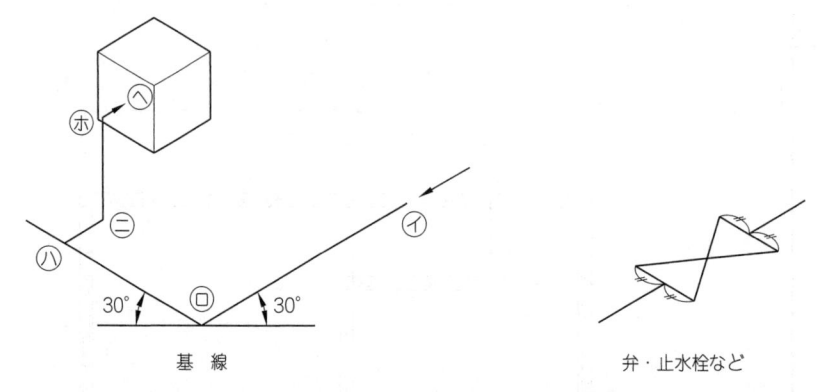

図2-19　等角図（アイソメ図）による管の表示

この要領で給水管を描くと図2-20のようになる。縮尺にあまりこだわらなくてもかまわない。この例では管に水道用硬質塩化ビニルライニング鋼管（VLP）を使用しており，管径は次のようにして求める。

- 器具のカタログなどから，給水接続管径の大きさを調べる。分からない場合は，表2-2を参照する。
- 下流の方から管径を決めていく。

表2-2　給水器具接続管径表

衛生器具名	管径(mm)	衛生器具名	管径(mm)
大便器(洗浄弁)	25	シャワー	13
〃　(洗浄タンク)	13	料理場流し	20
小便器(洗浄弁)	13	洗濯流し(大)	20
〃　(洗浄タンク)	13	洗濯流し(小)	13
汚物流し(洗浄弁)	25	掃除流し	20
洗面器・手洗器	13	実験流し	13
バス	13.20		

管径を決定する方法には流量線図による方法，管均等表による方法などがある。ここでは管均等表による方法について説明する。

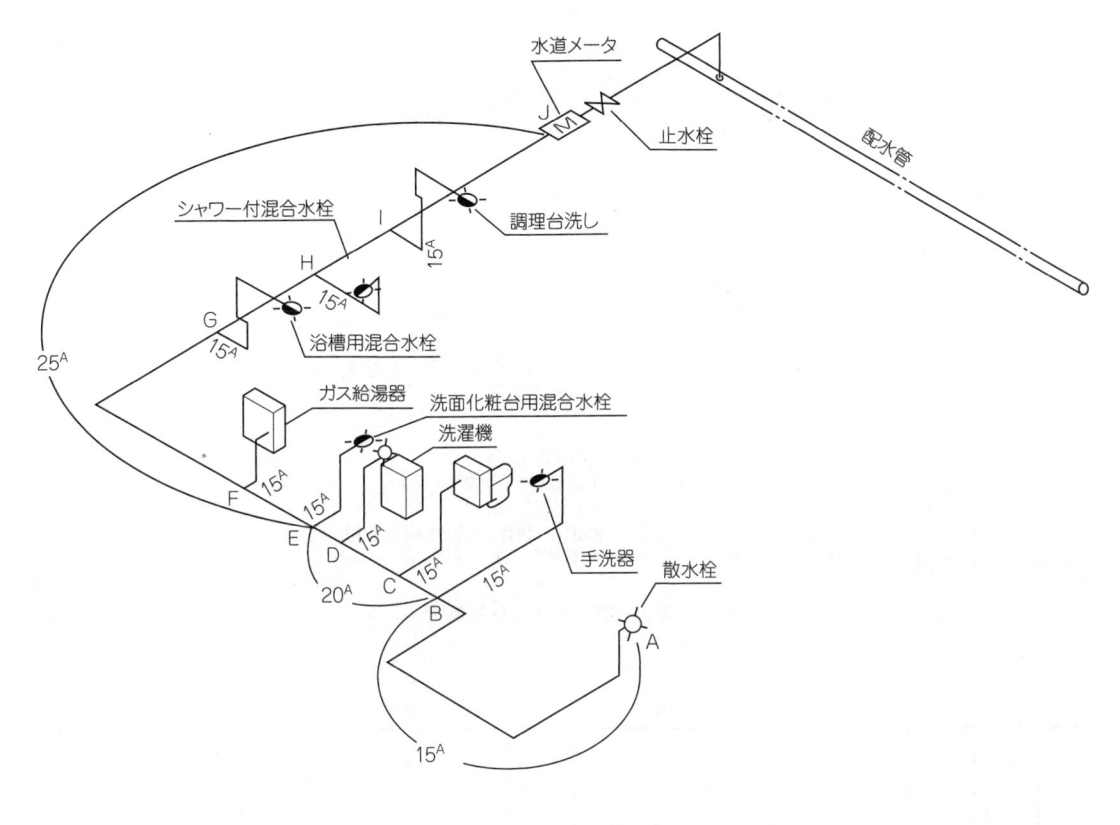

図2-20 給水配管立体図

　図2-21で管径の決め方を説明する。

　2つの管が1本となるA-Bの部分は，水栓④と水栓⑪が同時に開く可能性があるので，両方の水栓へ接続されている15mmより太い管を使用する必要がある。

　ところで，水栓の数が10，20，30と増えてきたとき，同時に全部の水栓を開くと考えると元へいくほど太くなり過ぎるので，これを修正するため表2-3の**均等表**と表2-4の**器具同時使用率**を考慮した給水用具数を用いる。均等表は，15mmの管の大きさを1としたとき，20mmの管は15mmの2.5本分である（これを「15mm管相当数＝2.5」という）ということを表し，25mmの管は15mmの5.2本分である（15mm管相当数＝5.2）。器具同時使用率を考慮した給水用具数は10個の器具があったとき，そのうちの3個が開いているだろう，ということを表している。

　図2-21は，これらの表を使ってA-B，B-Cの管径を決めたものである。

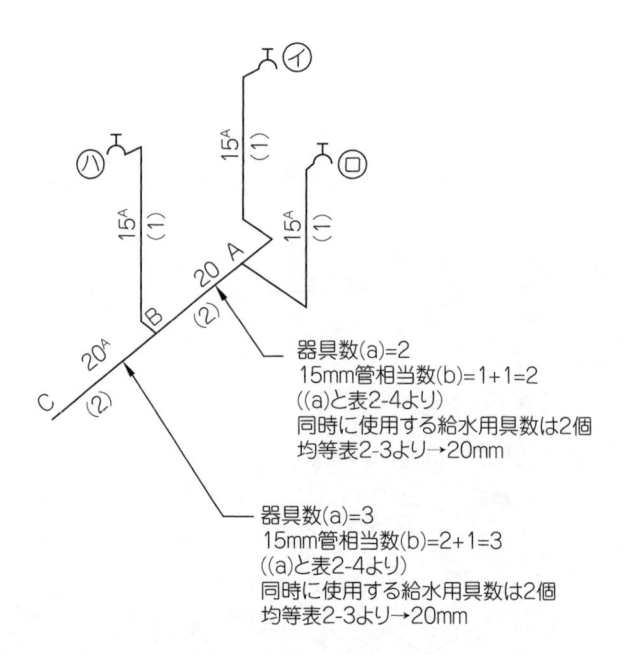

図2-21 管径計算の説明

器具数(a)=2
15mm管相当数(b)=1+1=2
((a)と表2-4より)
同時に使用する給水用具数は2個
均等表2-3より→20mm

器具数(a)=3
15mm管相当数(b)=2+1=3
((a)と表2-4より)
同時に使用する給水用具数は2個
均等表2-3より→20mm

表2-3 硬質塩化ビニルライニング鋼管均等表 (前島 健)

	15	20	25	32	40	50	65	80	100	125	150	200	250	300	350
15	1														
20	2.5	1													
25	5.2	2.1	1												
32	11.1	4.4	2.1	1											
40	17.2	6.8	3.3	1.5	1										
50	33.7	13.4	6.4	3.0	2.0	1									
65	67.3	26.8	12.8	6.1	3.9	2.0	1								
80	104	41.5	19.9	9.4	6.1	3.1	1.6	1							
100	217	86.3	41.4	19.6	12.7	6.4	3.2	2.1	1						
125	392	156	74.7	35.3	22.8	11.6	5.8	3.8	1.8	1					
150	611	243	117	55.1	35.6	18.1	9.1	5.9	2.8	1.6	1				
200	1293	514	247	117	75.4	38.4	19.2	12.4	6.0	3.3	2.1	1			
250	2290	911	437	207	134	68.0	34.1	21.9	10.6	5.9	3.7	1.8	1		
300	3728	1483	711	336	217	111	55.4	35.7	17.2	9.5	6.1	2.9	1.6	1	
350	4954	1970	945	447	289	147	73.6	47.5	22.8	12.7	8.1	3.8	2.2	1.3	1

(空気調和・衛生工学会編:空気調和・衛生工学便覧, 第12版4巻P.130)

表2-4 同時使用率を考慮した給水用具数

総給水用具数	1	2~4	5~10	11~15	16~20	21~30
同時に使用する給水用具数	1	2	3	4	5	6

例題の給水配管（図2-20）についての計算を表2-5に示す。この場合は，たまたま器具の給水接続口が全部15mmであったので，器具数（a）と15mm管相当数（b）が同じになっている。

表2-5　例題の管径計算表

区　間	器具数(a)	15mm管相当数(b)	同時使用率(%)を考慮した給水用具数(c)	管径（表2-3より）
A-B	1	1	1	15
B-C	2	1+1=2	2	20
C-D	3	2+1=3	2	20
D-E	4	3+1=4	2	20
E-F	5	4+1=5	3	25
F-G	6	5+1=6	3	25
G-H	7	6+1=7	3	25
H-I	8	7+1=8	3	25
I-J	9	8+1=9	3	25

均等表は，管の種類によって少しずつ数字が違い，また器具同時使用率は文献によっていろいろな種類のものが発表されているので，計算書を作るときは「これこれの表を使った」ということを明記する。また，一戸建てなどにおける同時に使用する給水用具の組合せの設定に当たっては，使用頻度の高いもの（台所・洗面所など）を含めるとともに，使用形態は種々変動するので需要者の意見なども参考にする必要がある。以上をふまえて管径の計算表に基づき，図2-22のように管径を記入する。

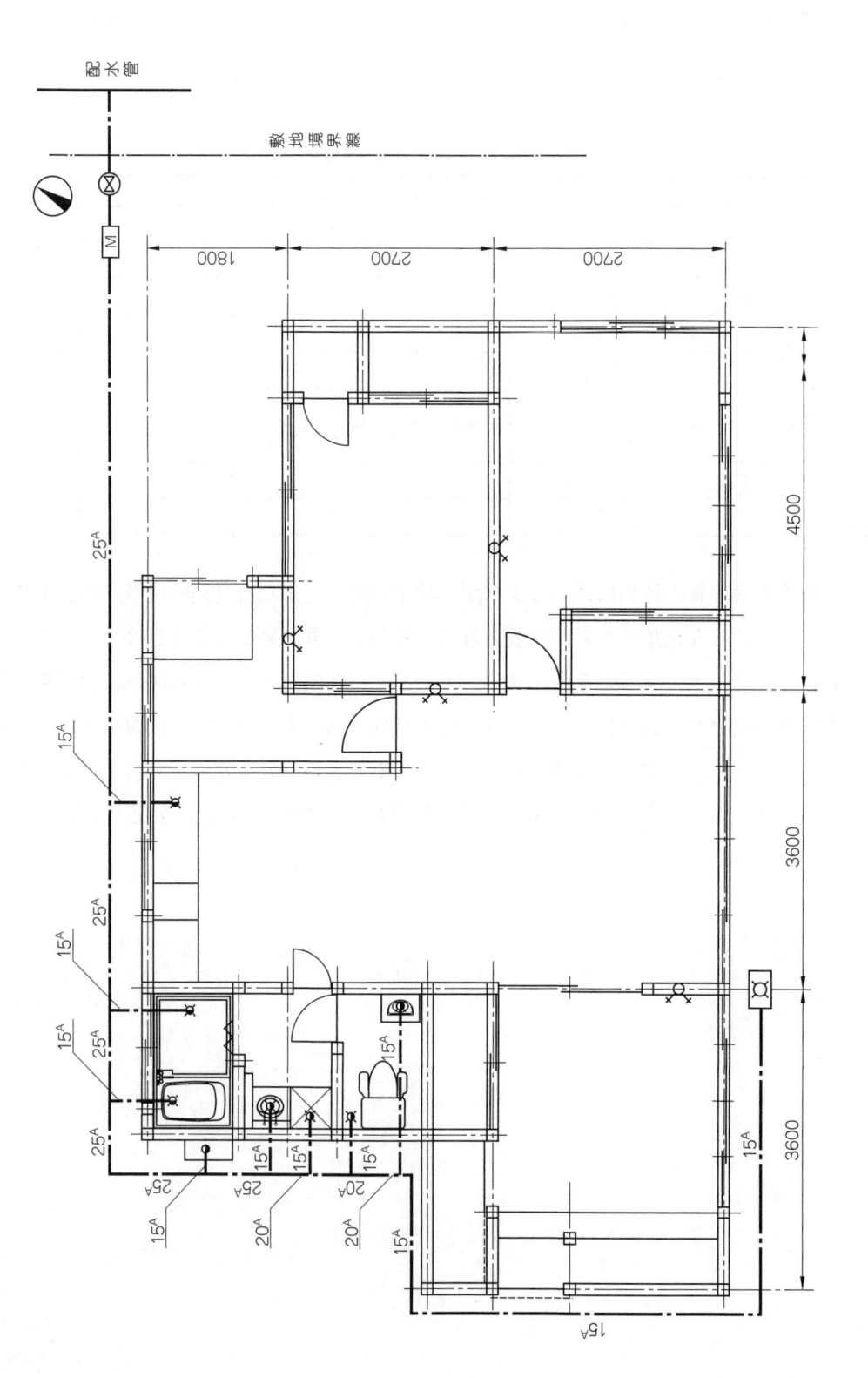

図 2−22 給水配管平面図

次に，平面図2－22と立体図2－20を使って必要な配管材料がどれほどあるかを拾い出して，材料を準備したり，それに必要な金額を見積もったりする。これを**材料取り**という。材料取りをするときの注意事項は，次のとおりである。

- 直管の長さは，途中に入る**継手**，**弁類**などの寸法をわざわざ差し引かないで考える。したがって，図2－23において，直管の長さはL，L'とする。
- 平面図2－22では，高さ関係が分からないので，直管の長さを大まかに拾い出すときは，図2－24に示すように屋外給水管は約30cm埋設されているものとし，これに床の高さ約50cm，水栓までの高さ約1mを加算する。

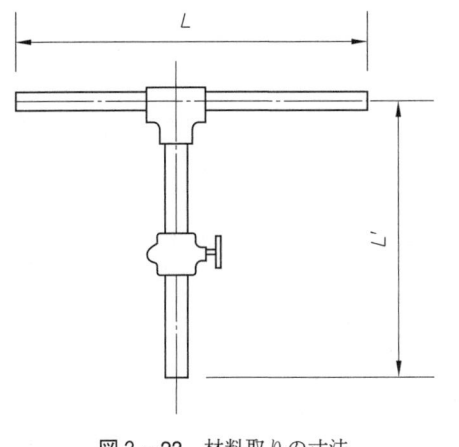

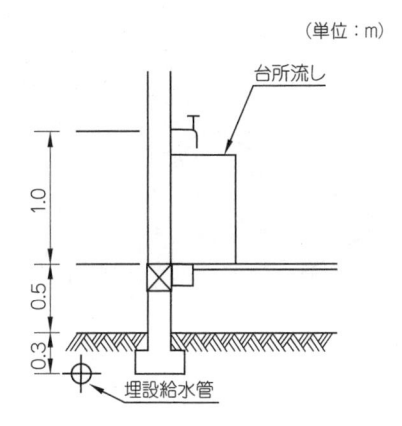

図2－23 材料取りの寸法　　図2－24 材料取りの高さ関係

- 直管の長さは，管径ごとに集計してから，余裕を10％程度見越して増やしておく。
- 材料の準備での継手類は，種類・管径ごとに集計し，エルボなどの屈曲する継手類は予備も含め多めに準備しておく。

　積算上での継手・接合材・支持金物類などの材料費は，施工場所や管種により管材の比率で計上する。

- 継手や弁類などで簡単に購入できない特別な種類のものは，管材店などに購入金額を聞くか，見積りを依頼するとよい。

　このようにして長さを拾い出した給水配管系統図を図2－25，材料一覧表（例）を表2－6に示す。

82　配管製図

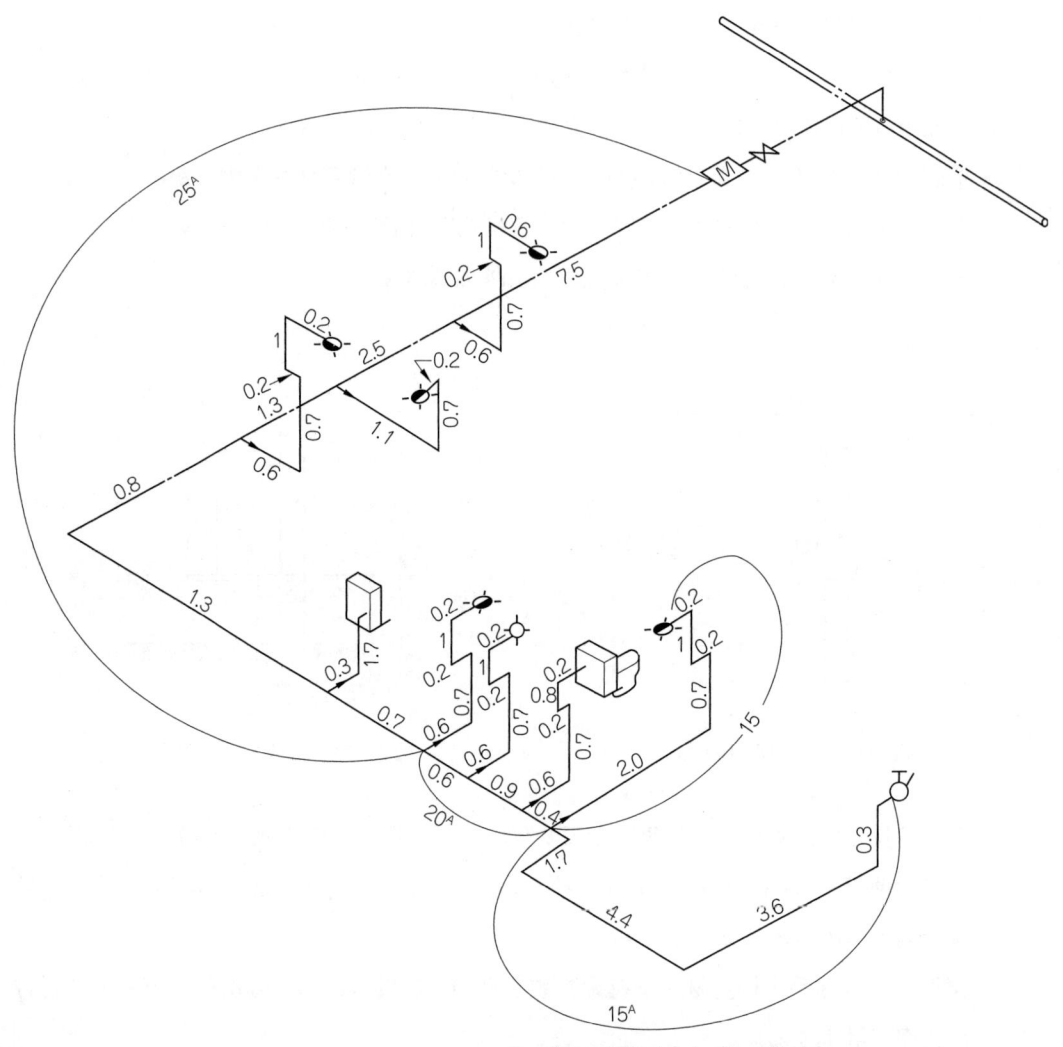

注：管径の記載のないものは15ᴬとする。

図2−25　給水配管系統図（長さ拾い出し用）

表2-6 材料一覧表(例)

1. 給水配管

名　　称	種類・寸法	数　量	
水道用硬質塩化ビニルライニング鋼管	25A	16m	←図面上は14.1m
〃　　〃	20A	3m	←図面上は 1.9m
〃　　〃	15A	40m	←図面上は32.7m
給水用管端防食継手（コア内蔵形）	径違いT25A×25A×15A	5	
〃　　〃	エルボ25A	1	
〃　　〃	ソケット25A×20A	1	
〃　　〃	ソケット20A×15A	1	
〃　　〃	径違いT20A×20A×15A	3	
〃　　〃	エルボ15A	40	←図面上は35個
〃　　〃	水栓ソケット15A	9	

2. 排水管

名　　称	種類・寸法	数　量
-------	-------	-------

↓
上と同様に
拾い出す

（2） 排水配管

排水の方式には，次の2種類がある。

- **分流式**：雨水とトイレ・浴室・流し台などから出る汚水を別々の管きょで排除する。
- **合流式**：雨水と汚水を同一管きょで排除する。

どちらの方式にするかは，その地区の公共下水道管理者の処理方法によって定まるので，事前によく調べておく必要がある。ここでは，合流式であると仮定して，次のような手順で作図してみる。

① まず，雨水の排水を計画する。

建物の角に**雨水立て管**を示す丸を描く（図2-26）。そのすぐ近くに**雨水ます**を描き，雨水立て管とますを**雨水横走り管**の太線で結ぶ。

図2-26 雨水の排水

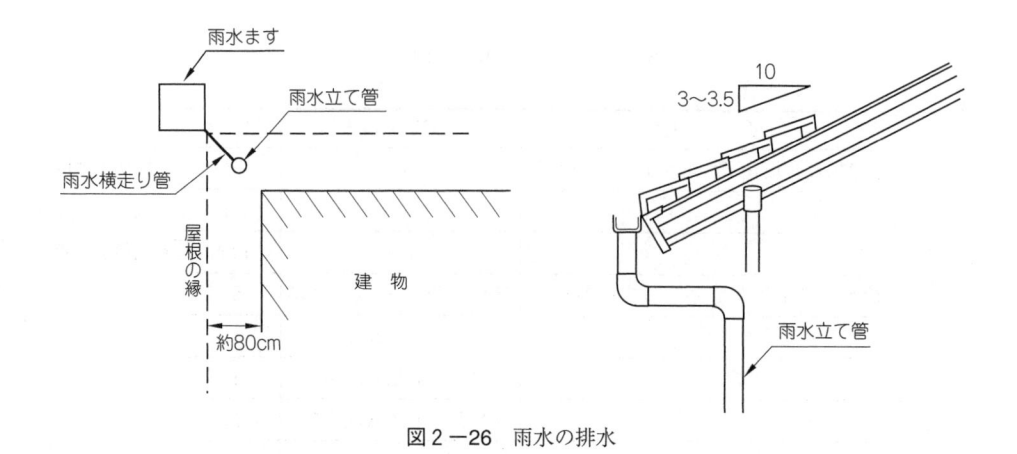

② 次に，トイレや浴室の汚水排水を計画する。

普通，汚水を排水する場所は，何箇所かに集中しているので，その集中した箇所をねらって**汚水ます**を描き，室内の汚水を排出する器具とますを**汚水横走り管**の太線で結ぶ（図2-27）。

このとき，

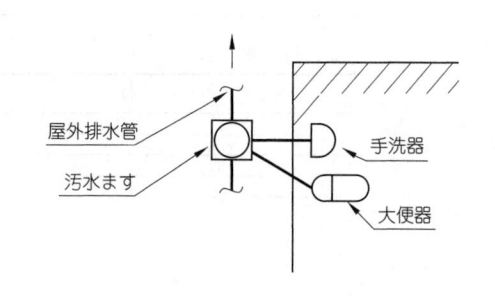

図2-27 汚水の排水

- 汚水横走り管は，器具から汚水ますに向かって直線で引く（曲げると詰まりやすくなるため）。どうしても曲げる必要があるときは，45°曲管を用いて緩やかに曲げる。
- 雨水ますと汚水ますが兼用できる場所は，1個の汚水ますで兼用することができる（ただし合流式の場合のみ）。
- 1つの汚水ますに接続する会合本数（屋外排水管も含む）は，ますの内径や深さにより異なるが，4本ほどまでとする。横走り管があまり多くなったら，もう1つ汚水ますを増やす。

③ 雨水・汚水は全部ますに集め，次にますとますを太線で結んでいき，最後は**公共汚水ます**へつなぐ。この太線を**敷地下水管**という。敷地下水管は，なるべく一直線になるようにし，曲がりくねってしまうようなら雨水ます・汚水ますの位置を変更する。

ここまでの作業を図で示すと図2-28のようになる。

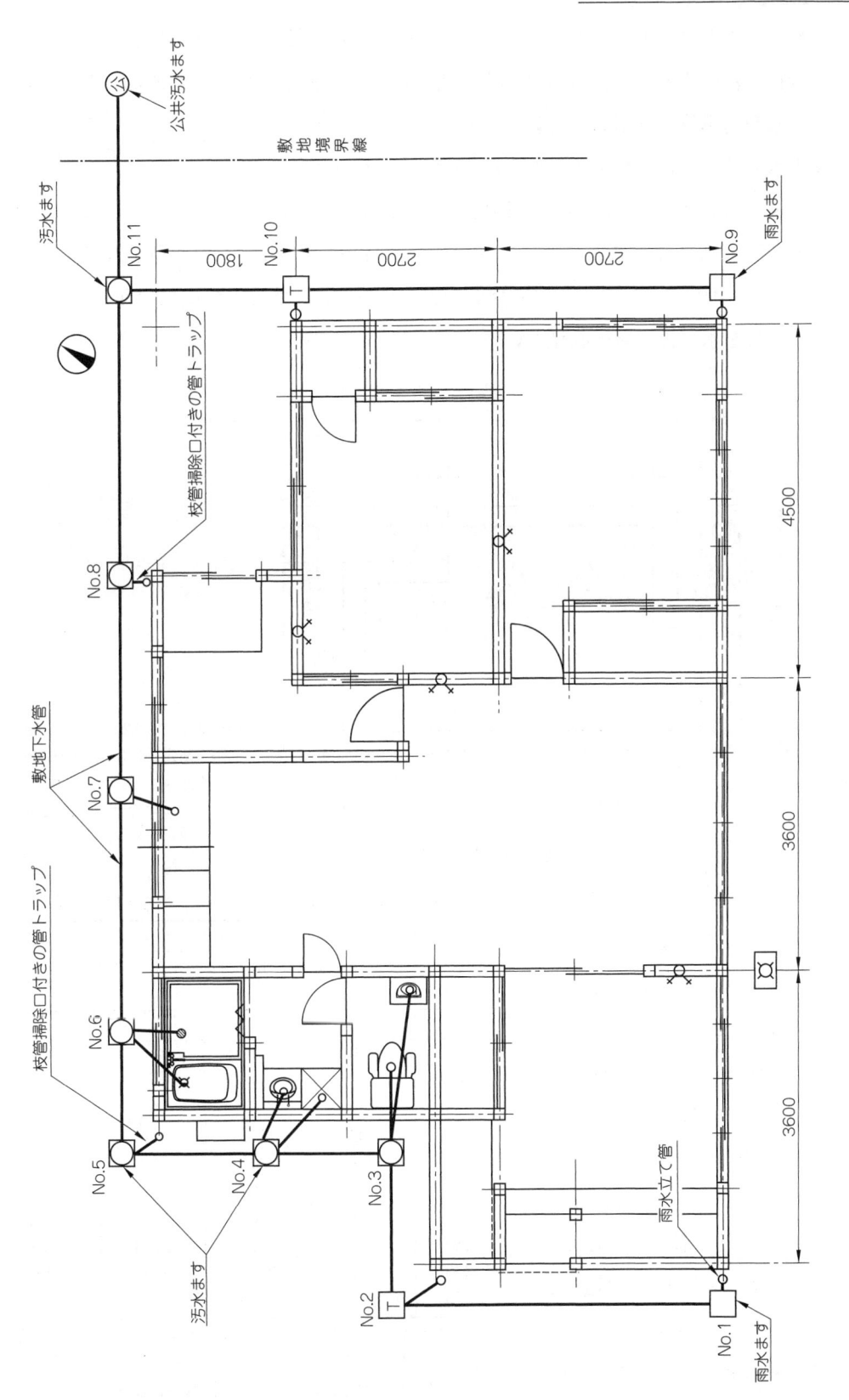

図 2-28 排水配管平面図（第 1 ステップ）

④ 次に，雨水立て管，雨水横走り管，汚水横走り管，敷地下水管の管径を決めていく。

管径を決定する方法には器具排水負荷単位法と定常流量法などがある。ここでは器具排水負荷単位法を用いて計算する。

- 雨水立て管の管径を決めるために，屋根の面積を計算する。

普通，軒先は建物の柱心から外側に約80cmほど張り出しているので，その軒先の予想線を平面図に薄く描き（図2－29においては破線部分），その面積を計算する。この例では，104.62m²（図2－29参照）となるが，これは実際の屋根の面積ではない。この面積を**水平投影屋根面積**という。

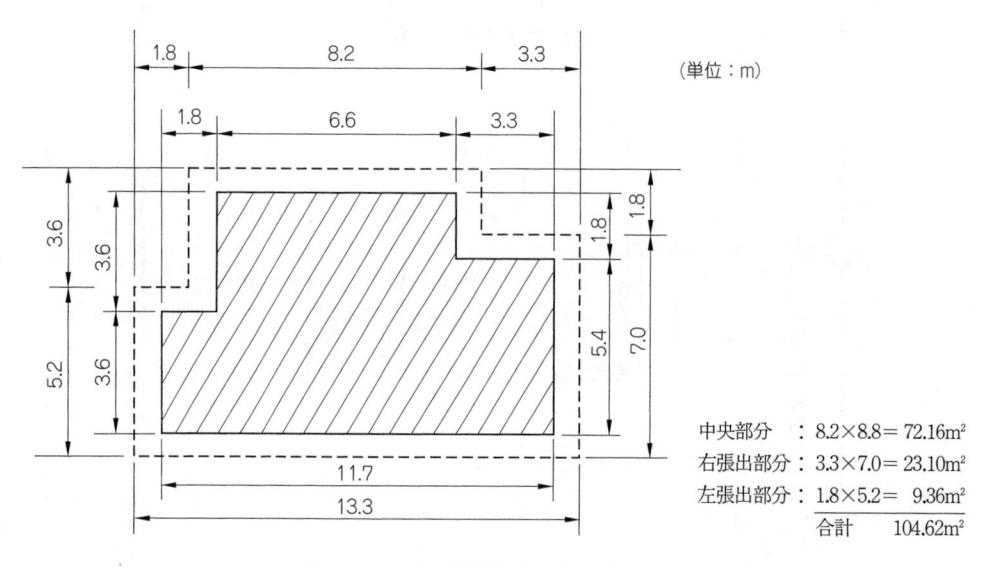

中央部分　：8.2×8.8＝72.16m²
右張出部分：3.3×7.0＝23.10m²
左張出部分：1.8×5.2＝ 9.36m²
合計　　　　　　　104.62m²

図2－29　水平投影屋根面積の計算

表2－7　雨水立て管，雨水排水横走り管の管径

管径 (mm)	許容しうる最大水平投影屋根面積 (m²)			
	雨水立て管	雨水排水横走り管の配管こう配		
		1/96	1/48	1/24
(a)	(b)	(c)	(d)	(e)
50	67	—	—	—
65	121	—	—	—
75	204	76	108	153
100	427	175	246	349
125	804	310	438	621
150	1254	497	701	994
200	2694	1068	1514	2137
250	—	1923	2713	3846
300	—	3094	4366	6187
375	—	5528	7803	11055

注）この表は最大降雨量100mm/hのときのものであるので，最大降雨量が，例えば70mm/hの地域では，

実際の水平屋根面積 $\times \dfrac{70}{100}$ ＝換算屋根面積

（配管工学研究会編：配管ハンドブック，第4版P.562 産業図書）

表2－7の（a）と（b）は，雨水立て管1本が流せる水平投影屋根面積と立て管の管径の関係を表している。この場合は，104.62m²の水平投影屋根面積を6本の雨水立て管が分担して流すことになるので，屋根の形にもよるが，1本当たり約20m²と見込んで，表2－7から，最も細い管径50mmとなり，これを雨

水立て管の管径とする。

- 図2−28の雨水横走り管と，敷地下水管のNo.1→No.2→No.3間，No.9→No.10→No.11間の管の管径は，表2−7の（c），（d），（e）を用いる。

配管こう配を$\frac{1}{48}$（≒$\frac{2}{100}$）とすれば，水平投影屋根面積108m²まで75mmの管で処理できるので，これに決める。

- 汚水横走り管の管径は，大便器，浴槽などの器具に付いている排水管接続口の管径か，それ以上の管径とする。最小管径は表2−8を参考にする。

表2−8 器具と排水管の最小管径

器 具	器具排水管の最小管径〔mm〕	器 具	器具排水管の最小管径〔mm〕
大 便 器	75	床 排 水	40〜75
小 便 器（壁掛形）	40	汚 物 流 し	75
小 便 器（ストール形）	50	医 療 流 し	40
洗 面 器	30	歯科ユニット	30
手 洗 器	30	化学実験流し	40
水 飲 器	30	理髪・美容用洗面器	30
料理場流し（住宅用）	40	浴 槽（洋 室）	40
連 合 流 し	40	同 上（和 風）	40
掃 除 流 し	65	同 上（公衆用）	50〜75
洗 濯 流 し	40	シャワー	50

この場合は，たまたま該当するところがないが，事務所や集合住宅などでは大便器・小便器・手洗器などの排水を1本の太い管にまとめて排出することが多くなってくる。この太い管を**排水横枝管**という（図2−30）。排水横枝管の管径を決めるには，**器具排水負荷単位**という単位を用いる（表2−9）。この単位は，排水横枝管に接続されている器具の排水量を表す単位で，例えば，洗面器の排水量を1とすると，小便器（壁掛け形）は4（倍）の排水量であることを示している。この各器具の器具排水負荷単位を加算していき，全体の器具排水負荷単位と表2−10の排水横枝管の列から必要な管径を求める。

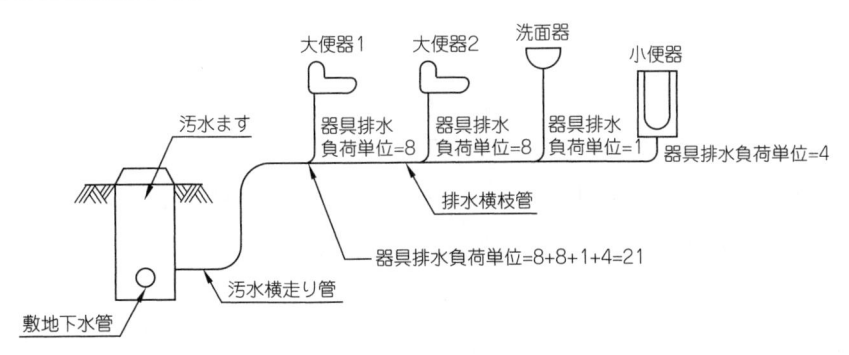

図2−30 排水横枝管

表2-9 器具排水負荷単位

器具	器具排水負荷単位	器具	器具排水負荷単位
大便器(洗浄タンク式)	4	汚物流し	8
大便器(洗浄弁式)	8	医療流し	大形 2 / 小形 1.5
小便器(壁掛け形)	4	歯科用ユニット	0.5
小便器(ストール形)	4	化学実験流し	1.5
小便器(ストール形トラップ付)	8	理髪・美容流し	2
洗面器	1	ビデ	3
手洗器	0.5	浴槽(住宅用)	2
水飲器	0.5	浴槽(公衆用・共用)	4〜6
料理場流し(住宅用)	2	1組の浴室器具	
料理場流し(営業用)	4	大便器・洗面器,浴槽	
連合流し	3	又はシャワー	
掃除流し	3	大便器ロータンク式の場合	6
洗濯流し	2	大便器洗浄弁式の場合	8
床排水	40mm 0.5 / 50 1 / 75 2	連続排水(その流量 3.8 l/minごとに)	2

表2-10 排水横枝管及び排水立て管の管径

管径〔mm〕	許容最大器具排水負荷単位数			
	排水横枝管*1	3階建以下の排水立て管	4階建以上の排水立て管	
			1立て管の合計	1階分,又は1ブランチ間隔分の合計
30	1	2	2	1
40	3	4	8	2
50	6	10	24	6
65	12	20	42	9
75	20*2	30*3	60*3	16*2
100	160	240	500	90
125	360	540	1100	200
150	620	960	1900	350
200	1400	2200	3600	600
250	2500	3800	5600	1000
300	3900	6000	8400	1500
375	7000			

注) *1 排水横主管に合する横走り枝管は含まない。
 *2 大便器は2個まで。
 *3 大便器は6個まで。

図2-30の例で，管径の求め方を説明する。

合計器具排水負荷単位は21になっているので，表2-10から排水横枝管の管径は100mmとなる。汚水横走り管は，当然であるが排水横枝管と同じか，それよりも太くする。

- 図2-28の敷地下水管No.3→No.4の部分は，雨水と汚水が一緒に流れるので，この場合は次のようにする。
- 雨水立て管1本当たりの水平投影面積を20m²としたので，これが2本分，すなわち40m²分が，ますNo.3に入ることになる。雨水の換算器具排水負荷単位は，下記（次ページ）の式から器具排水負荷単位=256となる。
- これに，表2-9から大便器（洗浄タンク式）の器具排水負荷単位=4と手洗器の器具排水負荷単位=0.5を求め，全部を合計する（図2-31）。

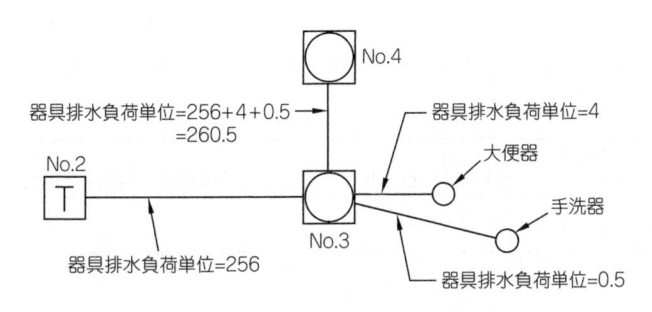

図2-31 雨水と汚水の合流

- No.3→No.4間の器具排水負荷単位=260.5となるので，表2-11からこう配を$\frac{1}{48}$（≒$\frac{2}{100}$）として125mmの敷地下水管でよいことになる。

表2-11 敷地下水管，家屋排水横主管の許容最大器具排水負荷単位（ASA 1955による）

管径(mm) \ こう配	1/192	1/96	1/48	1/24
50	—	—	21	26
65	—	—	24	31
75	—	20*	27*	36*
100	—	180	216	250
125	—	390	480	575
150	—	700	840	1000
200	1400	1600	1960	2300
250	2500	2900	3500	4200
300	3900	4400	5600	6700
375	7000	8300	10000	12000

注）＊は大便器2個以内とする。

雨水の器具排水負荷単位を求める換算式は次のとおりである。

$A \leqq 93 m^2$ のとき　　器具排水負荷単位＝256

$A > 93 m^2$ のとき　　器具排水負荷単位＝256＋(A-93)/0.36

ここに，

A：管路が負担する水平投影屋根面積 (m^2)

このような計算を続けていくと，表2－12，図2－32のように各管の管径とこう配が求められる。ここで，管の材質は硬質塩化ビニル管(JIS K 6741, VU)を使用するものと

表2－12　敷地下水道の計算

ますNo.	水平投影屋根面積 (m^2)	雨水換算 器具排水負荷単位	器具 器具排水負荷単位	合計 器具排水負荷単位	敷地下水管 (mm)
2	20×2=40	256		256	
2→3					125 (2/100)
3	40 (上と同じ)	256	大便器 4 手洗器 0.5	260.5	
3→4					125 (〃)
4	40 (〃)	256	No.3の分 4.5 洗面器 1 洗濯用流し 3	264.5	
4→5					125 (〃)
5	40+20=60	256	No.4の分 8.5	264.5	
5→6					125 (〃)
6	60 (〃)	256	No.4の分 8.5 浴槽 2 床排水 1	267.5	
6→7					125 (〃)
7	60 (〃)	256	No.6の分 11.5 料理場流し 2	269.5	
7→8					125 (〃)
8	60+20=80	256	No.7の分 13.5	269.5	
8→11					125 (〃)
11	80+2×20=120 No.9→No.10→No.11 の雨水を加算	$256+\frac{(120-93)}{0.36}$ =331 $A>93m^2$ の式	No.8の分 13.5	344.5	
11→ 公共汚水ます					125 (〃)

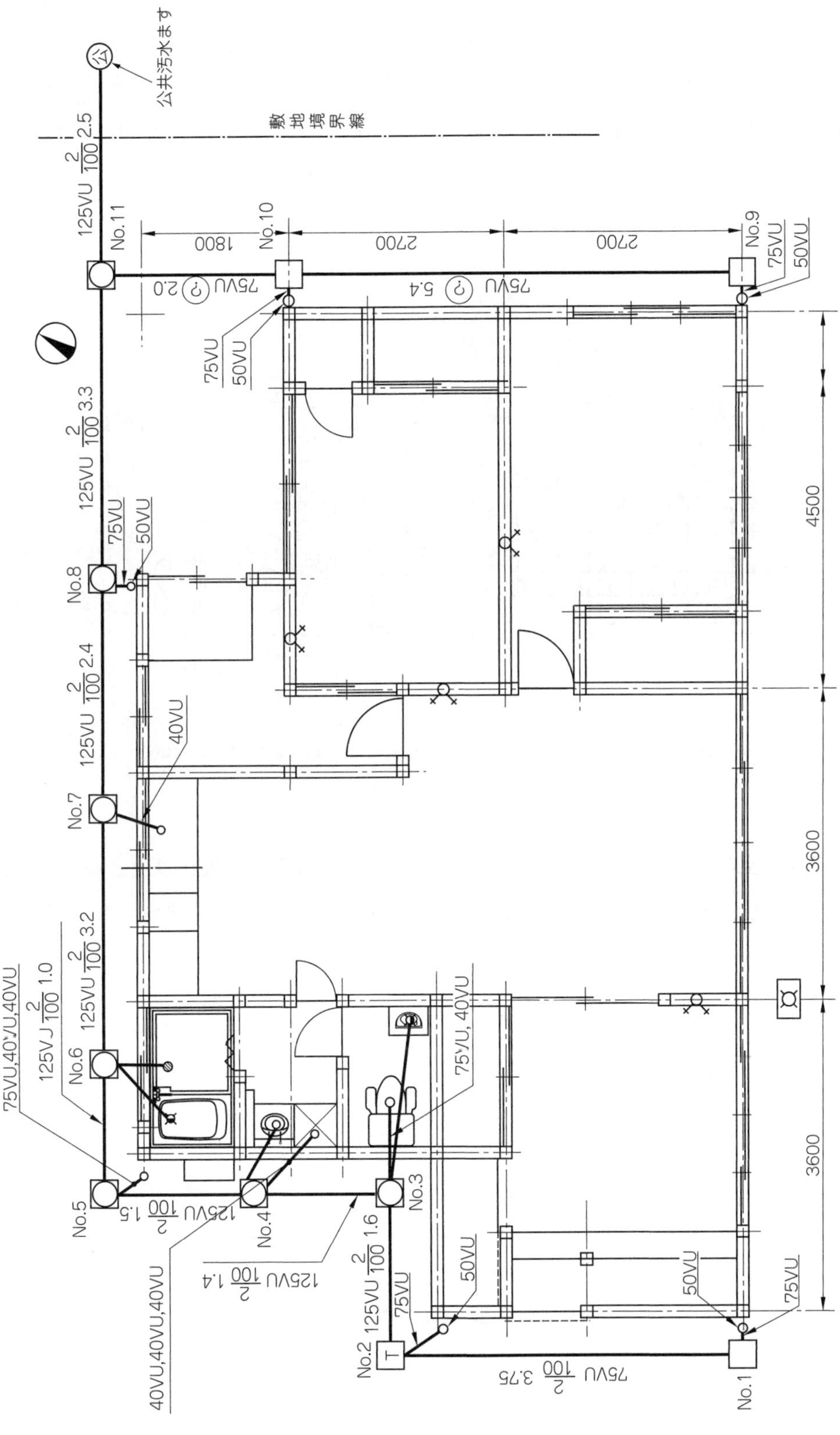

図 2-32 排水配管平面図（第 2 ステップ）

している。No.2〜公共汚水ますの敷地下水管は，表2−12の通り，敷地下水道の計算より管径を求める。また，No.9→No.10→No.11の敷地排水管のこう配に⑦マークが入っているのは，次のますを決めてから最後に記入する。

- ますの大きさ・深さを決める。まず，スタートのNo.1の雨水ますを検討する。

雨水ますは，ためますともいい，図2−33に，その構造と寸法例を示す。

単位 mm

（a） RA-1〜3　　　　　　　　　（b） RB

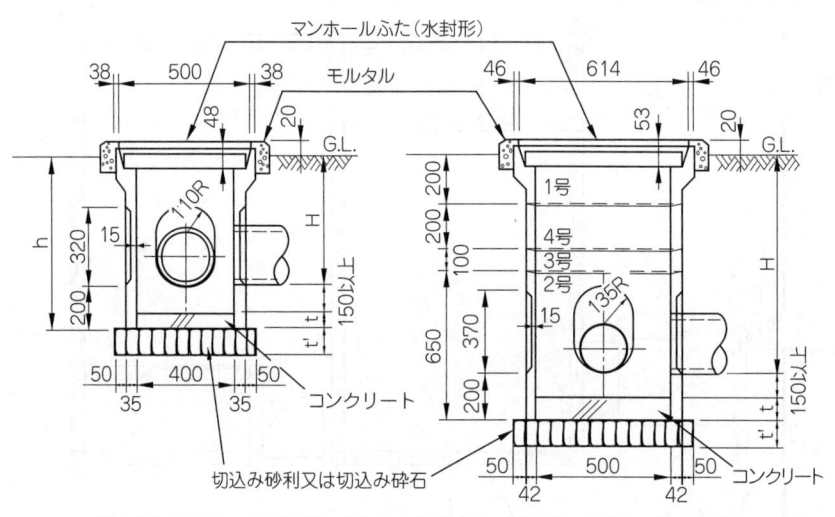

（国土交通大臣官房官庁営繕部監修 （社）公共建築協会編：機械設備工事標準図（平成16年版））

図2−33　雨水ます（ためます）

これを土の中へ埋めて，75VUの管の上の土の深さが最小20cm以上となるようにする。これを，土被り(どかぶり)という。また，雨水ますの場合は管の下からますの底を15cm以上

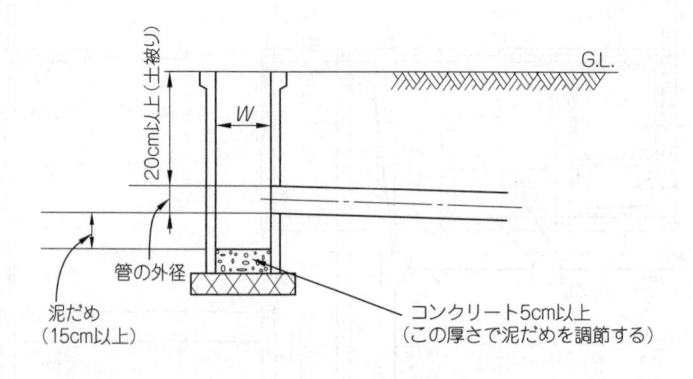

図2−34　No.1雨水ます

下げて，土やごみが溜まっても支障がないようにする。この15cm以上の深さのことを**泥だめ**という。規格で調べると，75VUの外形は8.9cmなので，土被り20cmを加えて図2－34のH＝28.9cm，これを切り上げてH＝30cmとする。ますの内径（図2－34のW）は，ますの深さとそのますに何本の管

表2－13 ますの大きさ

内径又は内のり幅（cm）	深さ（cm）	会合本数
15〜30	120まで	4本まで
36	〃	〃
40	〃	5本まで
45	140まで	〃

（注）
1. 会合本数には流出する排水管を含む。
2. 汚水ますの深さは，地表面から下流までの深さとし，雨水ますは，地表面からます底部までの深さとなる。
3. 会合本数は100mm以下の場合を表した。それ以上の場合はますの内径も大きくする。

が集まってくるか（**会合本数**という）によってだいたい定まり，表2－13のようになっている。No.1雨水ますは，内径Wcm×深さ[*1]Hcm（泥だめcm）で表すことになっているので（図2－7参照），30×45（15）でよいことになる。

- No.1雨水ますの管の底を基準として，No.2のますを決める。決め方は起点ますを除き，各雨水ます内には原則として下流側に，2cm程度のステップを設ける。汚水ます内には原則としてインバートの上，さらに下流側の排水管のこう配差に，さらに2cm程度のステップを設ける（図2－35を参照）。

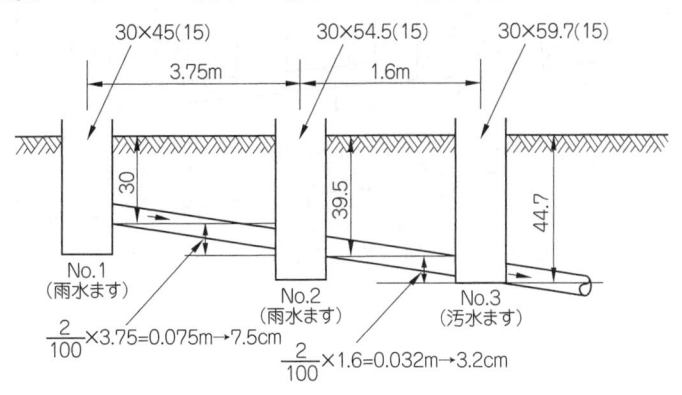

```
        30×45(15)    30×54.5(15)   30×59.7(15)
        ←── 3.75m ──→←── 1.6m ──→
        
        30            39.5          44.7
        
        No.1          No.2          No.3
        （雨水ます）   （雨水ます）   （汚水ます）

        2/100×3.75=0.075m→7.5cm
                  2/100×1.6=0.032m→3.2cm
```

図2－35 雨水ますの決め方

- No.3のますは，図2－35から，雨水ますであると30×59.7（15）となるはずであるが，ここは汚水ますとする必要がある。汚水ますは，図2－36のような形をしており，上流側の管底より下流側の管底を約2cm下げる（図2－37を参照）。このますには管が4本集まるので，表2－13からますの内径は30〜35cmでもよいが，管径が125mmあるため，内径40cmのますにする。ますの内径40cm，深さ[*2]44.7cm，す

---

*1：雨水の場合雨水ます底部
*2：汚水の場合下流管底部

なわち40×44.7とする。

- 以下，順に計算していくと図2−38のようになる。

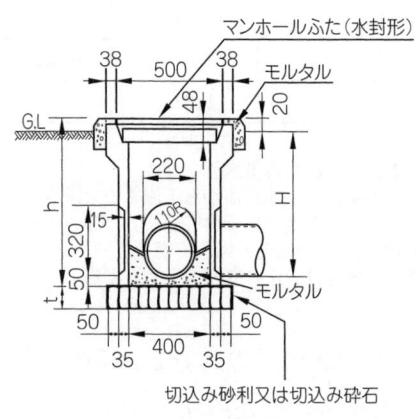

（国土交通大臣官房官庁営繕部監修（社）営繕協会編：
機械設備工事標準図（平成16年版）

図2−36 汚水ます（インバートます）例

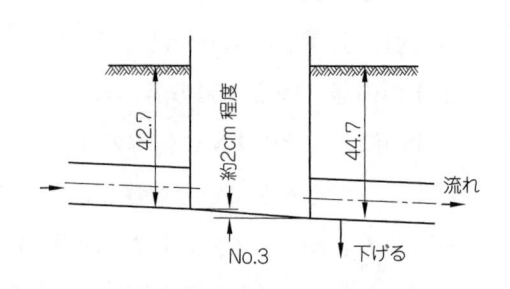

図2−37 汚水ますの決め方

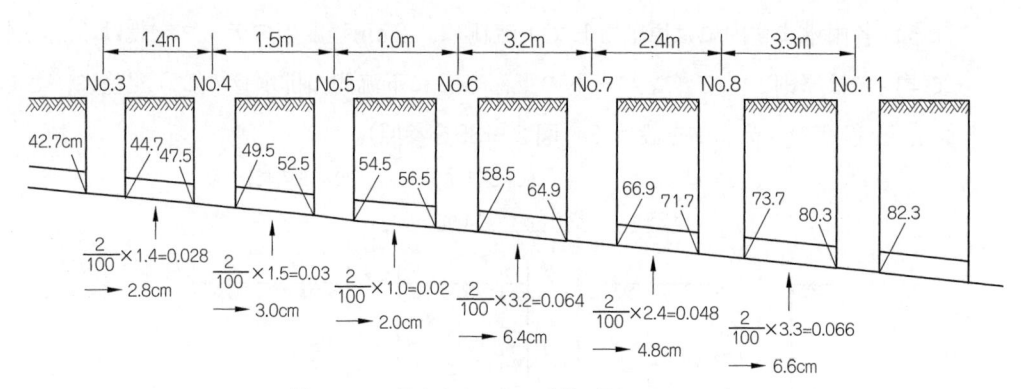

図2−38 汚水ますのHの計算（西・北ルート）

次にNo.9→No10→No.11のルートを検討する。

このルートは，図2−32の北側ルートより距離が短いため，普通のこう配で引いていくとNo.11の所で段違いになってしまうので，No10→No.11で掃除口ドロップますをとり，始発点と終点のつじつまが合うようにする（図2−39）。

以上をまとめたものが図2−40である。

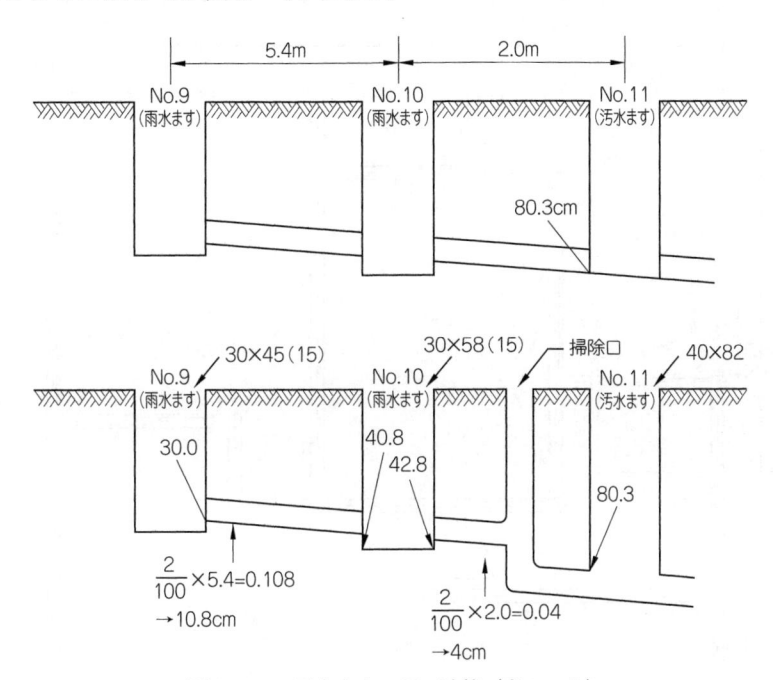

図2−39 雨水ますのHの計算（東ルート）

96　配管製図

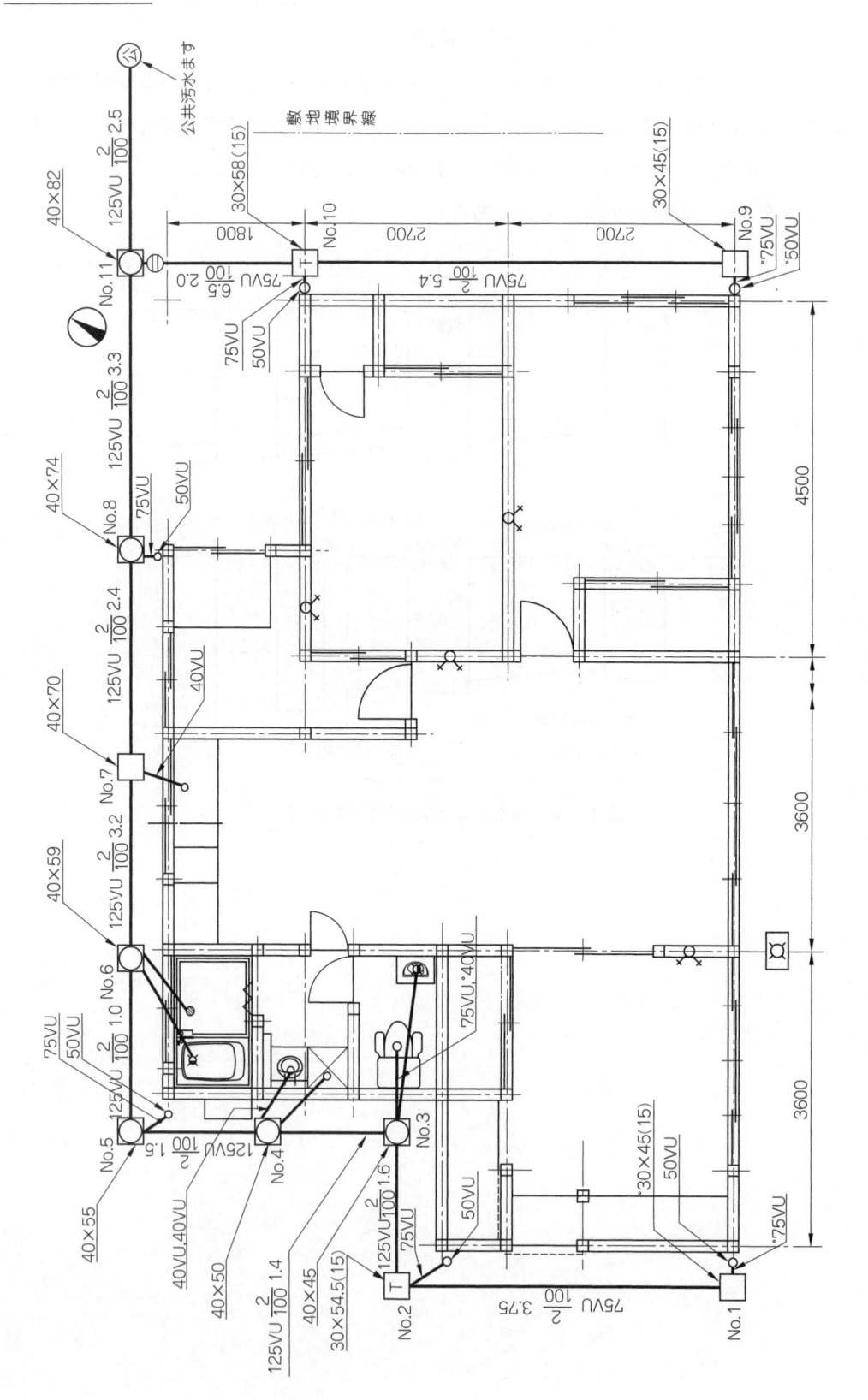

図2-40　排水配管平面図（完成図）

（3） ガス，給湯配管

次にガス配管，給湯配管の計画をする。

この例では，図2－14でガス給湯器を先に決めたが，図の器具一覧表にあるガス給湯器21号とは，「水温＋25℃のお湯を1分間に21リットルの給湯ができる」能力がある給湯器であることを表している。この能力を決めるには次のようにする。

- シャワー用は，湯の温度42℃前後で給湯量6～15ℓ／minが必要である。
- 浴槽用は，浴槽の大きさと湯を張る時間によっていちがいに決められないが，概ねシャワーと同程度か，やや少ない量とする。
- 台所は，30～40℃程度で給湯量3～5ℓ／minが必要である。
- 洗面所・洗濯機用は，短時間しか使用しないため，特に考慮しなくてよい。

給湯量は，これらを全部足すのではなく，同時に使用する器具はどのくらいかを見計らって決めることになる。一般的には，個人住宅の場合，2人家族の場合，16又は20号，4人家族の場合24号程度の給湯器でほぼ用が足りる。

給湯器が決まったら，ガス暖房機，ガスレンジなどの器具を決め，各々の**ガス消費量**を出していく。ガス消費量は，器具のカタログに出ているので，それを参考とするが，目安としては表2－14のようになる。

次に，配管ルートの選定を平面図上で行いその器具へ接続する管径を決める。ここで注意すべきことは，「使うガスの種類によって管径が違う」ということである。現在，表2－15のような種類のガスが供給されている（都市ガスの代表例として13A・12Aが主流である）。

表2－14 家庭用ガス器具のガス消費量（例）

器具	容量	ガス消費量kW
給湯器	32号	69.8
	24号	58.1～66.3
	16号	40.7～50
	8～4号	23.3～29.1
ガス暖房機	20～40畳	9.3
	8～15畳	5.2
	6～12畳	4.1
	4～8畳	2.9
ガスレンジ	グリル付4口	14.0
	〃 2口	9.3
風呂専用釜		9.3～15.1

注）ガスレンジは全口開放の値

表2－15 ガスの種類と特性（例）

種類	発熱量kJ/m³	比重
13A	41,860～46,047	0.69
12A	37,674～46,047	0.66
6A	29,302	1.23
5C	18,837～20,930	0.67
L1		
L2		
L3		
プロパンガス	100,465	1.50

（空気調和・衛生工学会編：空気調和・衛生工学便覧）

ここで，戸建住宅などの配管径の決定手順フローを図2-41に示す。

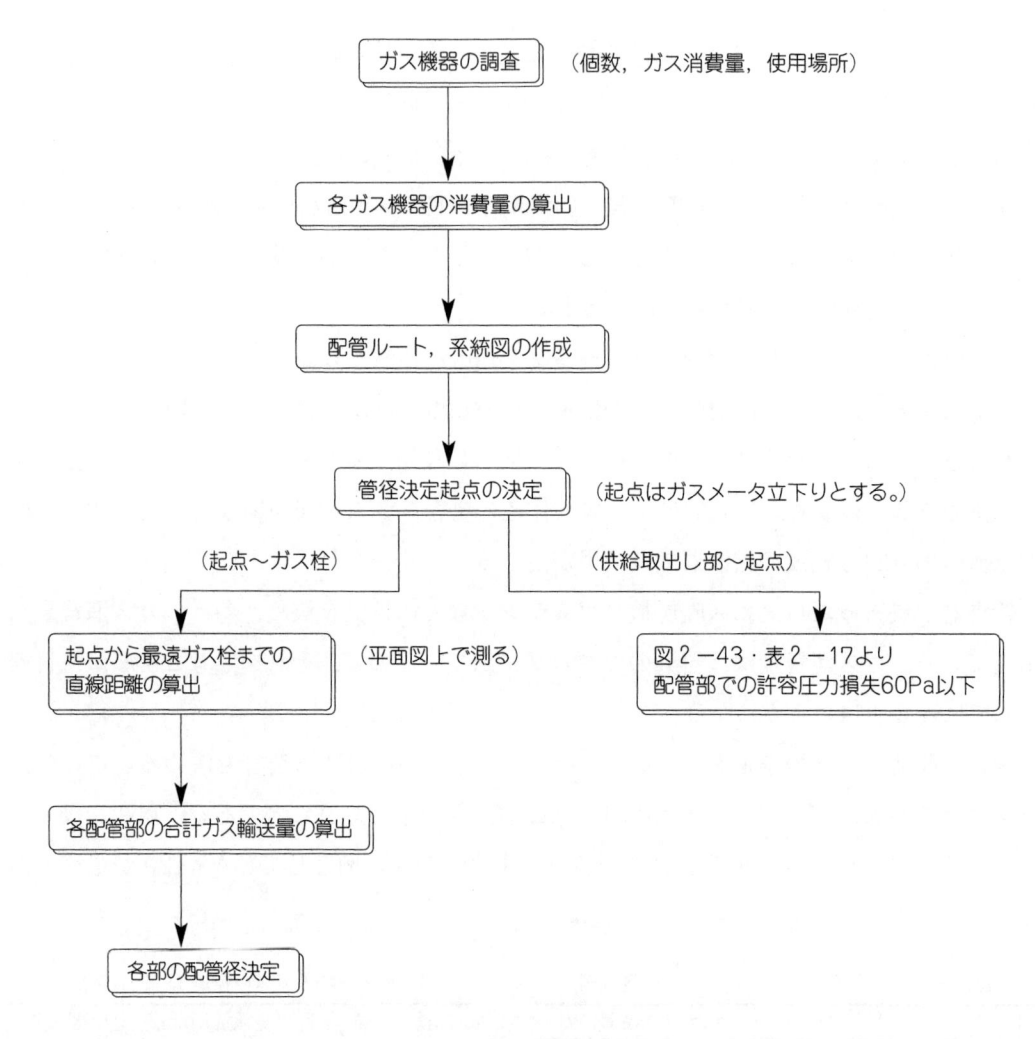

```
        ┌──────────────────┐
        │  ガス機器の調査  │　（個数，ガス消費量，使用場所）
        └────────┬─────────┘
                 ↓
        ┌──────────────────────┐
        │ 各ガス機器の消費量の算出 │
        └────────┬─────────────┘
                 ↓
        ┌──────────────────────┐
        │ 配管ルート，系統図の作成 │
        └────────┬─────────────┘
                 ↓
        ┌──────────────────┐
        │ 管径決定起点の決定 │　（起点はガスメータ立下りとする。）
        └───┬──────────┬───┘
  （起点～ガス栓）    （供給取出し部～起点）
      ↓                    ↓
┌──────────────────┐  ┌──────────────────────┐
│ 起点から最遠ガス栓までの│  │ 図2-43・表2-17より　　│
│ 直線距離の算出        │  │ 配管部での許容圧力損失60Pa以下│
└────────┬─────────┘  └──────────────────────┘
      （平面図上で測る）
         ↓
┌──────────────────────┐
│ 各配管部の合計ガス輸送量の算出 │
└────────┬─────────────┘
         ↓
┌──────────────────┐
│ 各部の配管径決定  │
└──────────────────┘
```

図2-41　配管径の決定手順フロー

決定手順フロー図より各配管径を求める。

○ガス輸送量（m³／h）の算出

ガス輸送量（m³／h）＝器具のガス消費量（kJ／h）÷発熱量（kJ／m³）より，例として

・ガス暖房機（2.91kW）ならば，

ガス輸送量は，（2.91×3,600）kJ／h÷46,047 kJ／m³＝0.23m³／h

上記の計算より，

ガス暖房機のガス輸送量＝（2.91×3,600）kJ／h÷46,047 kJ／m³（13A）＝0.23m³／h

給湯器のガス輸送量＝（47.1×3,600）kJ／h÷46,047 kJ／m³（13A）＝3.68m³／h

ガスレンジのガス輸送量＝（2.8×3,600）kJ／h÷46,047 kJ／m³（13A）＝0.22m³／h

表2－16より図2－46で起点から最遠ガス栓までの直線距離は7.0m以内であるため最大平面距離0～7mを参照し，起点～ガス栓までの配管径を決定する（図2－42参照）。

表2－16 起点～ガス栓配管径算出表（13A）

最大平面距離（m）＼管径	10A	20A	25A
0～7	18.6 kW以下	93.0 kW以下	93.0 kW以下
7.1～12	14.0 kW以下	69.8 kW以下	69.8 kW以下
12.1～20	11.6 kW以下	58.1 kW以下	58.1 kW以下

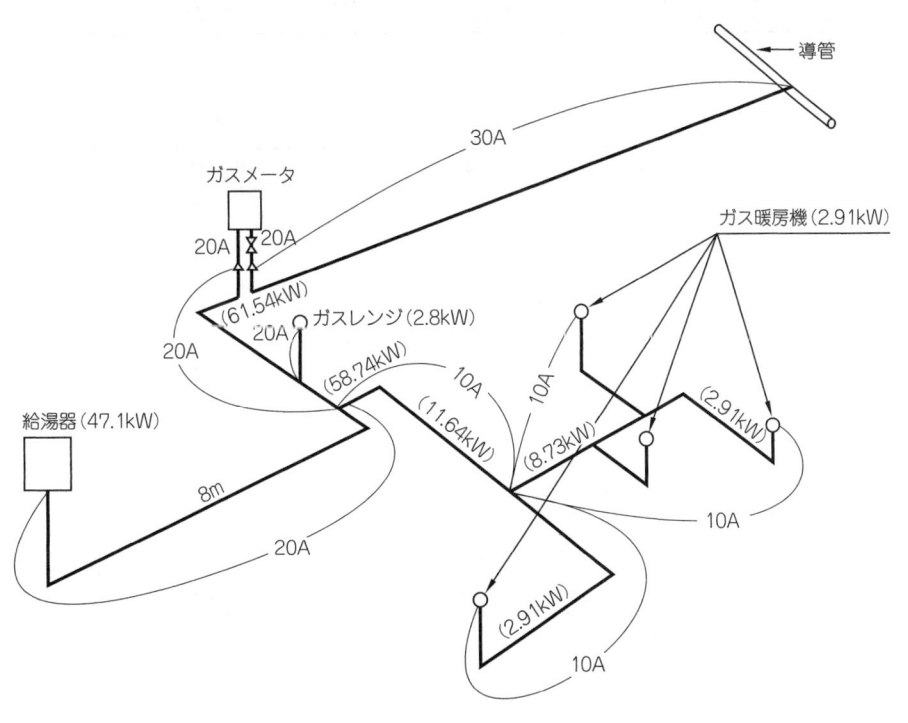

図2－42 ガス配管立体図　13A（発熱量46047kJ／m³）として計算（東京ガスの資料による）

○供給管取出し～起点までの決定

設計輸送量の合計

ガス暖房機	0.23m³／h×4台	＝0.92m³／h
給湯器		3.68m³／h
ガスレンジ		0.22m³／h
合　計		4.82m³／h

設計輸送量＝合計輸送量×同時使用率（0.7）

$\quad\quad\quad$＝4.82×0.7

$\quad\quad\quad$＝3.37m³／h

圧力損失の算定式（ＰＥ管30Ａの場合）

$\quad$圧力損失（Ｐａ）＝（表2－17）係数α値×設計輸送量²（m³／h）×実延長（m）

$\quad\quad\quad\quad\quad\quad\quad\quad\quad\quad\quad\quad\quad\quad\quad\quad$（図2－46より）

$\quad\quad\quad\quad$＝0.0541×3.37²×10.0

$\quad\quad\quad\quad$＝6.1Ｐａ＜60Ｐａ

表2－17　継手を考慮したα値の係数

管　種	呼び径（A）	α値
鋼　管 （SGP）	15	5.30
	20	0.897
	25	0.242
	32	0.0541
	40	0.0298
	50	0.00800
	80	0.00068
	100	0.000248
	150	0.0000402
ポリエチレン管 （PE管）	25	0.242
	30	0.0541
	50	0.0127
	75	0.00123
	100	0.000396
	150	0.0000581

配管径は，各配管部圧力損失値の総和が許容圧力値（図2-43）以下となるように決定する。よって供給管取出し～起点までの配管径は30Aとする。

ガスの設計は，供給されているガス事業者ごとに異なっており，それぞれのガスの比重，熱量，燃焼速度の違いにより区分されているため，諸基準に適合させるため，供給しているガス事業者と随時打合せする必要がある。

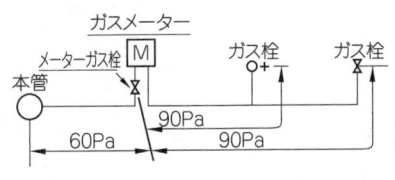

図2-43 許容圧力損失（標準的配分）

図2-42は，前述の方法でガス配管を計画したもの，図2-46はその結果を平面図としたものである。ここで注意すべきことは，ガス配管と電気配線の関係で，配線が電線管に納められているときは表2-18より十分注意する。

表2-18 ガス配管における注意点

管　径（A）	並行離隔距離（cm）	交差離隔距離（cm）
50以下	20以上	10以上
50を超えるもの	30以上	15以上

電気設備に関する技術基準を定める省令及び「火災予防条例」より

最後に給湯配管であるが，個人住宅の場合は配管があまり長い距離ではないので，給湯器の温水出口径そのままの管径で必要な箇所へ引き回す（出口径は給湯器のカタログに書いてあるが，分からないときはおよそ24号程度は20A，16号以下は15Aのものが多いので，その管径とする）。なお，浴槽・洗面器などの水栓金具は，左側が給湯と右側が給水で接続し，水栓内部で給水・給湯の水量から温度調節をする。この水栓を**混合水栓**という（図2-44参照）。

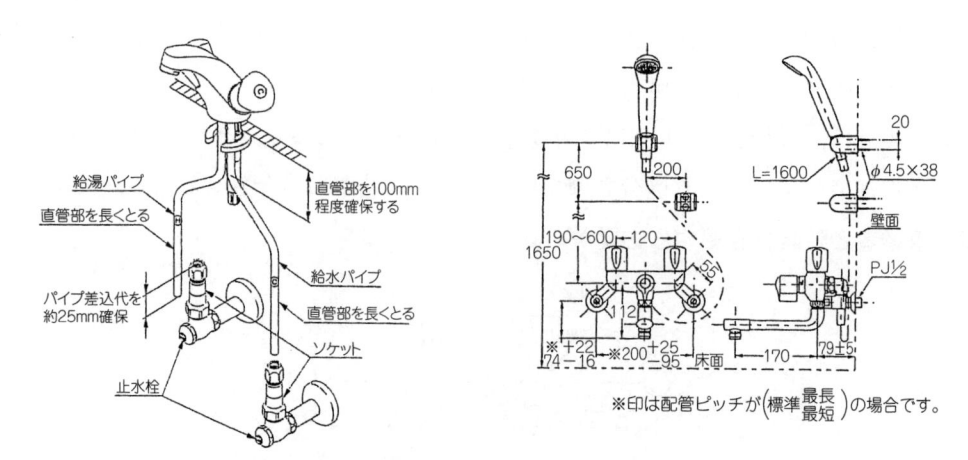

図2−44 混合水栓

　給湯配管を描いた平面図を図2−45に示す。
　以上で作図の説明を終わるが，説明のために給水・排水・ガス・給湯の図は別々に描いている。実際にはこれらを1つの図面にまとめて描くこともある。

図 2−45 給湯配管平面図

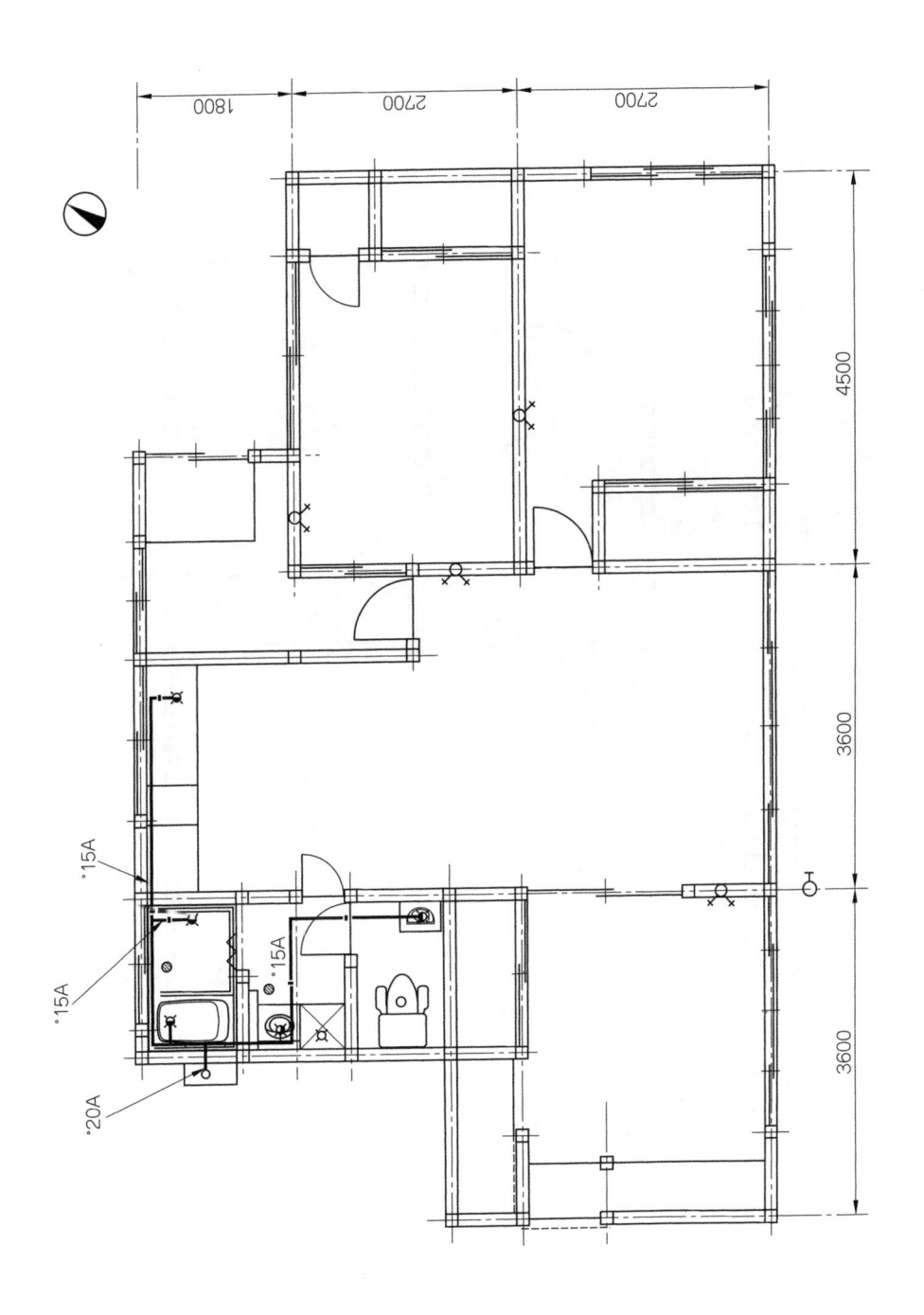

104　配管製図

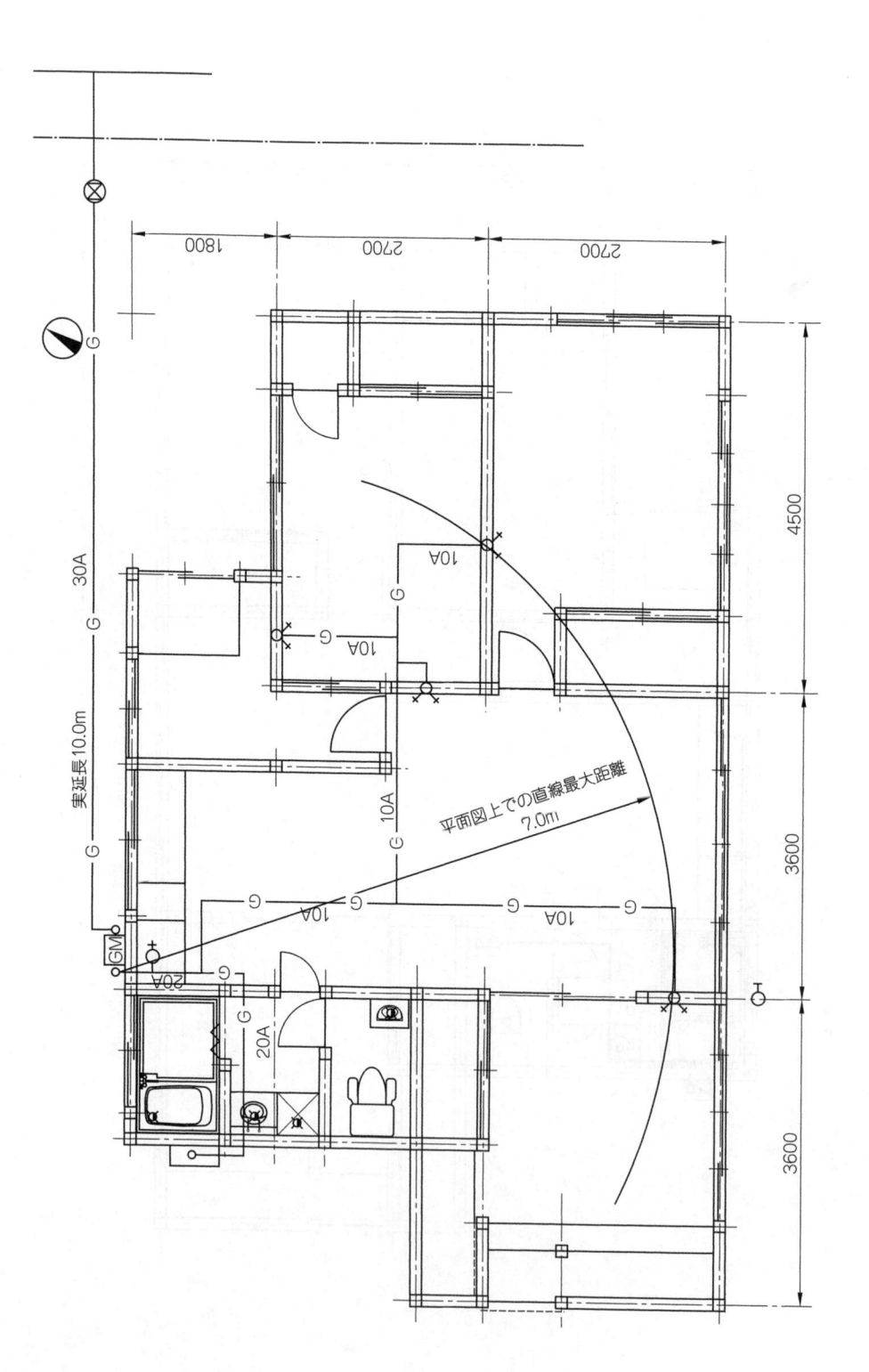

図2-46　ガス配管平面図

学習のまとめ

1. 給水配管
   - 平面図に配管ルートの作成
   - 立体図を作る
   - 器具の給水接続口の大きさを調べる
   - 均等表と器具同時使用率から管径を決めていく
   - 平面図に配管径を記入する
   - 平面図と立体図から材料取りを行う

2. 排水配管
   - 雨水ますと汚水ますの位置を決める
   - 雨水立て管，便器などと「ます」を接続する
   - ますとますの間の敷地下水管を記入する
   - 器具排水負荷単位を求める
   - 排水管の管径とこう配を求める
   - 平面図を作る

3. ガス，給湯配管
   - 給湯器などの器具を決める
   - 器具のガス消費量を調べる
   - 地区のガスの種類を調べる
   - ガス輸送量を計算する
   - 配管の管径を求める
   - 給湯配管は給湯器の湯の出口径を参考にして決める
   - 平面図を作る

1.3 給排水・衛生設備の設計製図（中小事務所の例）

鉄筋コンクリート地下1階，地上3階の事務所の給排水・衛生設備図面の実例を説明する。

元となる建築図を図2-47～図2-51に示す。

また，給水配管の設計製図のフローチャート（給水計画フローチャート）例を図2-52，排水配管の設計製図のフローチャート（排水計画フローチャート）例を図2-53に示す。

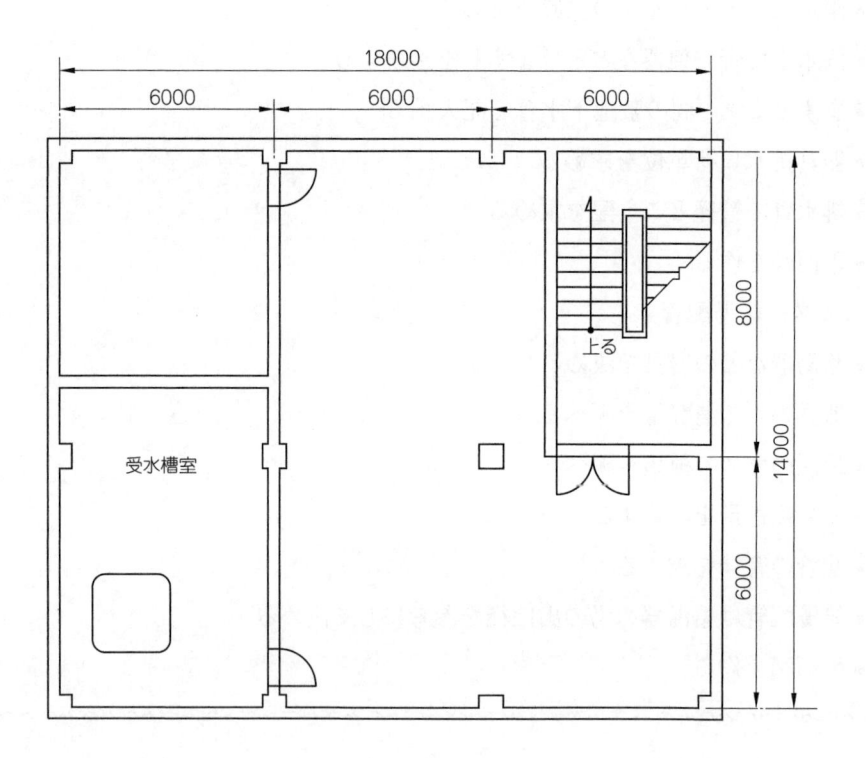

図2-47 地階平面図

図2-48　1階平面図

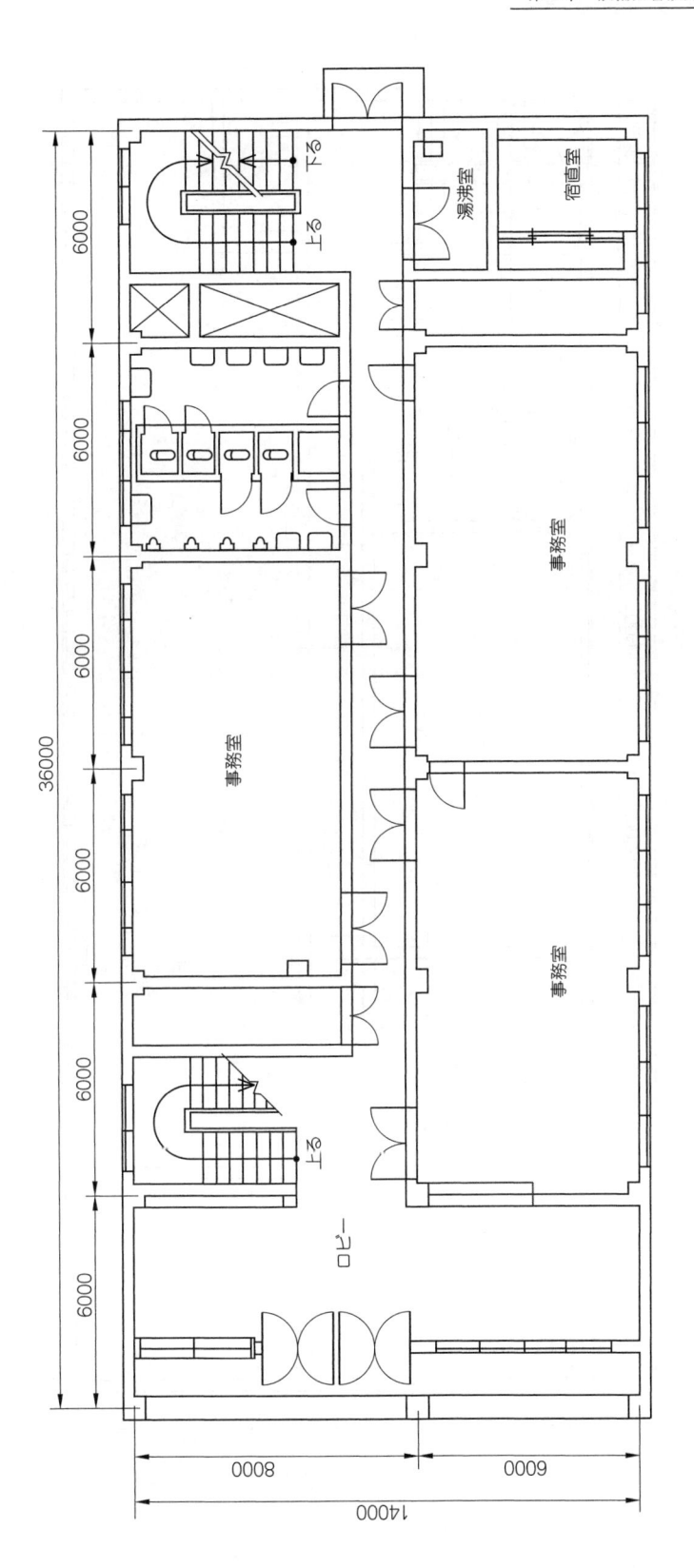

108　配管製図

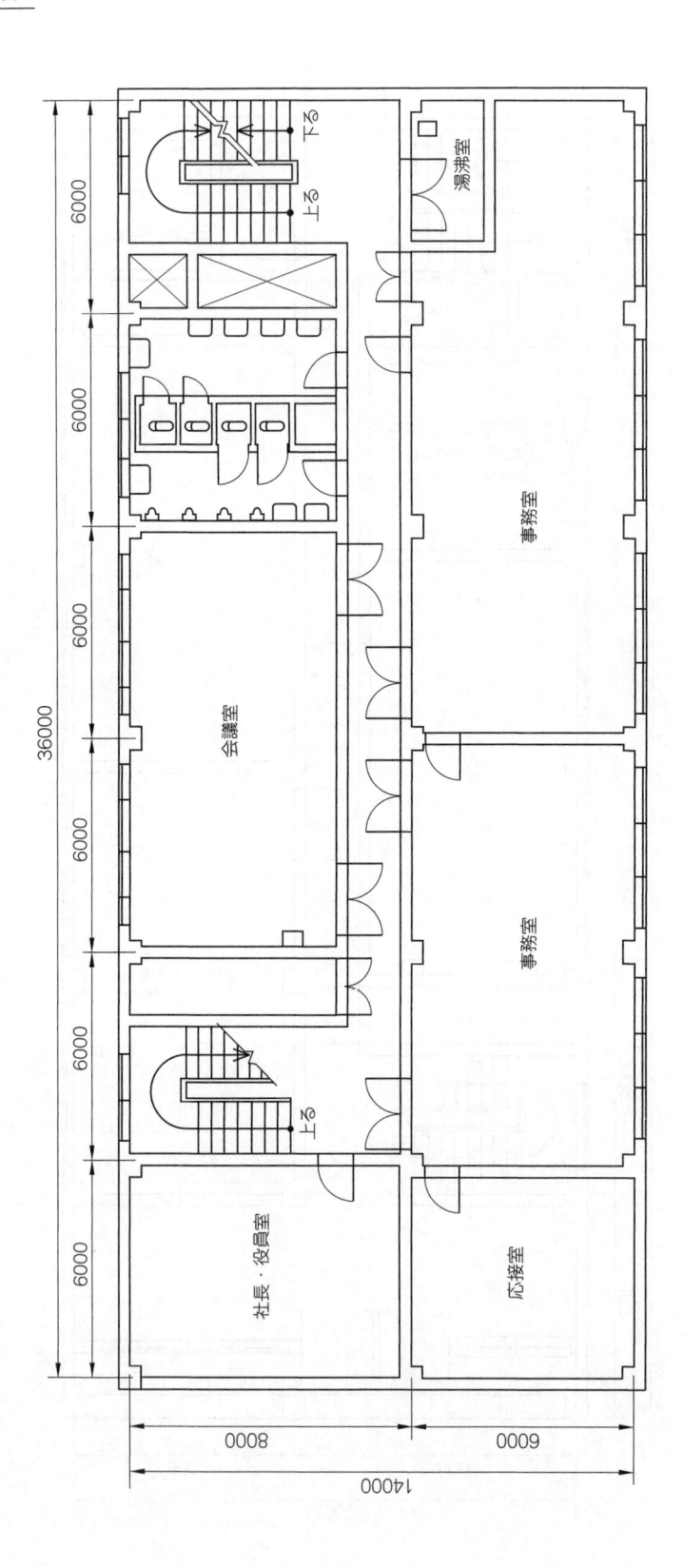

図 2-49　2階平面図

図2−50　3階平面図

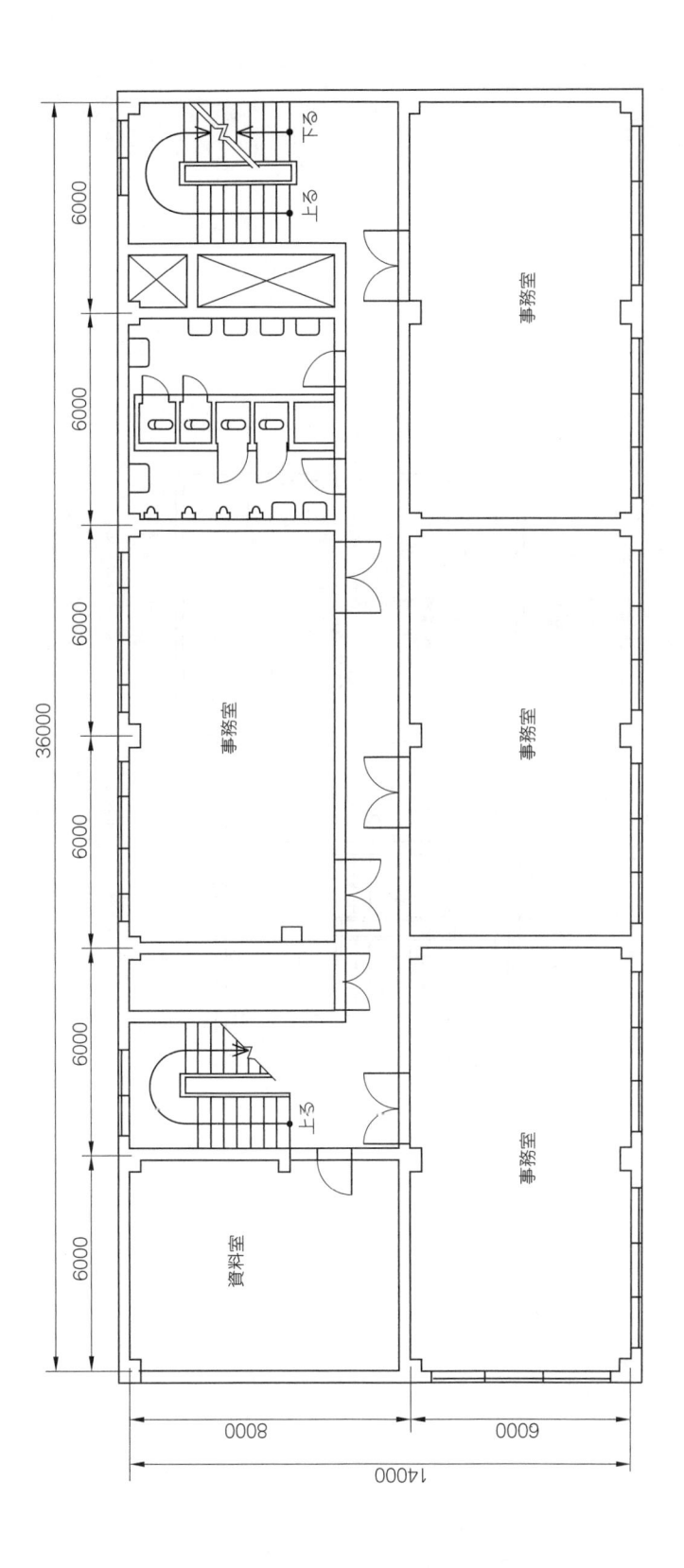

110　配管製図

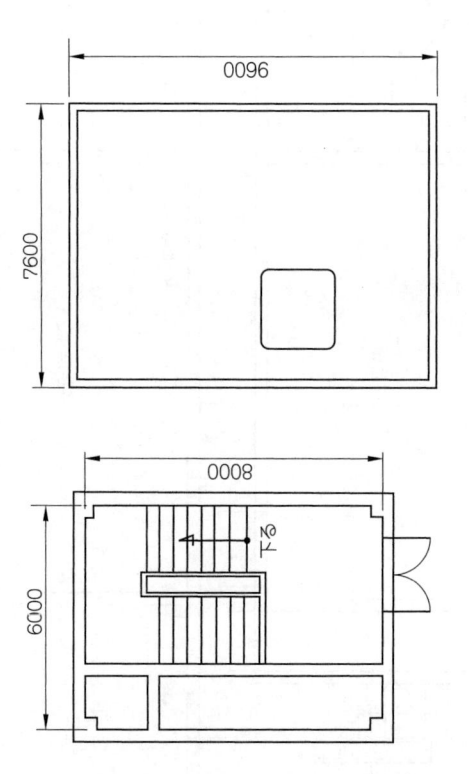

図2-51　塔屋平面図

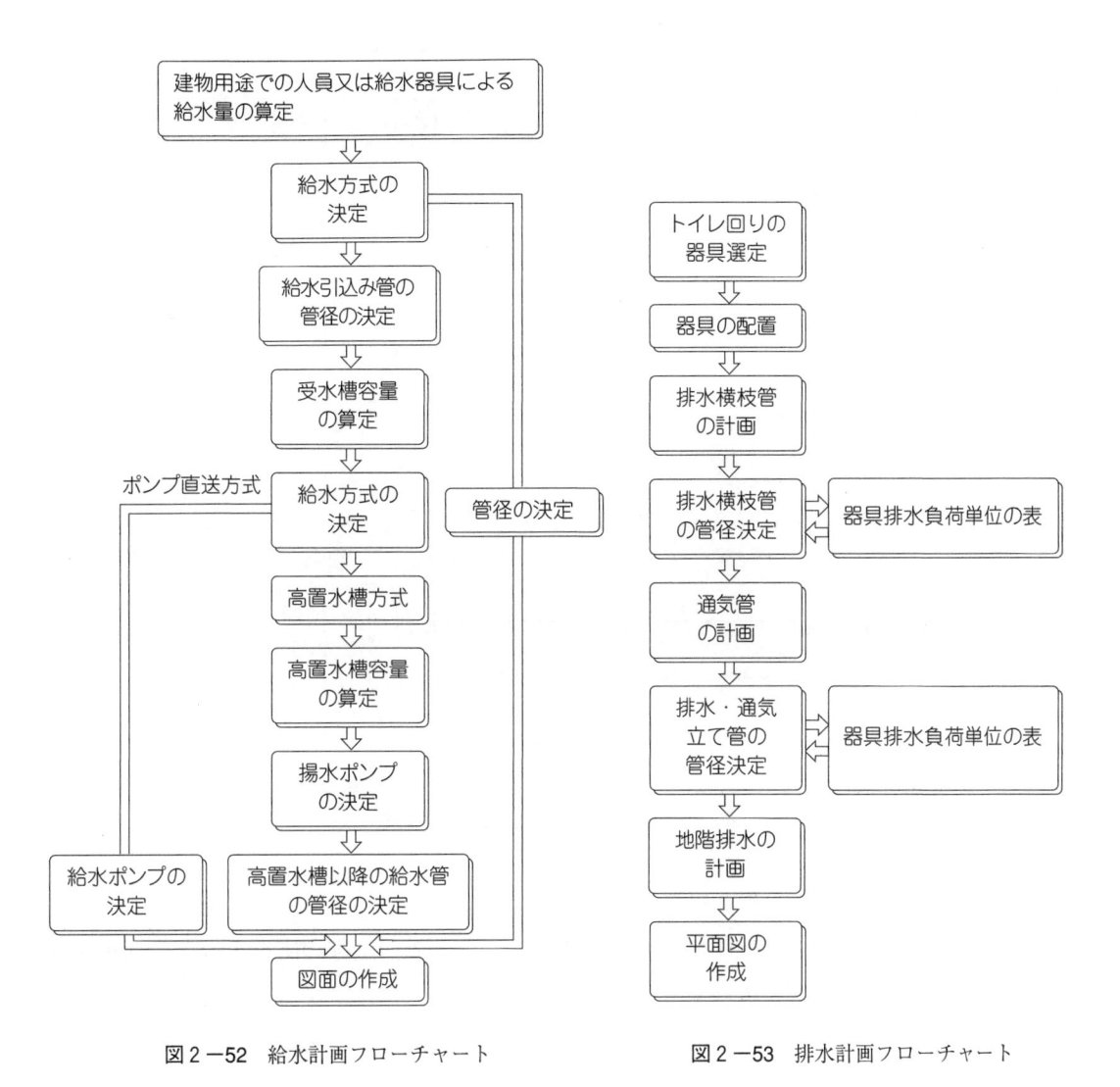

図2-52　給水計画フローチャート　　　　図2-53　排水計画フローチャート

（1）　給水配管

　配水管から水を引き込み，いったん受水槽に受けて，これを**揚水ポンプ**（常用1台，予備1台）で塔屋の高置水槽へ上げ，各階へ立ち下げて配分する方式とする（図2-54）。この図から，水槽・ポンプの容量や配管の管径を決めていく。

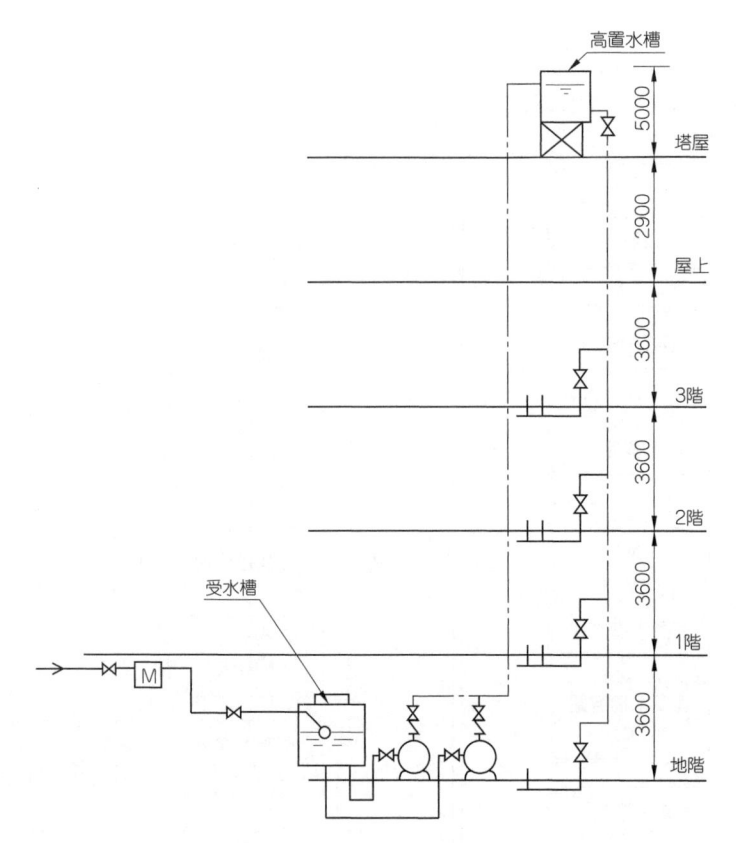

図2-54 給水配管系統図(ステップ1)

a. 受水槽・高置水槽・揚水ポンプの容量

まず、この建物を何人の人が使うかを考える必要がある。全部の階を1つの会社が使う自社ビルだと簡単に正確な人数が分かるが、貸事務所などでは計画段階では正確な人数が分からない。この場合は表2-19のような目安がある。この表で「**有効面積**」というのは、

表2-19 建物種類別単位給水量・使用時間・人数抜粋

建物種類	単位給水量 (1日当り)	使用時間 〔h/日〕	注 記	有効面積当りの人数など	備 考
戸建て住宅 集合住宅 独身寮	200〜400 ℓ/人 200〜350 ℓ/人 400〜600 ℓ/人	10 15 10	居住者1人当り 居住者1人当り 居住者1人当り	0.16人/m² 0.16人/m²	
官公庁・事務所	60〜100 ℓ/人	9	在勤者1人当り	0.2人/m²	男子50ℓ/人、女子100ℓ/人 社員食堂・テナントなどは別途加算
工 場	60〜100 ℓ/人	操業時間+1	在勤者1人当り	座作業0.3人/m² 立作業0.1人/m²	男子50ℓ/人、女子100ℓ/人 社員食堂・シャワーなどは別途加算
総合病院	1500〜3500 ℓ/床 30〜60 ℓ/m²	16	延べ面積1m²当り		設備内容などにより詳細に検討する。

(空気調和・衛生工学会編:空気調和・衛生工学便覧, 第12版4巻P.92 一部加工)

廊下・階段・倉庫・機械室を除いた事務室・役員室・応接室・社長室・更衣室・宿直室などの床面積をいう。

この例で有効面積を計算して（計算経過略），これに0.2人／m²を掛けると表2－20のようになる。さらに人数に単位給水量100ℓ／日を掛けると18,400ℓ／日が1日の給水量となる。これを「1日予想給水量」という。この1日予想給水量を使用時間（事務所なので9時間）で割った値を「時間平均予想給水量」，これに1.5～2.0を掛けたものを「時間最大予想給水量」，さらに時間最大予想給水量に1.5～2を掛けたものを「瞬間最大予想給水量」という。

表2－20 有効面積と人数

階	室の種類	有効面積(m²)	人数
3	事務室・資料室など	351	70人
2	事務室・社長室など	332	66人
1	事務室・宿直室など	240	48人
合計		923	184人

これらは，受水槽・揚水ポンプ・高置水槽の容量を決める目安となる。

この例では，これらの値は次のように求めることができる。

  1日予想給水量 $Vd = 18,400$ ℓ／日
  時間平均予想給水量 $Qh = \dfrac{18,400}{9} = 2,044$ ℓ／h
  時間最大予想給水量 $Qm = 2,044 \times 2 = 4,088$ ℓ／h
  瞬間最大予想給水量 $Qp = 4,088 \times 1.5 = 6,132$ ℓ／h ＝ 102 ℓ／min

受水槽は，1日予想給水量（Vd）の4／10～6／10を標準とする。この例では，
$$\dfrac{18,400}{2} = 9,200 \rightarrow 10,000 \text{ ℓ} \rightarrow 10\text{m}^3$$

高置水槽は，1日予想給水量（Vd）の1／10を標準とする。
$$\dfrac{18,400}{10} = 1,840 \rightarrow 2,000 \text{ ℓ} \rightarrow 2\text{m}^3$$

とする。

揚水ポンプの揚水量は，瞬間最大予想給水量（Qp）に対する割合は1.0とし，かつ高置水槽が空の状態からポンプの運転をはじめ，約20分ぐらいで高置水槽が一杯になる程度とする。大きい方がよいだろうということで，揚水量をあまり大きくすると，バランスが悪くなってポンプが頻繁に動いたり止まったりすることになり，故障の原因になることがある。

この例では，
  $102 \times 1.0 = 102$ ℓ／min

となる。

揚水ポンプから高置水槽への立上り管の管径を決める。水槽メーカのカタログを見ると，

2m³の高置水槽の入水管径は40mmとなっている（図2-55）。この管径が妥当であるかを検討してみる。図2-56の縦軸の102ℓ／minと管径，40Aの線の交差Vを読むと，約1.4m／sとなっている。これが管内を流れる水の流速である。流量と推奨流速の交点付近の管径を選ぶとよい。これはそれ以上の流速になると管内摩擦が大きくなりすぎてポンプの動力が大きくなるうえ，騒音が発生したりする。

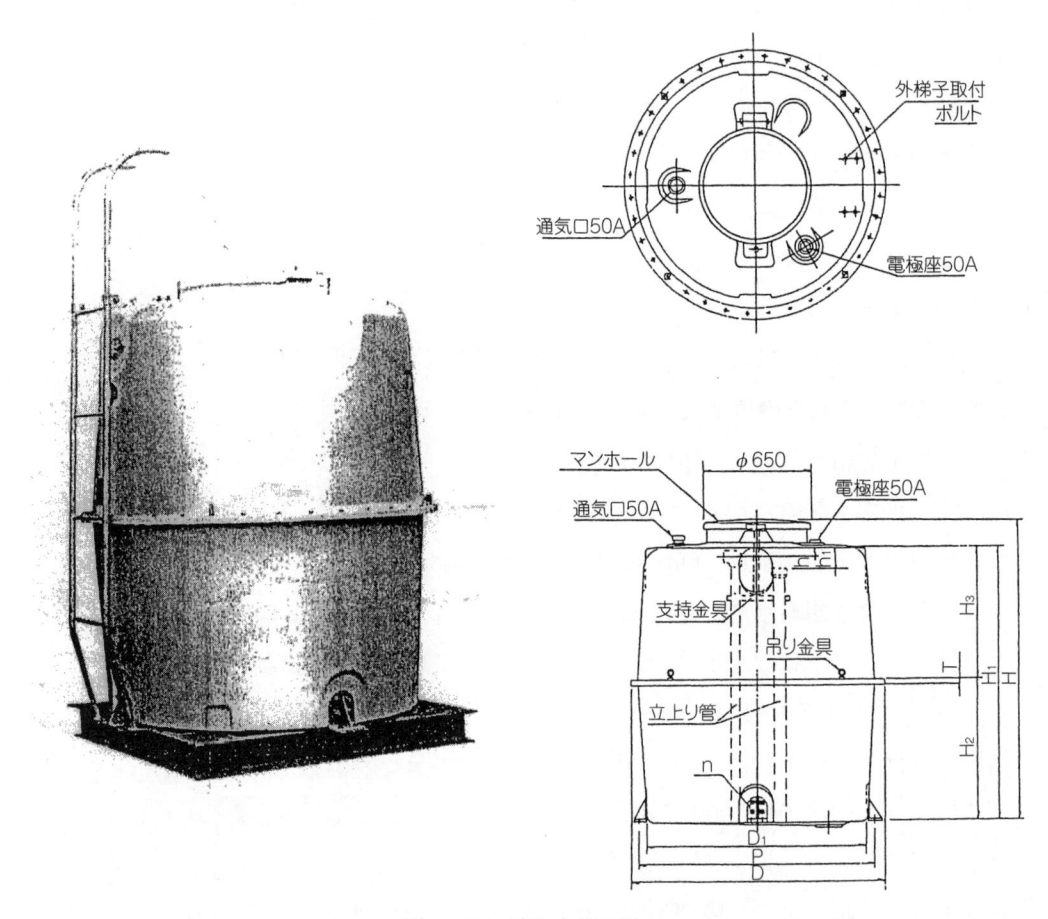

図2-55　高置水槽の例

次に，ポンプが水を押し上げる能力を求める。これを**全揚程**という。図2-56の40Aの交点から下に線を引くと，**圧力損失0.75kPa／m**となる。これがポンプの押し上げ能力（全揚程）を求めるときの指数の1つとなる。

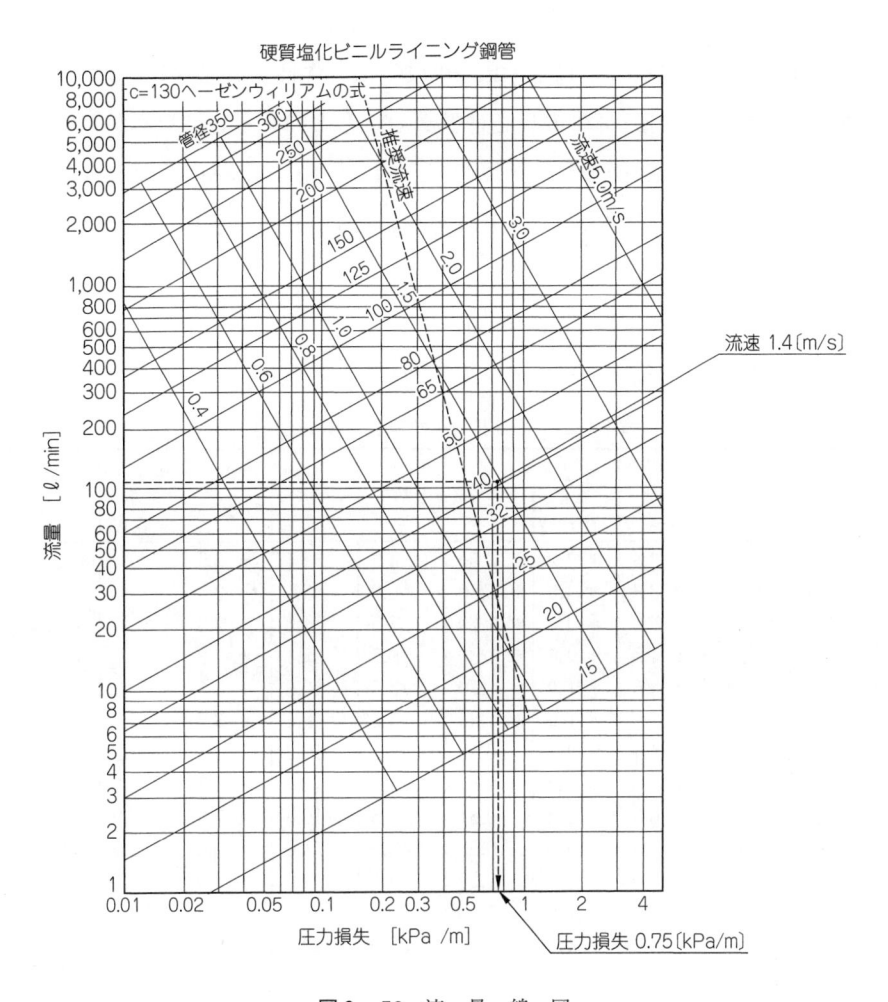

図2−56 流 量 線 図

全揚程は，次の式で求めることができる。

全揚程の計算：高低差(m)＋直管及び局部抵抗(m)＋揚水管出口水頭(m)より，

全揚程＝（高置水槽揚水管出口の高さ－受水槽水位の高さ）＋
$$\frac{（管の長さ＋継手及び弁類の相当管長）×圧力損失}{9.81^{注}}＋\frac{（流速）^2}{2×重力加速度（m／s^2）≒9.81}$$

注：SI単位換算より，1mH₂O≒9.81kPa

このうち，（高置水槽揚水管出口の高さ－受水槽水位の高さ）は，この例では図2−54から，

　　　3,600×4＋2,900＋5,000−2,000（高低差）＝20,300mm→21m

となる。

（管の長さ＋継手類，弁類の相当管長）の「管の長さ」は，この21mに横引き管の長さ6～7mを加えて約28mとする。「継手類，弁類の相当管長」とは表2－21から，エルボ，弁などの圧力損失を計算する，「管の長さに換算したらどのくらいになるか」を表したものである。ここでは，表2－22のように計算して，相当管長は41.38mとなる。この結果，

$$全揚程 = 21\text{m} + (28\text{m} + 41.38\text{m}) \times 0.75 \text{[kPa/m]} / 9.81 + 1.4^2 / 2 \times 9.81$$
$$= 21\text{m} + 5.3\text{m} + 0.1\text{m}$$
$$= 26.4\text{m}（P113全揚程の計算から）$$

これに余裕として10％加算し，30mとする。

表2－21　局部抵抗の相当長　[単位：m]

呼び径〔mm〕	90°エルボ	45°エルボ	90°T字管（分流）	90°T字管（直流）	仕切弁	玉形弁	アングル弁	逆止弁スイング型	逆止弁衝撃吸収式	Y型ストレーナ	ソケット
15	＊3.0	＊2.3	＊3.8	＊1.2	＊3.50	4.5	2.4	＊5.5		＊3.34	＊1.0
20	＊3.1	＊2.2	＊3.8	＊1.6	＊2.30	6.0	3.6	＊2.7		＊4.37	＊0.7
25	＊3.2	＊1.8	＊3.3	＊1.2	＊1.70	7.5	4.5	＊2.9		＊5.85	＊0.5
32	＊3.6	＊2.3	＊4.0	＊1.4	＊1.30	10.5	5.4	＊3.2		＊8.51	＊0.7
40	＊3.3	＊1.9	＊3.6	＊0.9	＊1.70	13.5	6.6	＊2.6	4.2	＊8.25	＊0.6
50	＊3.3	＊1.9	＊3.5	＊0.9	＊1.90	16.5	8.4	＊3.7	3.8	＊9.79	＊0.4
65	＊4.4	＊2.4	＊4.4	＊1.1	0.48	19.5	10.2	4.6	3.8	11.45	＊0.4
80	＊4.6	＊2.4	＊4.9	＊1.3	0.63	24.0	12.0	5.7	4.0	14.11	＊0.4
100	4.2	2.4	6.3	1.2	0.81	37.5	16.5	7.6	2.0	21.62	
125	5.1	3.0	7.5	1.5	0.99	42.0	21.0	10.0	2.0	31.57	
150	6.0	3.6	9.0	1.8	1.20	49.5	24.0	12.0	2.0	41.17	
200	6.5	3.7	14.0	4.0	1.40	70.0	33.0	15.0	2.8	54.83	
250	8.0	4.2	20.0	5.0	1.70	90.0	43.0	19.0	1.7	70.37	

備考（1）フート弁は，アングル弁と同じとする。
　　（2）ストレーナは，スクリーン7メッシュ程度とする。
　　（3）＊は，管端防食機構付きの値を示す。

表2－22　例題の相当管長

名　称	個数（a）	相当管長（b）	合計（a×b）
65mm 90°エルボ	8	4.4	35.2
65mm 90°T字管（直流）	1	1.1	1.1
65mm 仕切り弁	1	0.48	0.48
65mm 逆止め弁	1	4.6	4.6
合　計			41.38

前述の揚水量（102ℓ/min）とこの全揚程から，メーカのカタログを見てポンプを決める。一例を図2－57に示す。

口径40mm　3段うず巻ポンプ　　102*l*/min×30m×2.2kW

■適 用 図

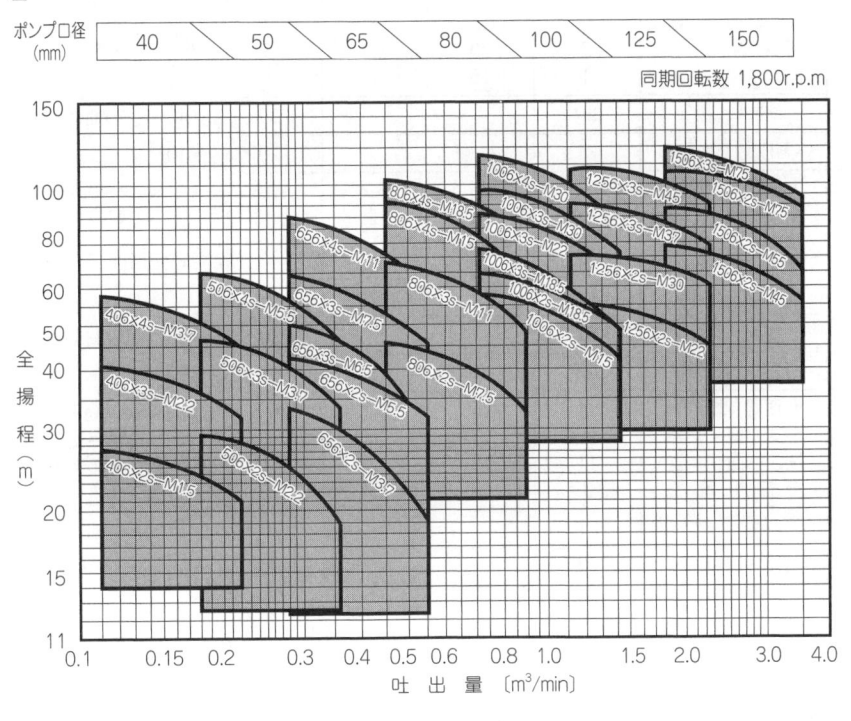

図2-57　揚水ポンプの例

b．高置水槽からの立下り管と各階の分岐管

次に高置水槽から立ち下がって各階へ水を供給する給水管径を求める。

- 各階で使う器具の種類と個数を予想する。
- 表2-24を作り，各階の15mm管相当数を出す。この場合一般器具と大便器（洗浄弁）に分けて累計する（表2-23参照）。

表2-23 器具の同時使用率 ［単位：％］

（空気調和・衛生工学便覧　第13版）

器具種類＼器具数	1	2	4	8	12	16	24	32	40	50	70	100
大便器（洗浄弁）	100	50	50	40	30	27	23	19	17	15	12	10
一般器具	100	100	70	55	48	45	42	40	39	38	35	33

表2-24 給水立下り管と各階分岐管の計算

階	器具	個数 a	口径	15mm管相当数 b	a×b	
地階（BF）	洗面器	1	15	1	1	
	合計	1	同時使用率100%		1	→15A
1階（1F）	大便器（洗浄弁）	4	25	5.2	20.8	→ 4×5.2×0.5＝10.4（同時使用率）
	小便器	4	15	1	4	
	洗面器	9	15	1	9	同時使用率45%→8.55
	掃除用流し	2	20	2.5	5	
	流し	1	15	1	1	
	合計	20			19	→40A ①の曲線より
	BF～1F累計	21			20	→40A
2階（2F）	大便器（洗浄弁）	4	25	5.2	20.8	→ 4×5.2×0.5＝10.4（同時使用率）
	小便器	4	15	1	4	
	洗面器	10	15	1	10	同時使用率45%→9
	掃除用流し	2	20	2.5	5	
	流し	1	15	1	1	
	合計	21			20	→40A ①の曲線より
	BF～2F累計	42			40	→50A
3階（3F）	大便器（洗浄弁）	4	25	5.2	20.8	→ 4×5.2×0.5＝10.4（同時使用率）
	小便器	4	15	1	4	
	洗面器	11	15	1	11	同時使用率45%→9
	掃除用流し	2	20	2.5	5	
	合計	21			20	→40A ①の曲線より
	BF～3F累計	63			60	→65A

- 地階から上へ向かってそれを集計していく。
- その結果を図2-58より同時使用流量を求め，図2-56の流量線図の推奨流速より管径を求める。

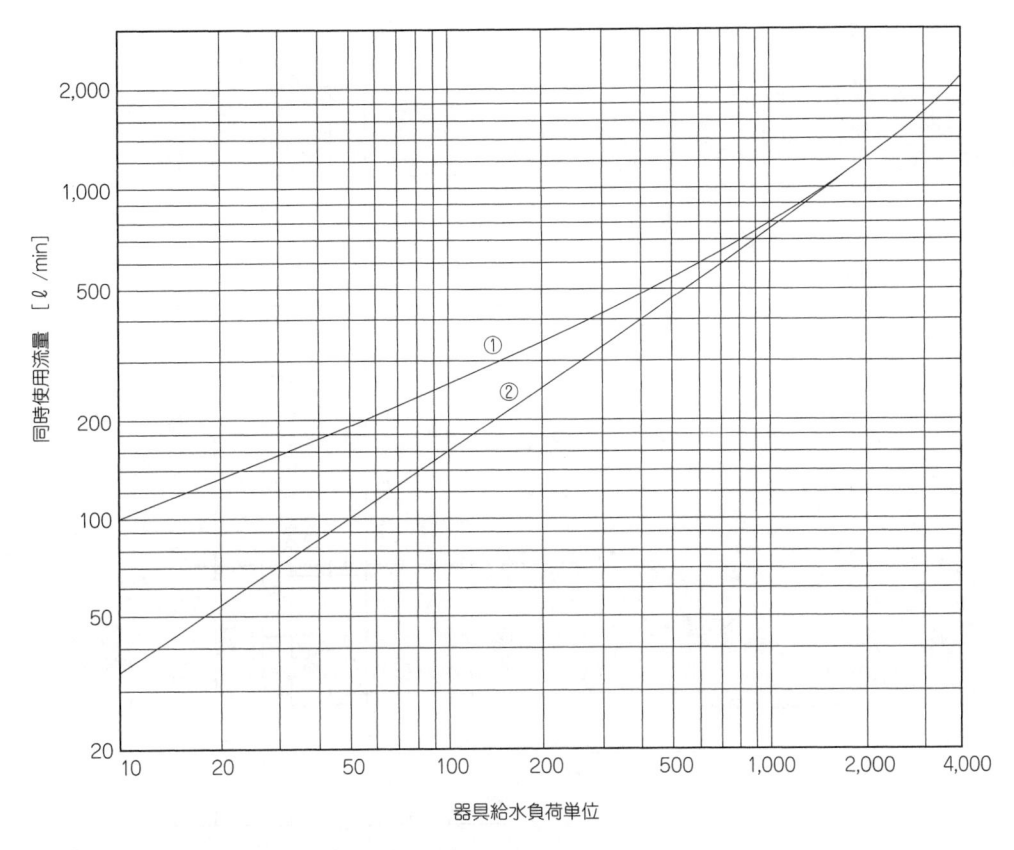

①：大便器洗浄弁使用の場合（小便器洗浄器を除く）
②：洗浄タンク使用の場合
備考 事務庁舎では，曲線②で同時使用流量を求めてよい。

図2－58 給水負荷単位同時使用流量線図

　高置水槽〜3階間は，計算では65mmの管径でよいことになる。

　これを図で示すと図2－59のようになる。受水槽までの引き込み配管は，各地の配水管の圧力もあり，水道事業管理者と打ち合わせのうえ決定する。

　さらに，各階の給水配管を図2－60〜図2－64に示す。これは，先程の個人住宅の場合とまったく同じ方法なので，説明は省略する。ただし，トイレ回りについては後から出てくる排水配管とともに，かなり入り組んだ配管になるので，器具メーカーなどが発表している，いろいろな施工例（図2－65〜図2－67）を参考にすると誤りも少なく，合理的な図を描くことができる。これに限らず，参考になりそうな図面は大切に保管しておいて，次の設計に役立てるとよい。

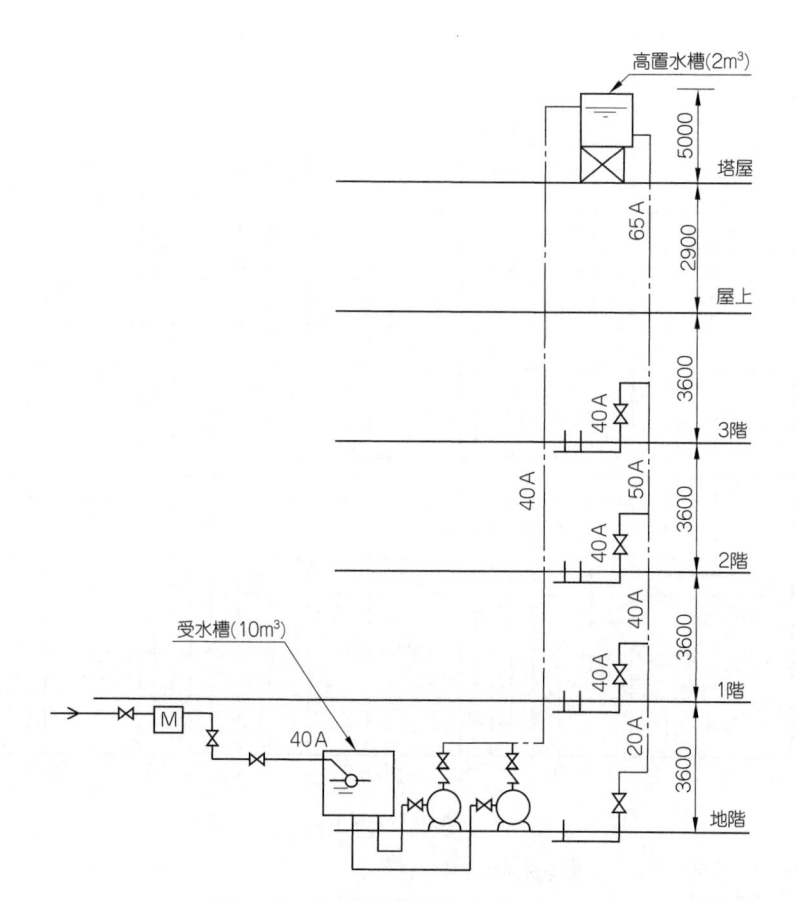

図2−59 給水配管系統図（ステップ2）

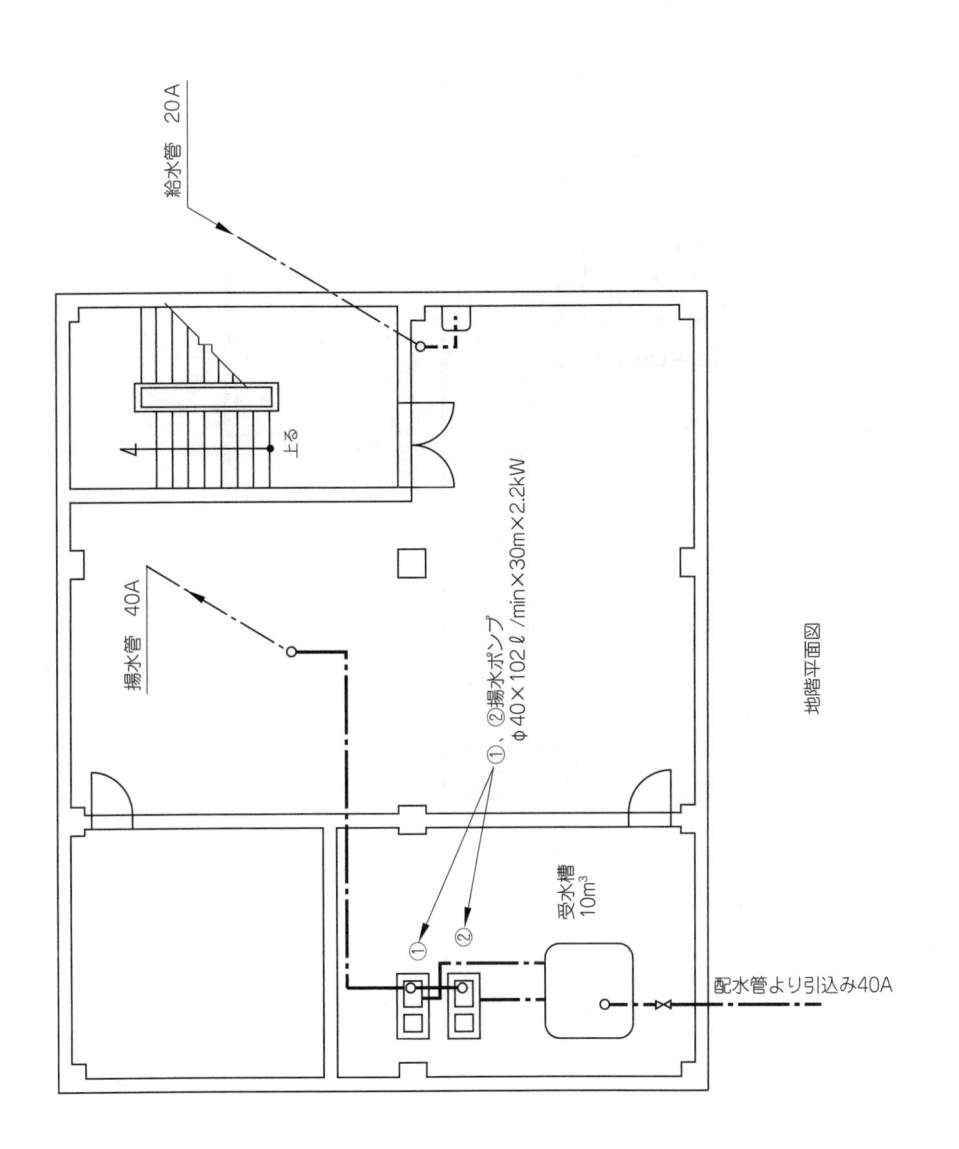

図 2−60 給水配管平面図（1）

地階平面図

給水管 20A
揚水管 40A
①、②揚水ポンプ
φ40×102ℓ/min×30m×2.2kW
受水槽 10m³
配水管より引込み40A

122　配管製図

図2−61　給水配管平面図（2）

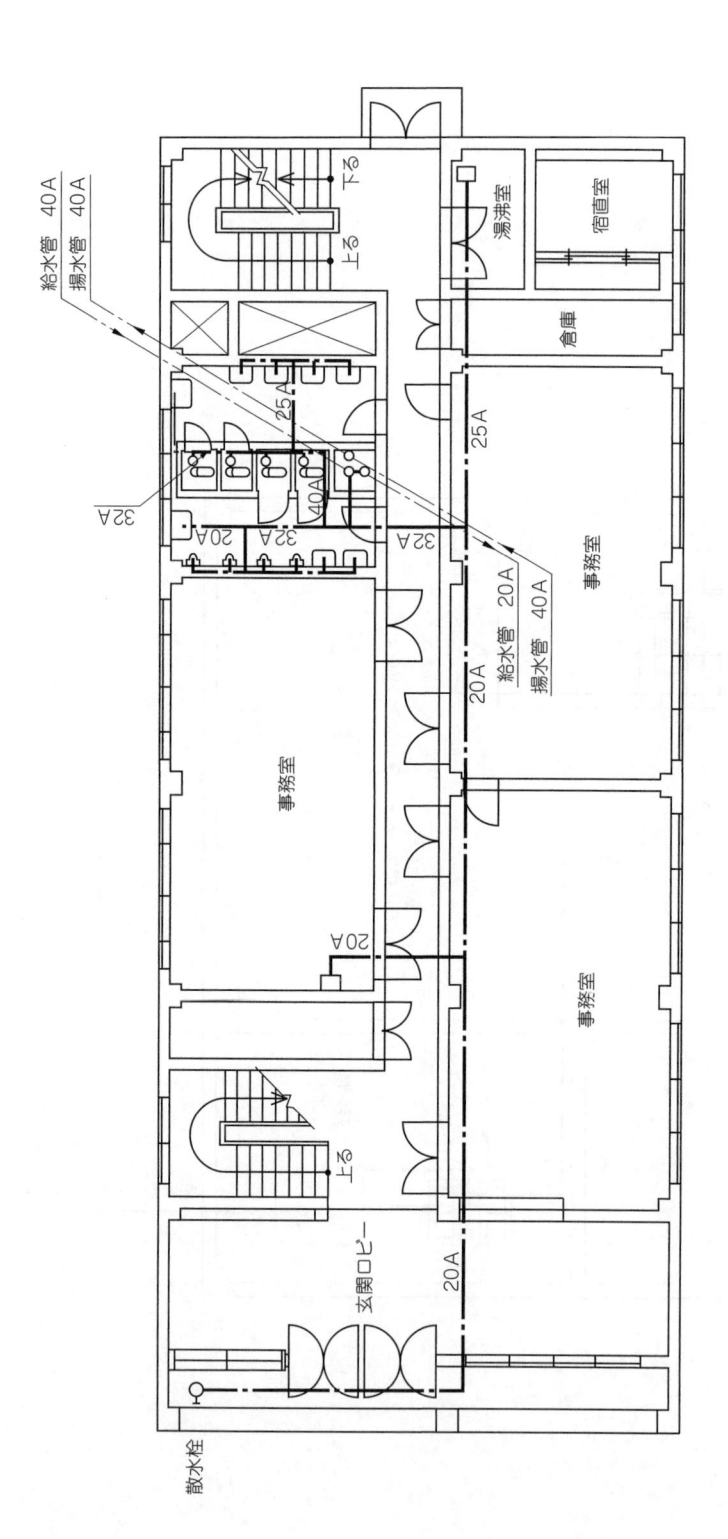

1階平面図

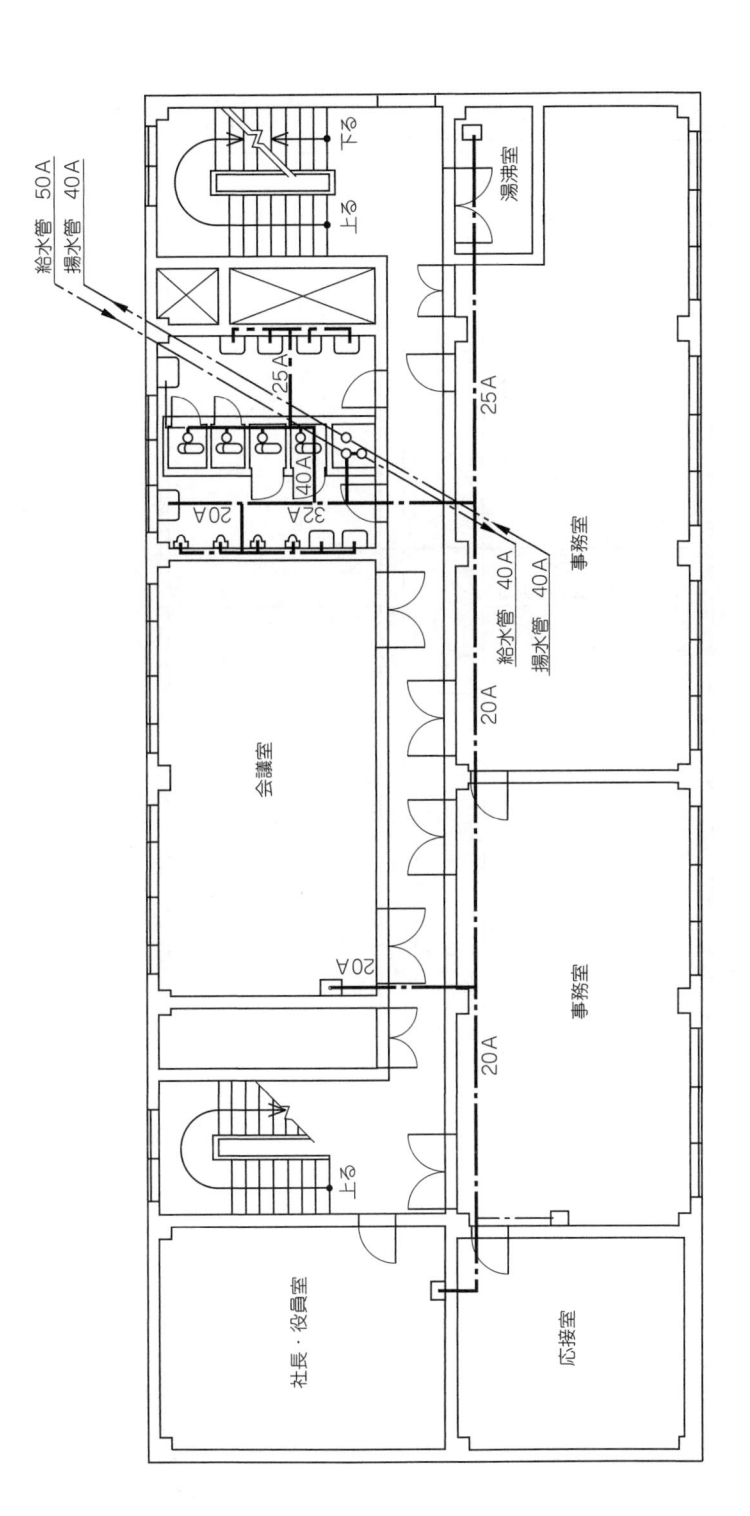

2階平面図

図2−62 給水配管平面図（3）

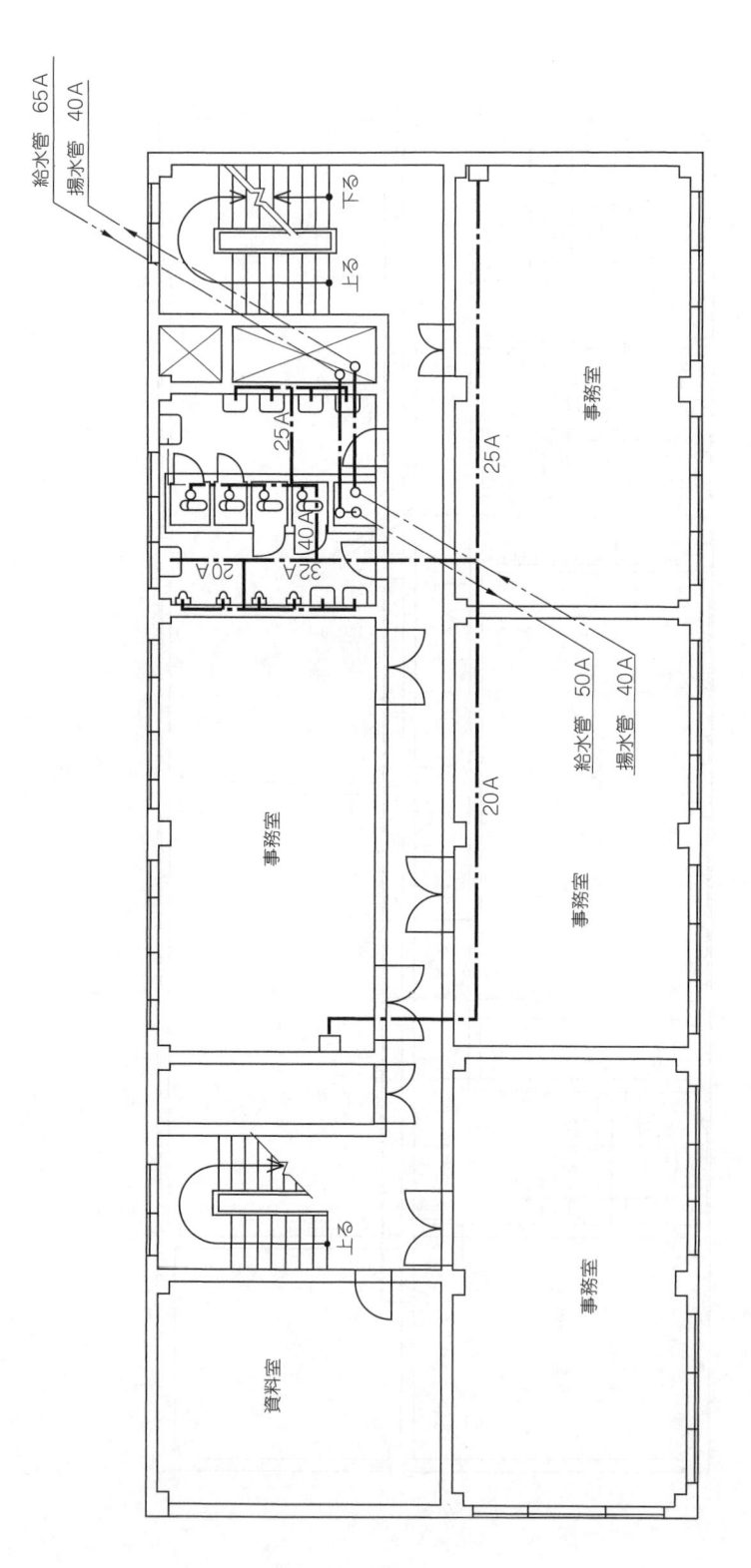

124　配管製図

3階平面図

図2-63　給水配管平面図（4）

第2章 設備配管設計製図の実際　125

高置水槽
2m³

塔屋平面図

給水管65A
揚水管40A

下る

給水管65A
揚水管40A

給水管65A
揚水管40A

図2-64　給水配管平面図（5）

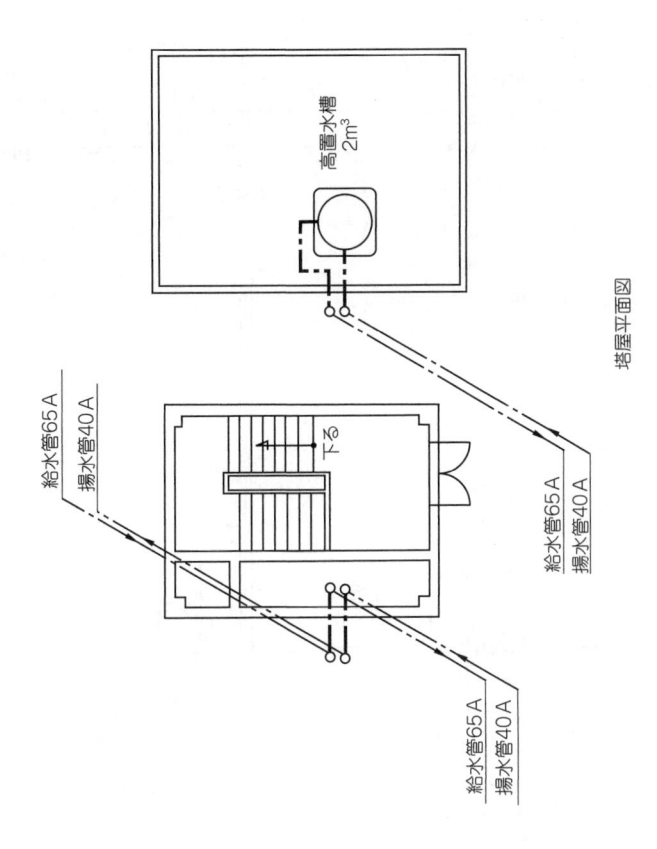

126　配 管 製 図

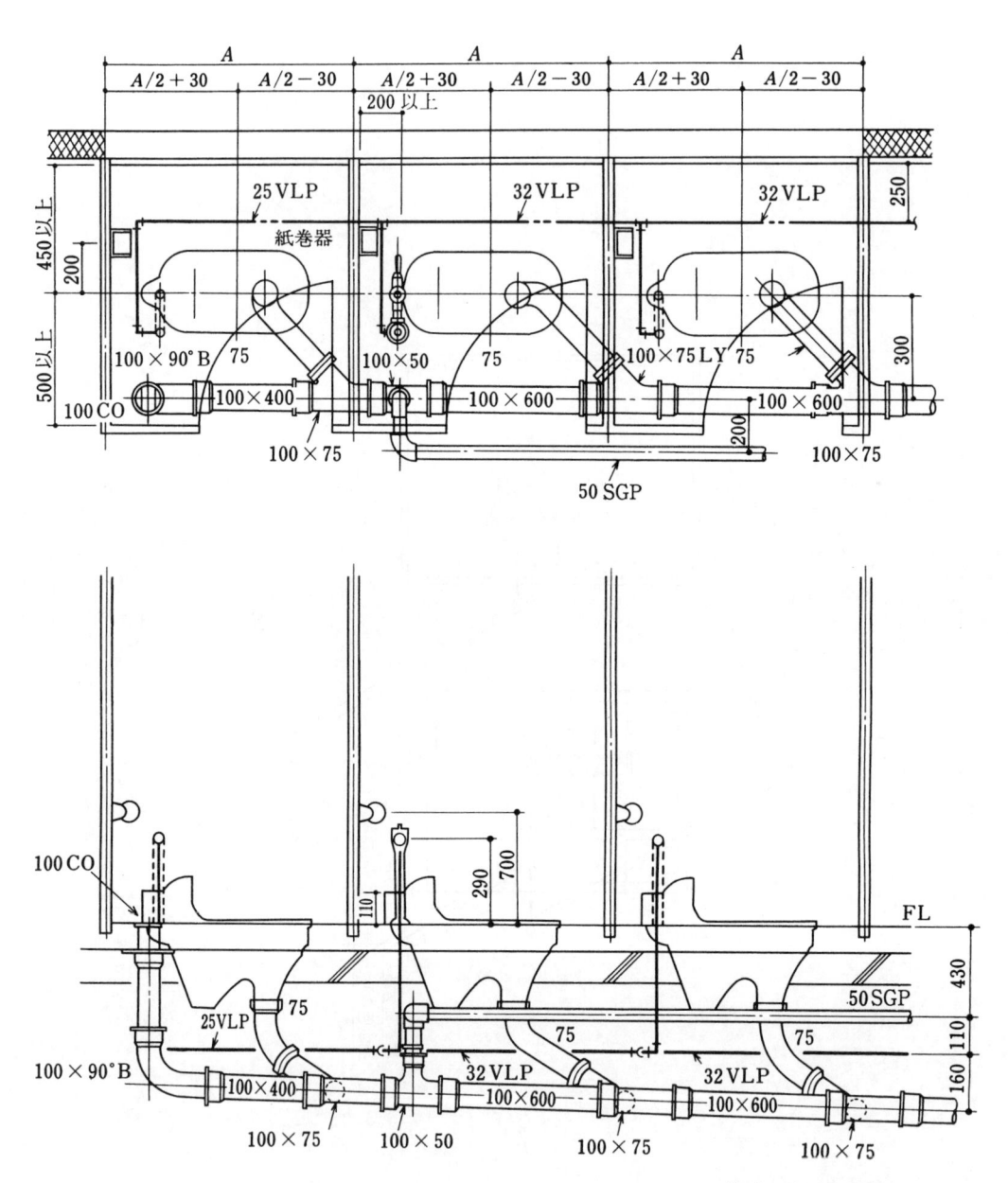

図2-65　和風大便器回り施工例

（施工図委員会編：「図解給排水・衛生施工図の見方・かき方」オーム社）

継手の取出し角度は45°以下0°以上とする．

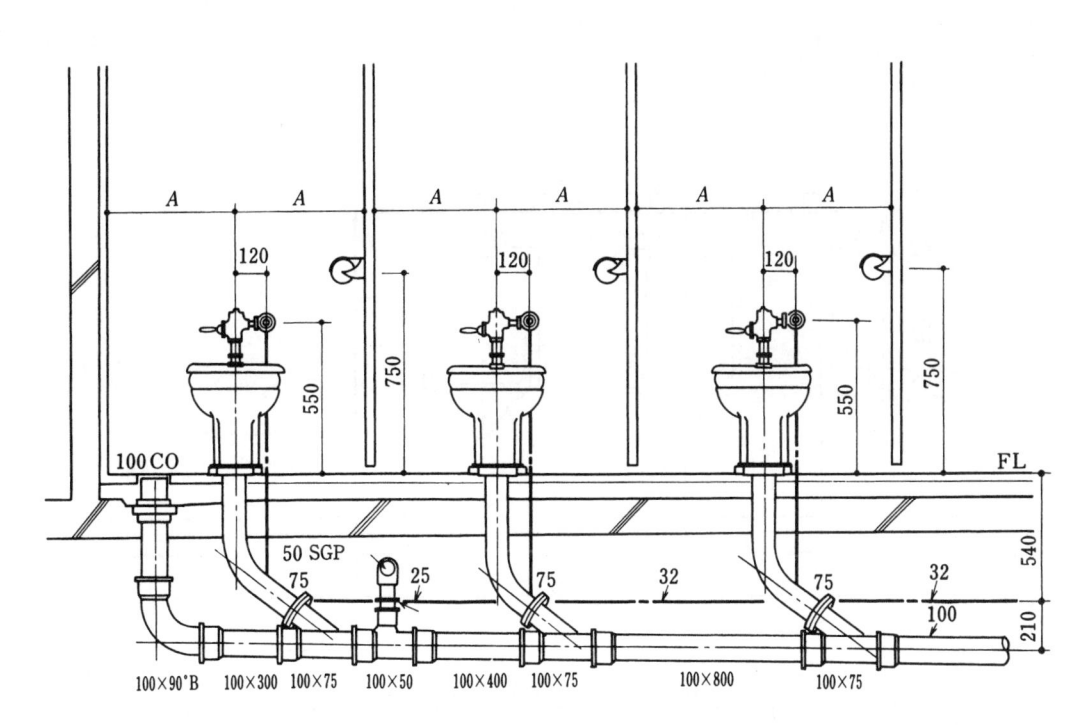

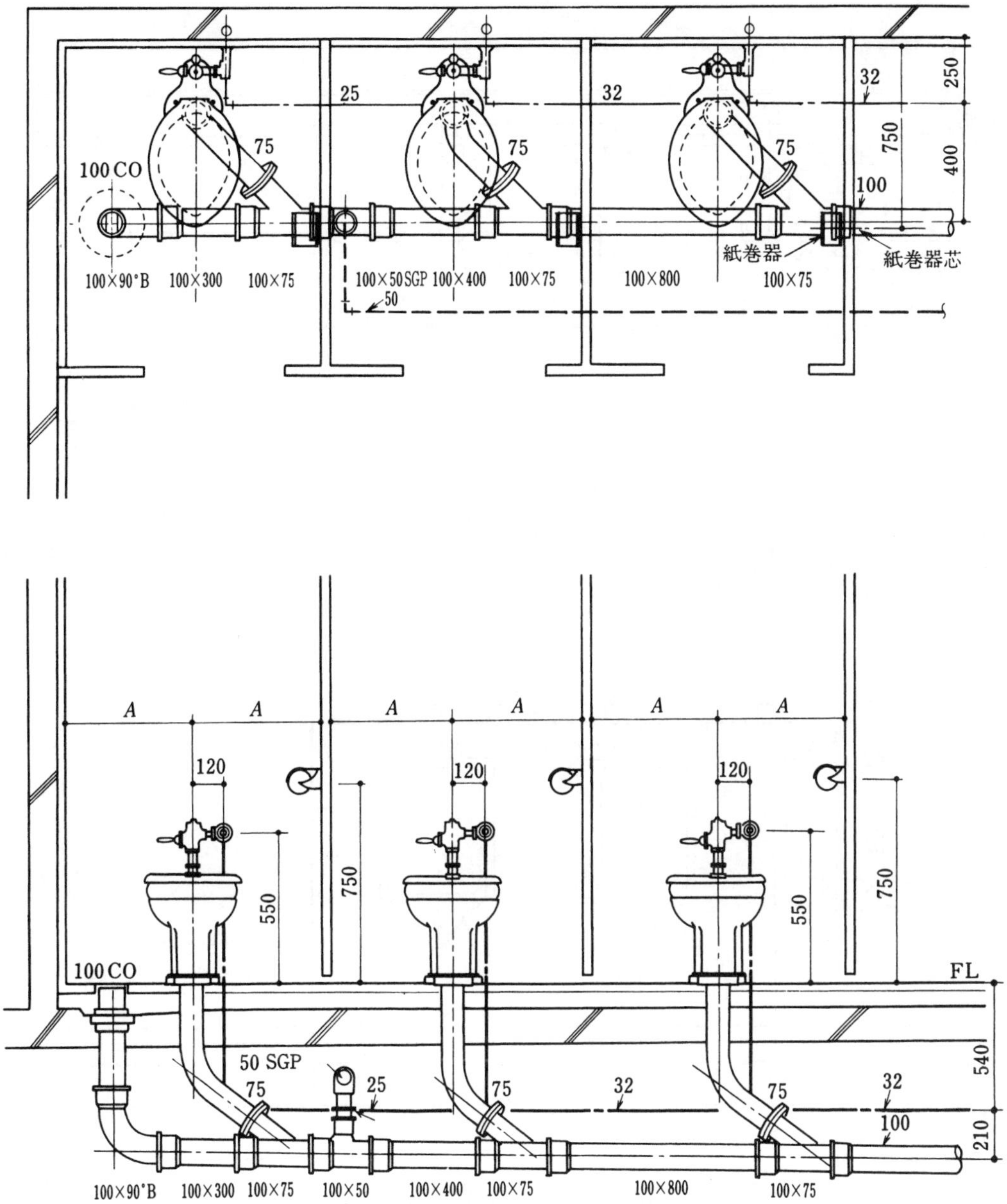

継手の取出し角度は45°以下0°以上とする

(施工図委員会編:「図解給排水・衛生施工図の見方・かき方」オーム社)

図2-66 洋風大便器回り施工例

図 2−67 小便器回り施工例

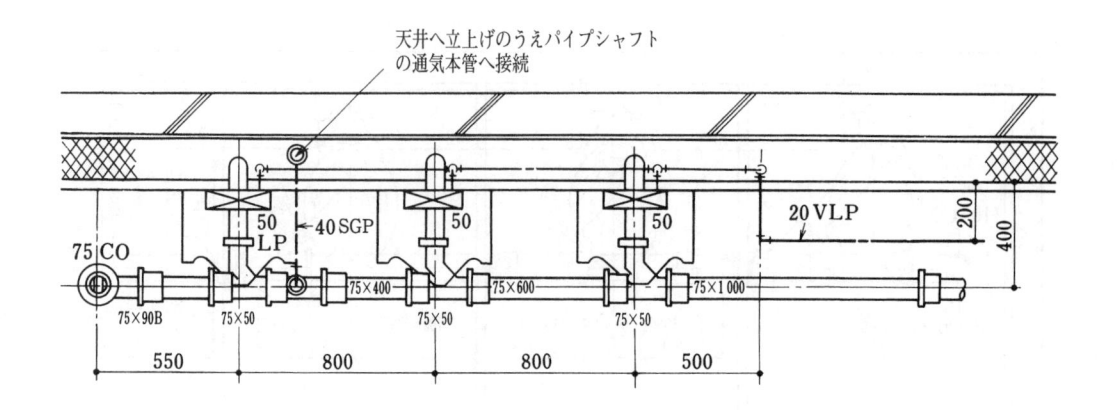

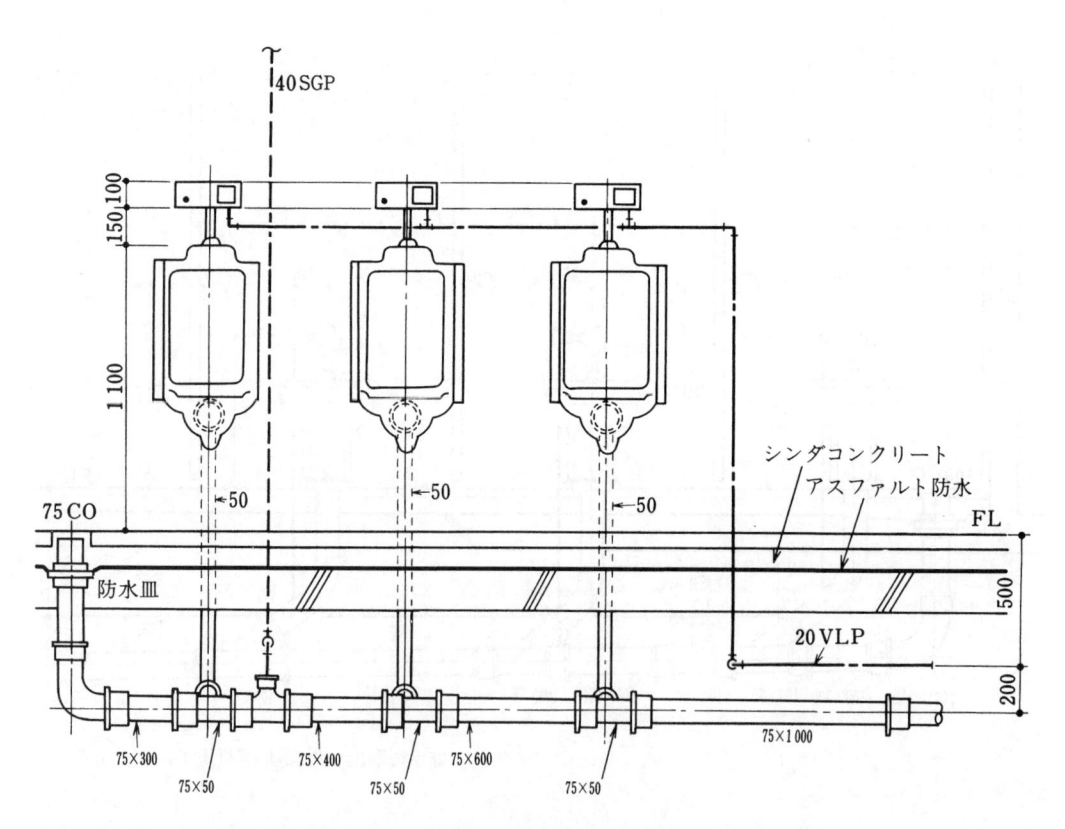

(施工図委員会編:「図解給排水・衛生施工図の見方・かき方」オーム社)

（2） 排水配管
a．トイレ回り

　排水配管は，各階のトイレ回りに集中しているから，まずトイレに器具の配置を計画する（図2－68）。

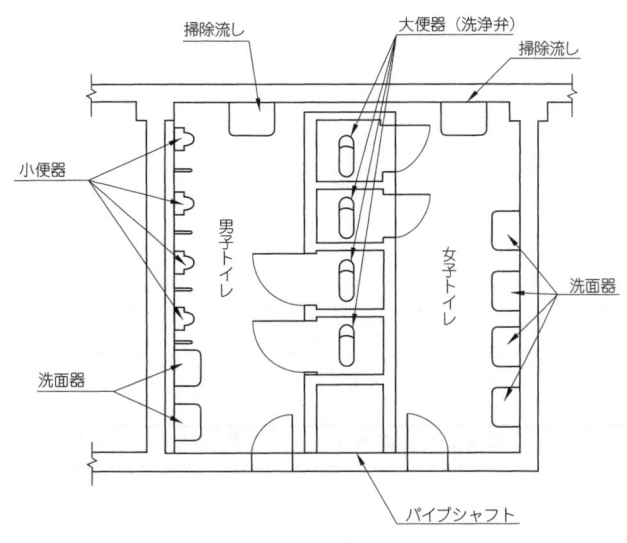

図2－68　トイレ回り排水（ステップ1）

　この例では，大きく分けて，左壁側の小便器と洗面器の列，真ん中の大便器の列，右壁側の洗面器の列の3列になるので，図2－69のように3本の排水横枝管を描き，それぞれの器具の排水管をこれにつなぐ。排水横枝管の出発点には，前の施工例図2－65～図2－67にあるように，**床上掃除口COの記号**を描く。また，排水横枝管の終点に**排水立て管**の図記号のマルを描く。

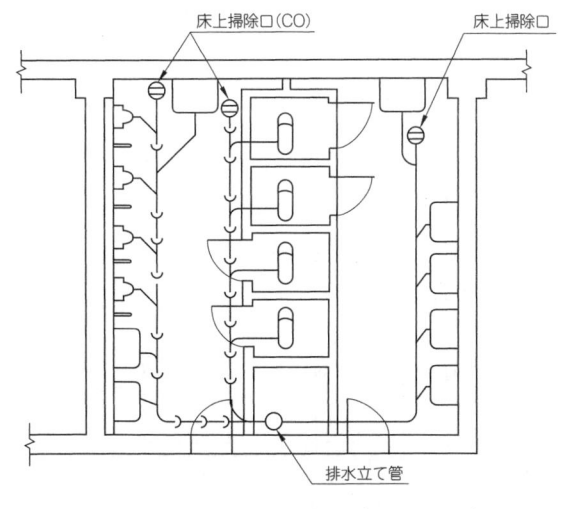

図2－69　トイレ回り排水（ステップ2）

次に排水横枝管の管径を求める。

左壁側は，小便器の列で，施工例，図2－67から管径75mmと表示されているが，確認のため計算する。表2－25（1）から，器具排水負荷単位の合計が21となり，表2－10の排水横枝管の列から，わずかに足りない。したがって，その1つ上の100mmとする。同じように，中央大便器の列は100mm，右の壁側は65mmになる。

表2－25　排水横枝管の計算

(1) 左壁側

器具	個数（a）	器具排水負荷単位（b）	全器具排水負荷単位（(a)×(b))
掃除流し	1	3	3
小便器	4	4	16
洗面器	2	1	2
計			21

表2－10参照 ↓ →100mm

(2) 中央大便器列

器具	個数（a）	器具排水負荷単位（b）	全器具排水負荷単位（(a)×(b))
大便器(洗浄弁)	4	8	32
計			32

→100mm

(3) 右壁側

器具	個数（a）	器具排水負荷単位（b）	全器具排水負荷単位（(a)×(b))
掃除流し	1	3	3
洗面器	4	1	4
計			7

→65mm

合計　　　　(1)＋(2)＋(3)＝60

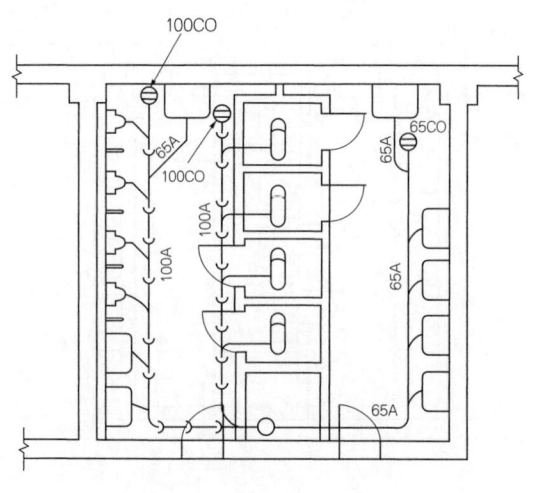

図2－70　トイレ回り排水（ステップ3）

これらの管径を記入してできあがりである（図2－70）。

次に**通気管**を計画する。

図2－66に「50SGP」とあるのがそれである。通気管の目的は①トラップの封水保護，②排水の円滑な流下，③排水系統内の換気などの機能を十分に発揮することである。

施工例などを参考にしながら，点線で通気管のルートを描き，終点は**通気立て管**の図記号のマルを描く（図2－71）。

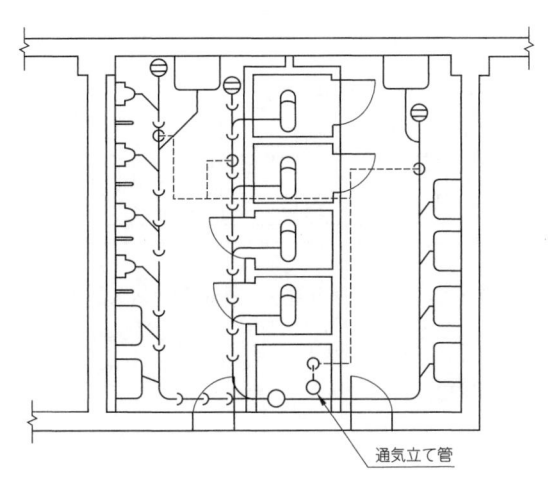

図2－71　トイレ回り排水（通気管）（ステップ4）

最後に通気管の管径を求める。通気管の管径は，排水管の$\frac{1}{2}$以上で，最低32mm，かつ表2－26を満足するようにする。例えば，真ん中の大便器の列は，排水管を100mmと決めたので，50mm以上でなければならない。そこで50mmと仮定すると，表2－26から最長

表2－26　ループ通気枝管の管径

汚水又は雑排水管の管径 (mm)	接続され得る器具排水単位数	ループ通気管の管径 (mm)					
		40	50	65	75	100	125
		最長水平距離（この表の数値以下のこと）					
(a)	(b)	(c)	(d)	(e)	(f)	(g)	(h)
40	10	6	—	—	—	—	—
50	12	4.5	12	—	—	—	—
50	20	3	9	—	—	—	—
75	10	—	6	12	30	—	—
75	30	—	—	12	30	—	—
75	60	—	—	8	24	—	—
100	100	—	2.1	6	15.6	60	—
100	200	—	1.8	5.4	15	54	—
100	500	—	—	4.2	10.8	42	—
125	200	—	—	—	4.8	21	60
125	1100	—	—	—	3	12	42

(配管工学研究会編：配管ハンドブック第4版 産業図書)

水平距離が2.1mとなっていることから，これではやや短いので，その上の最長水平距離6m，管径65mmとする。以下同様にして図2-72のようになる。

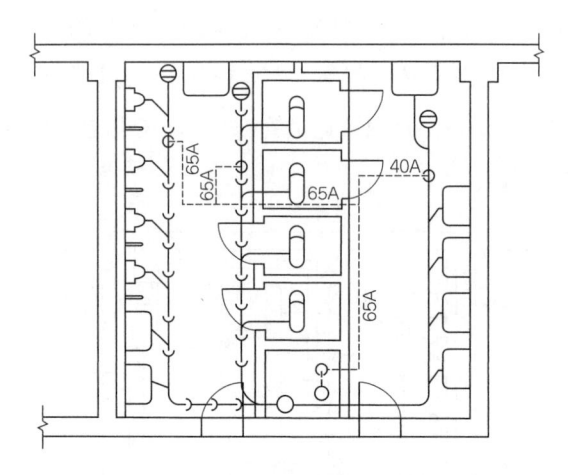

図2-72 トイレ回り排水（通気管）（ステップ5）

b．排水立て管，通気立て管

トイレ回りが決まったので，1～3階のトイレの排水をまとめて下へ導く排水立て管と，通気管をまとめて上に導く通気立て管を計画する。

表2-25で，各階当たりの器具排水負荷単位の合計は，

　　21+32+7＝60

となる。

したがって，3階分の器具排水負荷単位の合計は，

　　60×3＝180

となる。

表2-10の「3階建以下の排水立て管」で，器具排水負荷単位＝180を上まわる，器具排水負荷単位＝240に該当する管径100mmを選定する。

通気立て管は表2-27を使って求める。

通気管の管の長さは1階の床下から3階の天井下までになるので，前出の系統図2-59から，約12mみておけばよい。

器具排水負荷単位の合計180，排水立て管の管径100mmであることから，65mmが適当なのでこれに決める。

以上を図にすると，図2-73のようになる。

表2－27 通気立て管の管径とその長さ

汚水又は雑排水管の管径 (mm)	接続され得る器具排水単位数	通気管の管径 (mm)								
		30	40	50	65	75	100	125	150	200
		通気管の最大管長 (m)								
(a)	(b)	(c)	(d)	(e)	(f)	(g)	(h)	(i)	(j)	(k)
32	2	9	—	—	—	—	—	—	—	—
40	8	15	45	—	—	—	—	—	—	—
40	10	9	30	—	—	—	—	—	—	—
50	12	9	22.5	60	—	—	—	—	—	—
50	20	7.8	15	45	—	—	—	—	—	—
65	42	—	9	30	90	—	—	—	—	—
75	10	—	9	30	60	180	—	—	—	—
75	30	—	—	18	30	150	—	—	—	—
75	60	—	—	15	24	120	—	—	—	—
100	100	—	—	10.5	30	78	300	—	—	—
100	200	—	—	9	27	75	270	—	—	—
100	500	—	—	6	21	54	210	—	—	—
125	200	—	—	—	10.5	24	105	300	—	—
125	500	—	—	—	9	21	90	270	—	—
125	1100	—	—	—	6	15	60	210	—	—
150	350	—	—	—	7.5	15	60	120	390	—
150	620	—	—	—	4.5	9	37.5	90	330	—
150	960	—	—	—	—	7.2	30	75	330	—
150	1900	—	—	—	—	6	21	60	210	—
200	600	—	—	—	—	—	15	45	150	390
200	1400	—	—	—	—	—	12	30	120	360
200	2200	—	—	—	—	—	9	24	105	330
200	3600	—	—	—	—	—	7.5	18	75	240
250	1000	—	—	—	—	—	—	22.5	37.5	300
250	2500	—	—	—	—	—	—	15	30	150
250	3800	—	—	—	—	—	—	9	24	105
250	5600	—	—	—	—	—	—	7.5	18	75

(配管工学研究会編：配管ハンドブック第4版 産業図書)

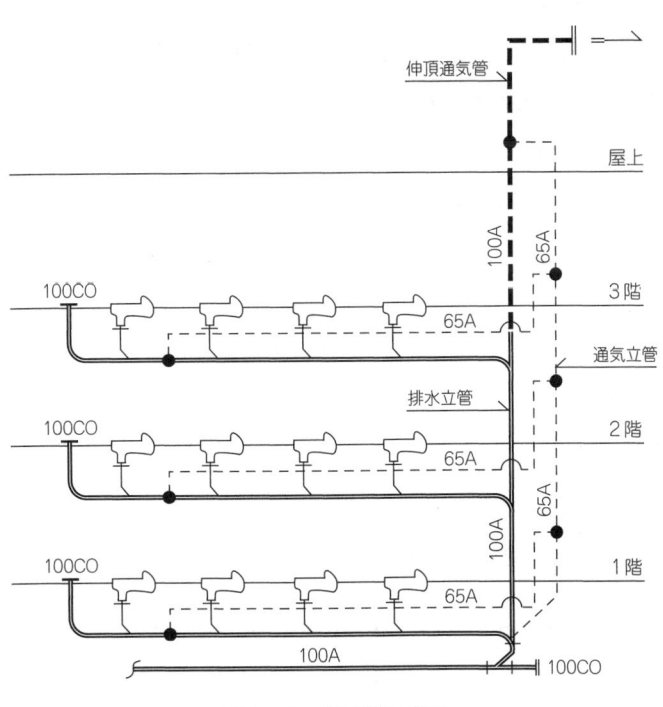

図2－73 通気管の管径

c．地階の排水

　地階（地下室）の床は，地盤より下部にあるため，自然に排水することができないので，排水ためますをつくって，受水槽の排水，ポンプから排出される水，洗面器からの排水などを集めてポンプで排水する。

　排水ポンプの能力は，排水槽の有効貯水量を10分〜20分で排出する能力とし，最小口径は汚水・厨房排水用にあっては80A，雑排水にあっては50Aその他は40Aとする。

d．その他

　各階は，トイレから離れた場所に洗面器や流しが付いているので，トイレの排水立て管とは別に50mmの排水立て管を付ける。

　以上の排水配管を図面化したものが図2-74〜図2-78である。

学習のまとめ

1. 給水配管：
   - 1日予想給水量
     時間平均予想給水量
     時間最大予想給水量
     瞬間最大予想給水量
     を求めて受水槽，揚水ポンプ，高置水槽の容量を定める。
   - 各階で使う器具の種類と数量を予測する。
   - 地階から最上階へ向かって15mm管相当数を集計していく。
   - 高置水槽からの立下り給水管の管径を定める。
   - 各階ごとの給水配管の管径を定めていく。

2. 排水配管：
   - 各階の水回り（主としてトイレ）の器具を配置する。
   - 排水横枝管を決める。
   - 通気管を決める。
   - 排水立て管，通気立て管を決める。
   - 必要な場合は地階の排水を計画する。

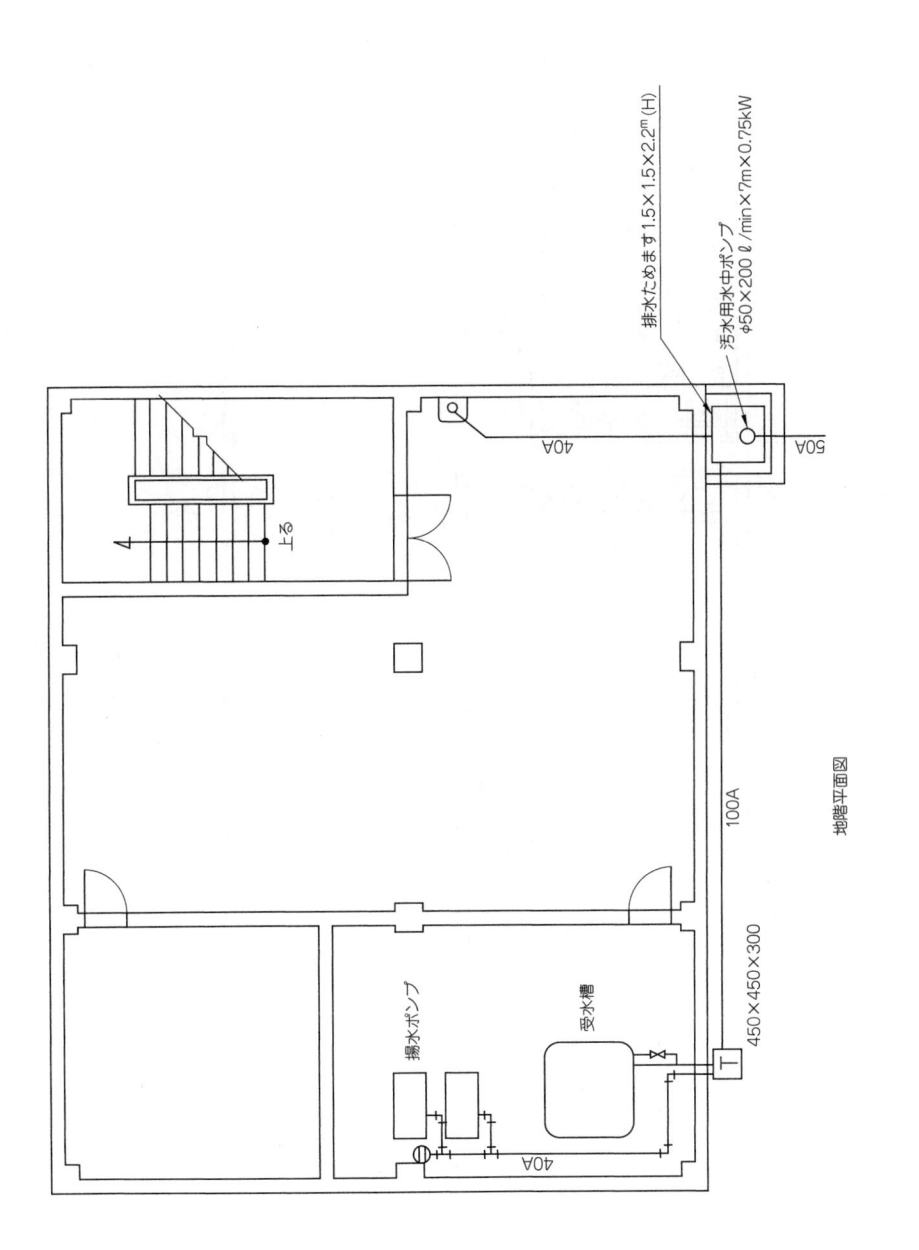

第 2 章　設備配管設計製図の実際　135

図 2－74　排水配管平面図（1）

136 配管製図

図 2−75 排水配管平面図（2）

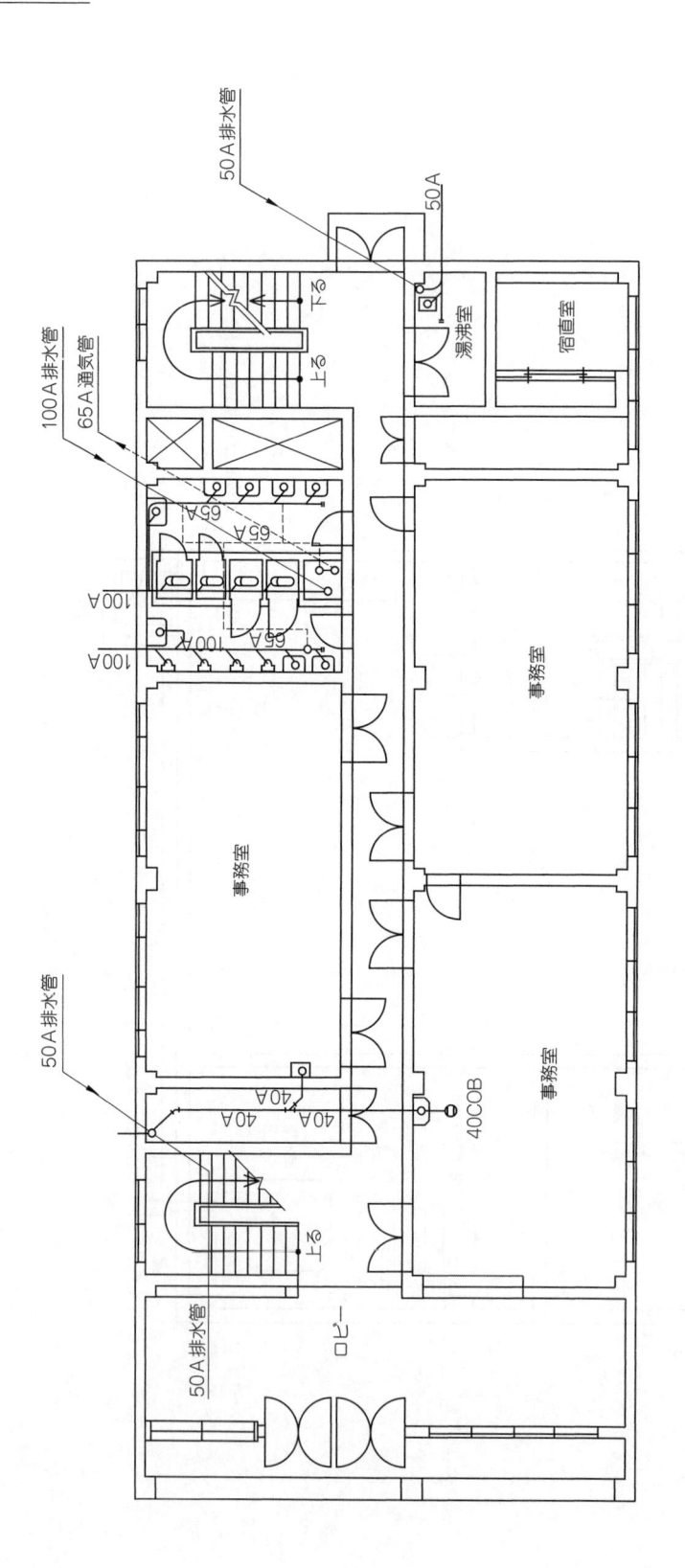

1階平面図

第 2 章　設備配管設計製図の実際　137

2階平面図

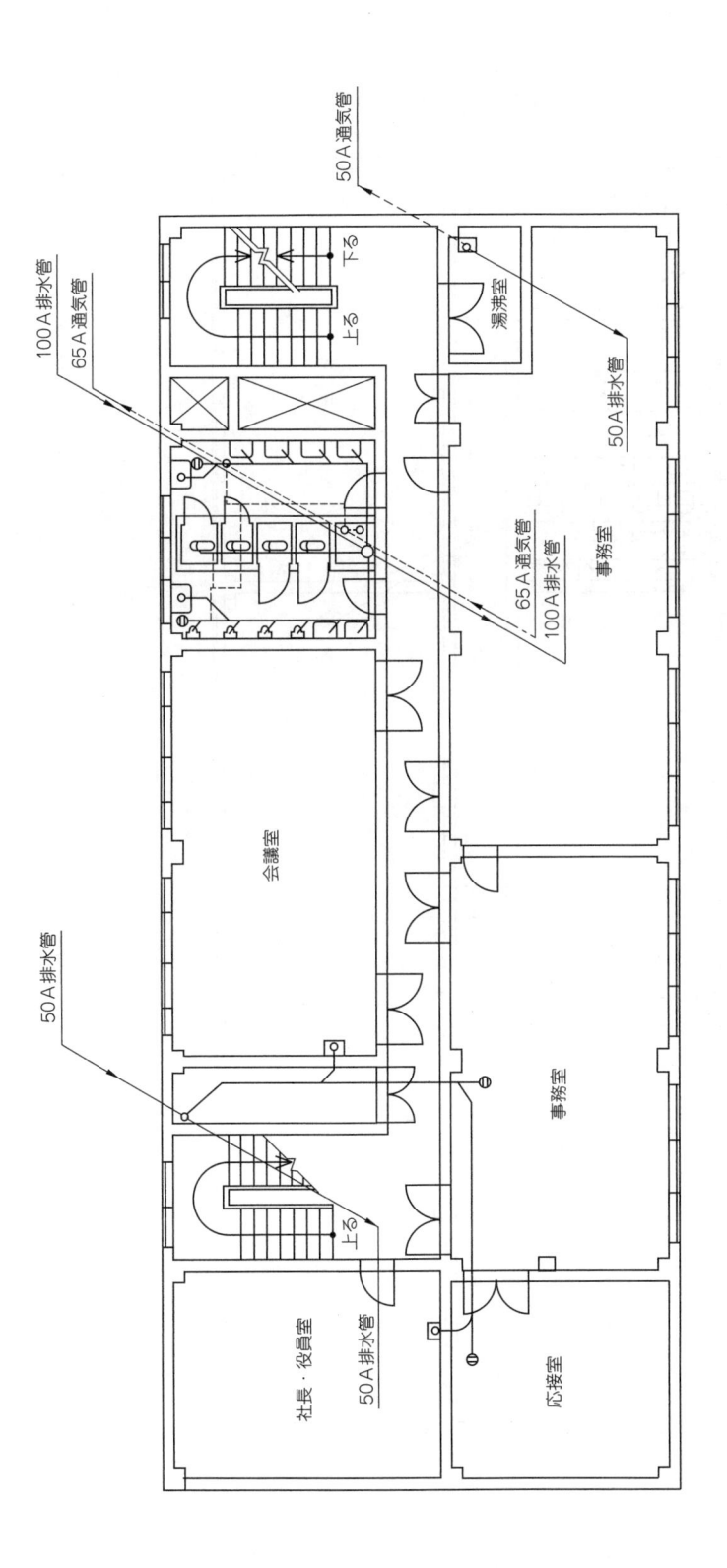

図 2 −76　排水配管平面図 (3)

138 配管製図

図2-77 排水配管平面図(4)

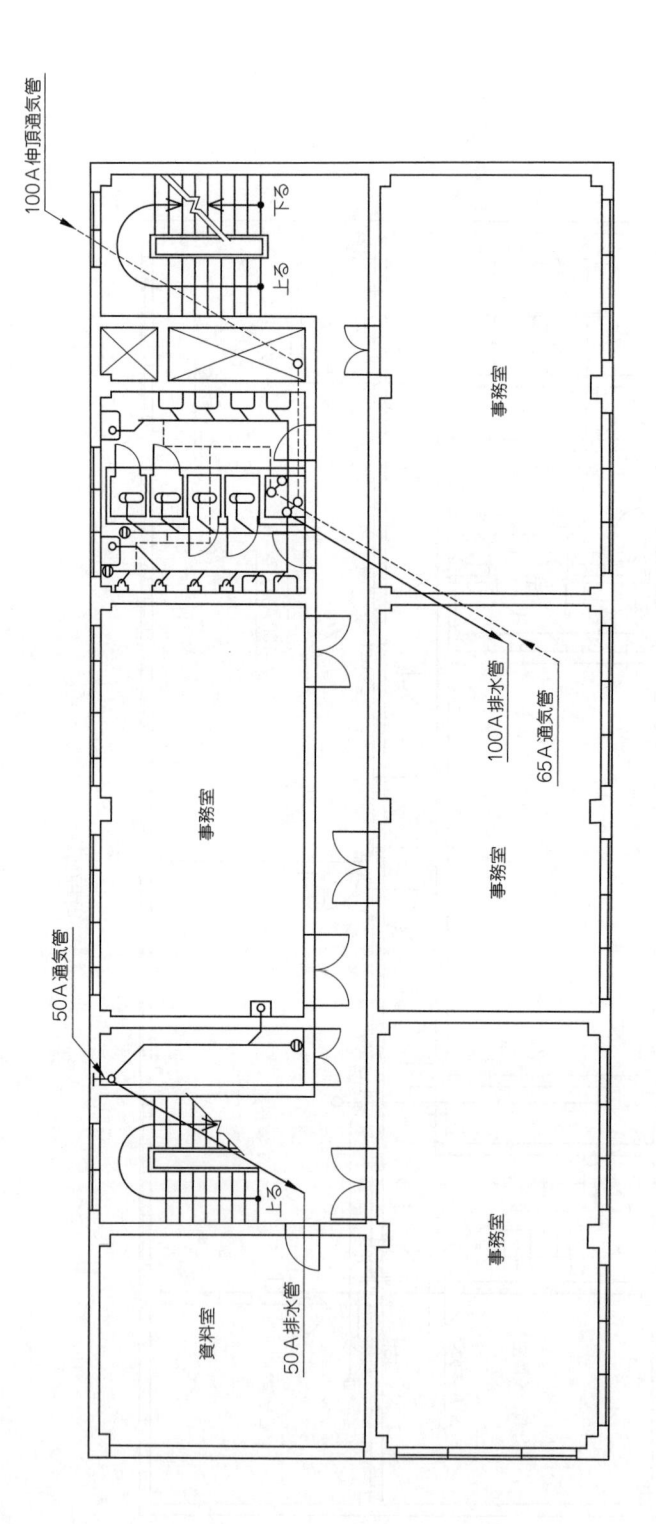

3階平面図

塔屋平面図

100A伸頂通気管

図2-78 排水配管平面図（5）

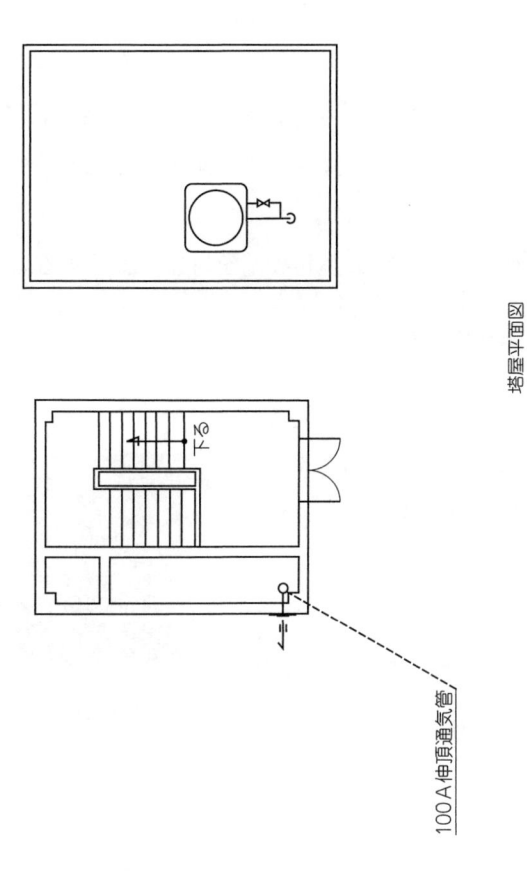

第2節　空気調和設備製図

　空気調和設備とは，室内空気の温度・相対湿度を調節したり，外気を取入れて換気をしたり，空気中の塵埃を除去したり，気流速度を調整したりして，在室者の熱的快適性を満足させたり，室内空気質を適正に保ったり，製品の製造工程や保管に最適な環境を提供するための設備である。空気調和設備は，ボイラや冷凍機などを通す熱源機器，エアハンドリングユニットやルームエアコンなどの空調機器，冷温水や冷媒などの配管，給気・換気・排気・外気取入などを行うダクトのような様々な構成要素からできている。

　空気調和設備は，中小規模の事務所ビルや大規模な複合用途の超高層ビル，病院やホテル，半導体製造工場や空港のターミナルビルなど，様々な規模と用途の建物を対象として，多くの方式が存在する。

　ここでは中小規模の事務所ビルの空気調和設備を対象に説明する。

2．1　空気調和設備の概要

　図2－79が対象建物の外観で，奥が4階建ての事務棟，手前が2階建ての技術棟で，事務棟の建築面積は約950m^2，技術棟の建築面積は約800m^2である。

（1）　空気熱負荷計算

　空気調和設備を計算するとき，設計外気条件，設計室内条件，外壁・内壁の仕様，室内発熱，外気量などから，空気調和設備の容量を算出する。

図2－79　対象建物の外観

これを空気熱負荷計算といい，冷房負荷と暖房負荷に分けて計算を行う。空調熱負荷計算では，室内負荷や外気負荷から装置熱負荷を求め，装置熱負荷の総和に配管からの熱損失や立上り負荷などを加えて熱源熱負荷を計算する。これらの計算は非常に複雑なので，詳細については他の参考書を参照してほしい。

　ただし，概算を行う場合は，以下の概略値を用いる。

　●冷房の場合

　　　建物の最上階　　　200W／m^2

　　　その他の階　　　　160W／m^2

- 暖房の場合

    建物の最上階　　　130W／m²

    その他の階　　　　120W／m²

熱源熱負荷の概略値は，延べ床面積10,000m²程度の事務所ビルの場合以下の通りである。

- 冷房負荷　　100W／m²
- 暖房負荷　　80W／m²

外気負荷は取入外気量によって決定されるが，外気量は室内空気質を維持するための有効換気量又は排気量のいずれか大きい値となる。有効換気量（外気量）は，建築基準法で在室人員1人当たり20m³／h以上となっている。また，一般的な送風量としては，居室の場合室容積に対して6回／h以上の換気回数があればよい。以上の空調熱負荷の要素を図2－80に示す。

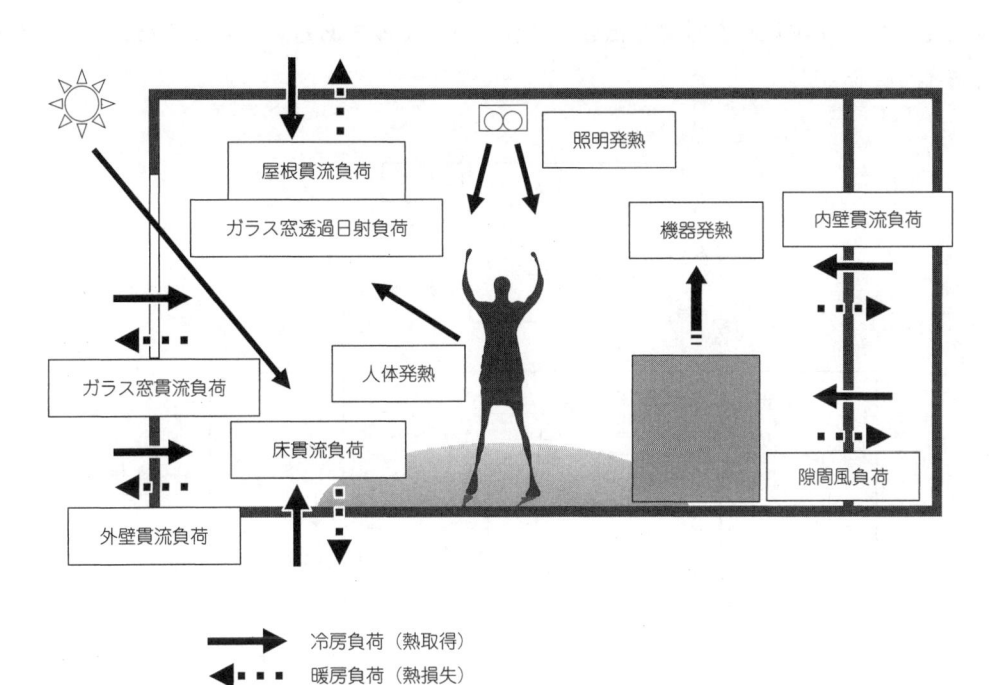

図2－80　空調熱負荷の要素

（2）　空気調和設備の方式と構成機器

冷房負荷や暖房負荷を算出したら，空気調和設備の容量を決める。また，空気調和設備の方式も選定する。

空気調和設備の方式には，いろいろなものがあるが，いずれの方式でも，室内を循環する空気及び外気を冷房の場合は冷水や冷媒で冷却し，暖房の場合は温水，蒸気や冷媒で加熱する。

ここでは，空冷ヒートポンプ式ビル用マルチエアコン方式と吸収式冷温水発生機方式について説明する。

（3） 空冷ヒートポンプ式ビル用マルチエアコン方式

これは，一般家庭で使用されているセパレート形エアコンを大容量にしたもので，室外機と複数台の室内機から構成されるシステムである。圧縮→凝縮→膨張→蒸発という冷凍サイクルで冷媒を循環させることにより，冷暖房を行う。その作動原理を図2－81に示す。

冷房運転時は，四方弁を切り替えて実線矢印のように冷媒を流す。冷媒液は膨張弁で減圧されてから，室内機の熱交換器（蒸発器）で蒸発するときに，室内空気を冷却する。暖房運転時は，四方弁を切り替えて破線矢印のように冷媒を流す。圧縮機を出た高温の冷媒ガスは，室内機の熱交換器（凝縮器）で液化するときに，室内空気を加熱する。すなわち，四方弁で冷媒流路を切り替えることにより，室内機の熱交換器と室外機の熱交換器の役割を逆転させて，冷房運転と暖房運転を切り替えるしくみである。このようなシステムを**ヒートポンプ**という。

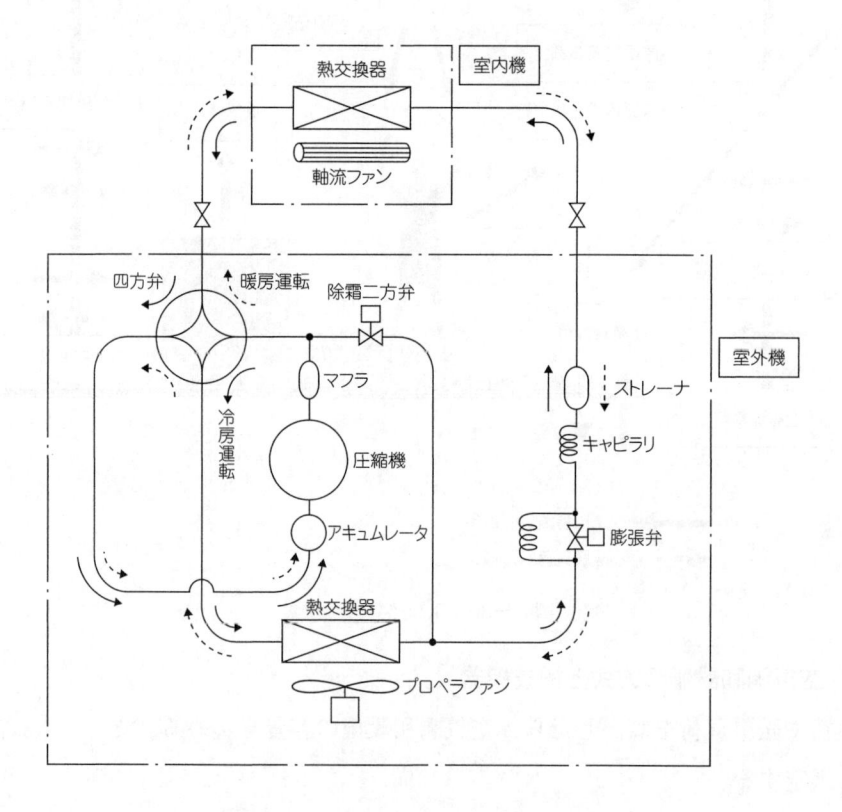

図2－81 空冷ヒートポンプ式エアコン

（4）　吸収式冷温水発生機方式

多く用いられている方式に，**吸収式冷温水機**を使用した冷暖房システムがある。これは，都市ガス，灯油，重油などを燃焼させ，吸収液と冷媒を循環させることによって1台で冷水と温水を得ることができるものであって，空気調和機（**エアハンドリングユニット**）やファンコイルユニットなどに冷水・温水を供給し，冷暖房を行うシステムである。

冷温水機の外観を図2－82に，システムの一例を図2－83に示す。

（a）カスタムタイプ　　　　　（b）パッケージタイプ

図2－82　吸収式冷温水機

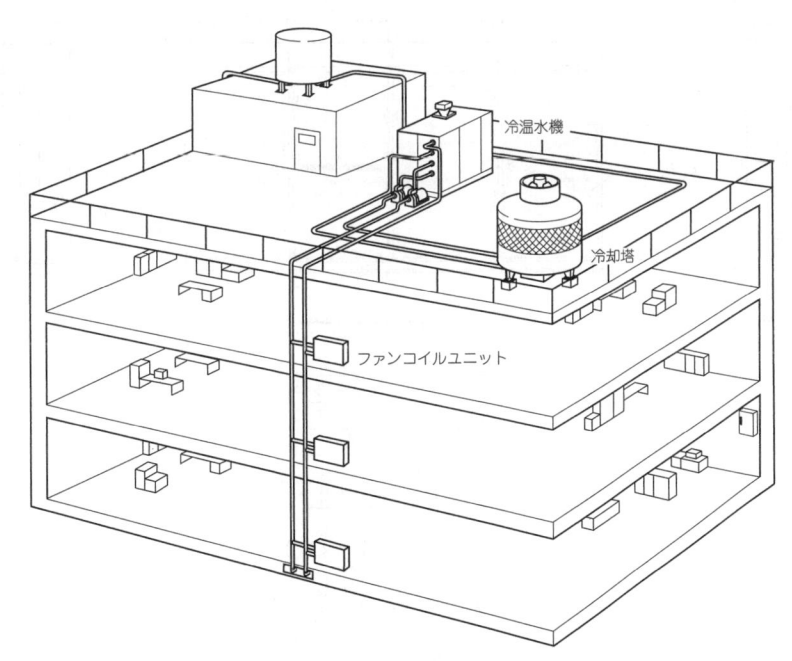

図2－83　吸収式冷温水機冷暖房システム

144　配管製図

　マルチエアコンの室外機は図2-84のような形をしており，液配管接続口①，ガス（気化した冷媒）配管接続口②から冷媒配管を引いて室内機に接続される。

　室内機には，次に示す形式のものがある。

- 天井埋込カセット形　　　（図2-85）
- 天井ビルトイン形　　　　（図2-86）
- 天井埋込ダクト形　　　　（図2-87）
- 壁ビルトイン形　　　　　（図2-88）
- 天井つり形　　　　　　　（図2-89）
- 壁掛形　　　　　　　　　（図2-90）
- 床置形　　　　　　　　　（図2-91）

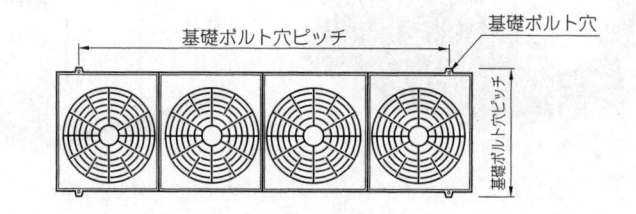

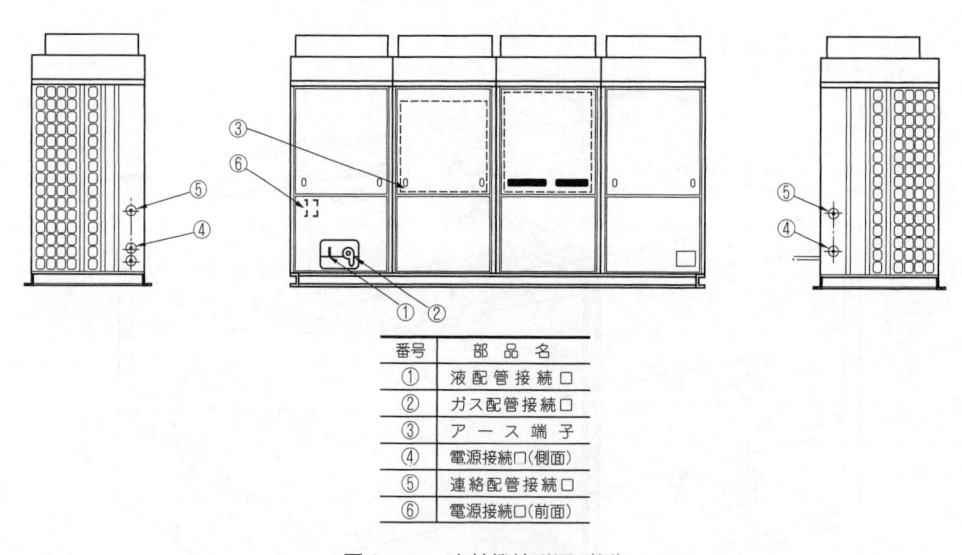

番号	部品名
①	液配管接続口
②	ガス配管接続口
③	アース端子
④	電源接続口（側面）
⑤	連絡配管接続口
⑥	電源接続口（前面）

図2-84　室外機外形図（例）

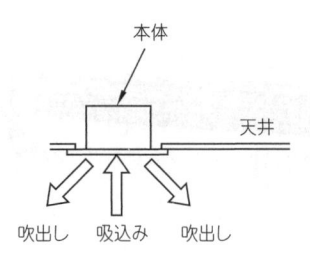

図2−85 天井埋込カセット形

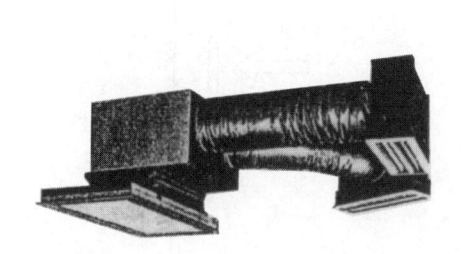

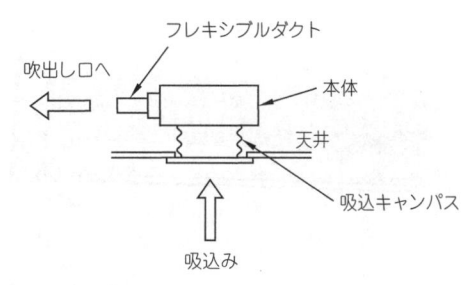

図2−86 天井ビルトイン形

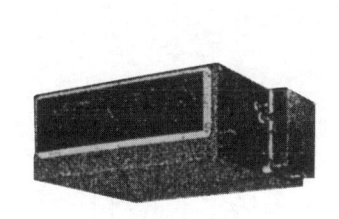

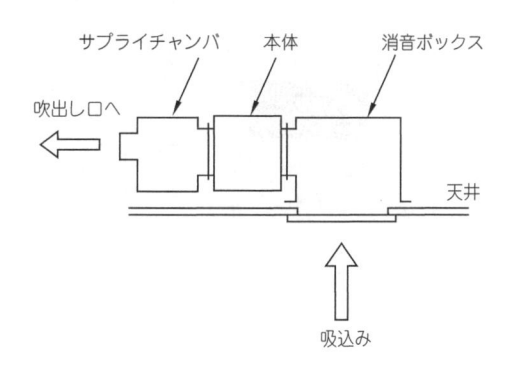

図2−87 天井埋込ダクト形

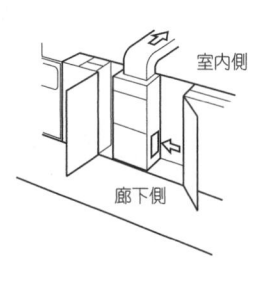

図2−88 壁ビルトイン形

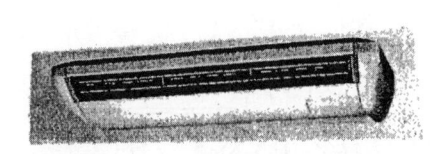

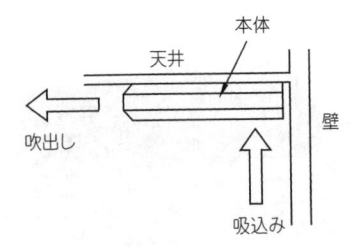

図2−89　天井つり形

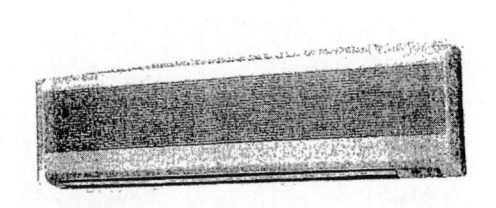

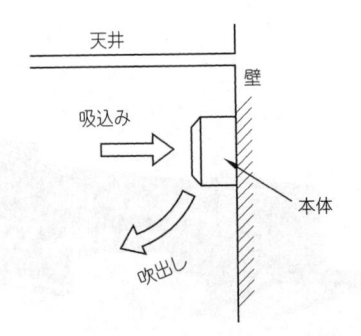

図2−90　壁掛形

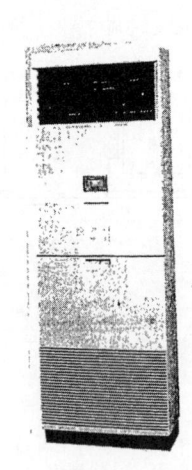

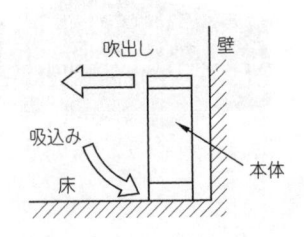

図2−91　床置形

2.2 空気調和設備製図の図面

(1) 図面の種類
空気調和設備の設計・施工には下記の図面類が必要である。

① 仕様書
② 系統図
③ 機器一覧表
④ 平面図
⑤ 立面図
⑥ 詳細図

(2) 各図面の特徴

a. 仕様書
図面には，表現できない機器の規格や品質，仕上げ程度や工法などを記載したもので形式により2つに分けられる。

① 共通仕様書

一般的なものについて記載してあり，一般的事務庁舎などにそのまま容易に適用できるような形に作成されている。

② 特記仕様書

共通仕様書に記載されていない特殊な機材，工法など，また補足される必要がある工事，工種などがある場合に記載されている。

b. 系統図
空気調和設備の系統図には，給気・還気・排気・外気取入ダクトなどの空気系統を示す**ダクト系統図**と，冷温水・冷却水・冷媒・蒸気配管などの配管系統を示す**配管系統図**がある。系統図は，一般に立面で表現され，立面的な機器の配置とダクト及び配管の接続が示される。機器番号を記すことにより，機器の配置と台数を確認することができる。また，水量や風量を記入すれば，系統ごと又は階ごとの水量バランスや風量バランスをチェックすることができる。

空冷ヒートポンプ式マルチエアコンのダクト系統図を図2－92に，配管系統図を図2－93に示す。

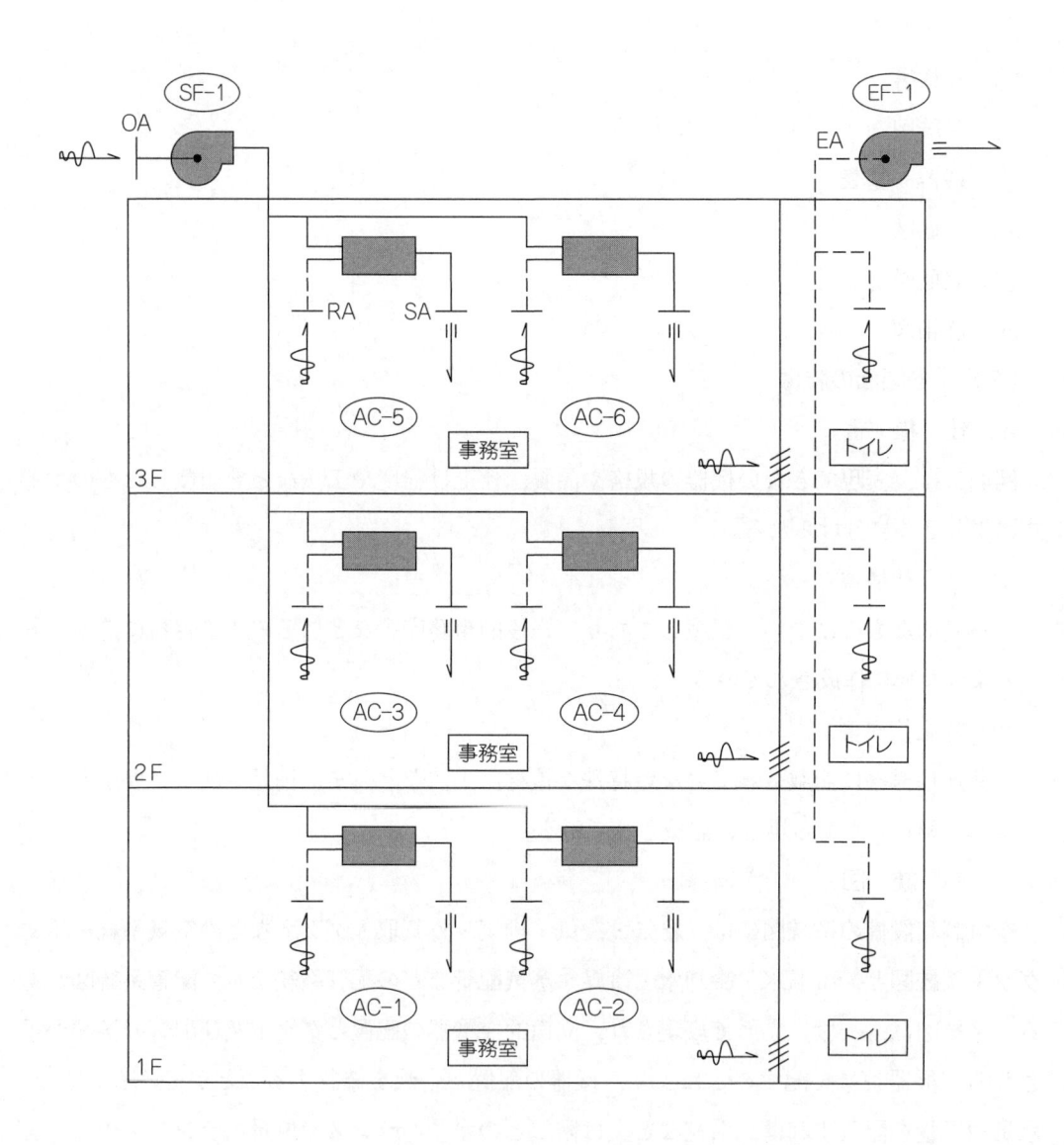

図2-92 ダクト系統図

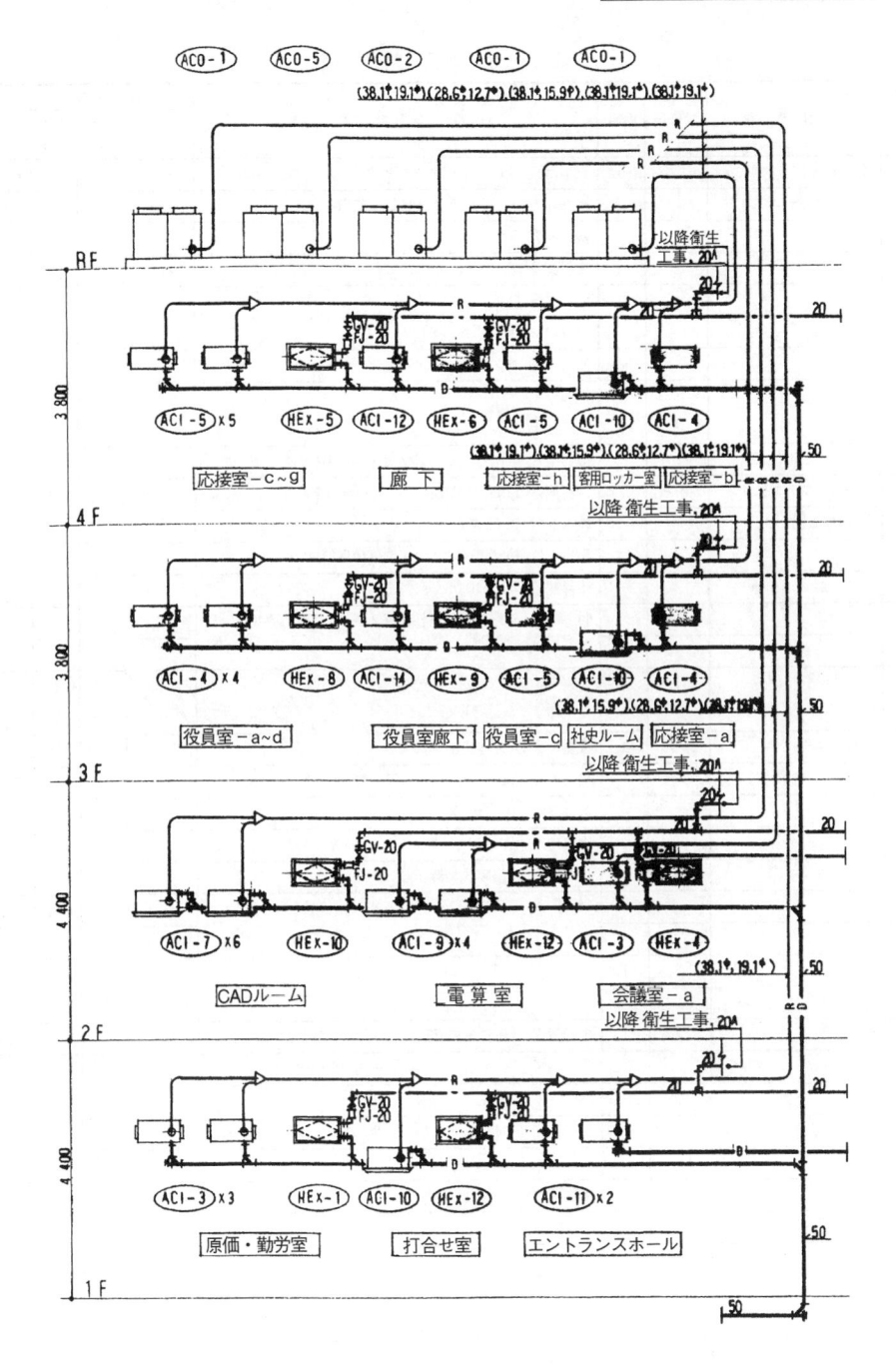

図2-93 配管系統図

c．機器一覧表

設置する空気調和設備を構成する機器類について，その仕様（型式，台数，性能，主要寸法，接続口，付属品など）を記入する。表2-28にその一例を示す。また，具体的な製品例があれば，「○○相当品」のようにメーカ名と型式を記入しておく。

表2－28 機器一覧表（例）

記号	機器名称	設置階	台数	機器仕様	電動機仕様 動力(kW)	相(φ)	電圧(V)	備考
ACO-1	空冷ヒートポンプ式	R階	5	機器型式 空冷ヒートポンプ式ビル用マルチエアコン(20^{HP})	(COMP)			RAS-P560FS1
	ビル用マルチエアコン			冷房能力 56kW（JIS条件に依る能力を示す。）	15	3	200	(H社相当品)
	〔室外機〕			暖房能力 63kW（　〃　）	(FAN)			
				冷媒配管 ガスφ38.1, 液φ15.88	0.655	〃	〃	
				防　振 防振ゴム				
				付属品 保護装置, その他一式				
				基　礎 コンクリート(150^H),モルタル仕上げ〔建築工事〕				
ACI-3	空冷ヒートポンプ式	──	25	機器型式 空冷ヒートポンプ式（天井埋込ダクト型）4^{HP}	(FAN)			RPI-P112K2
	ビル用マルチエアコン			冷房能力 11.2kW（JIS条件に依る能力を示す。）	0.29	1	200	(H社相当品)
	〔室内機〕			暖房能力 12.5kW（　〃　）				
				風　量 1620^{CMH},　　機外静圧 120Pa				
				冷媒配管 ガスφ19.05, 液φ9.53				
				付属品 防振ゴム, 高性能フィルター（組込みチャンバー付き），その他一式				
HEx-1	全熱交換器	1階	1	機器型式 天井埋込加湿付タイプ	440^W	1	100	LGH-80RKS3D
	〔1F原価, 勤労室〕			接続径 250^φ,　　風量 800^{CMH}				(M社相当品)
				機外静圧 80Pa(MAX)				
				交換効率（温度）78$^%$,（エンタルピー）冷‐64.5$^%$, 暖‐71$^%$				
				加湿器 透湿膜式加湿器(2.35^{kg}/h)				
				付属品 リモコンスイッチ, 加湿器, エアーフィルターストレーナー, その他一式				
FV-1	排気ファン	R階	1	機器型式 有圧換気扇（低騒音タイプ）	0.1	3	200	EFG-40ST
	〔RFエレベーター機械室〕			サイズ 400^φ,　　風量 1500^{CMH}				(M社相当品)
				静　圧 100Pa				
				付属品 FD付ウェザーカバー, サーモスタット, その他一式				
FV-2	排気ファン	1階	1	機器型式 天井扇（低騒音タイプ）	74^W	1	100	VD-23ZX5-W
	〔1F設計室便所〕			接続径 150^φ,　　風量 510^{CMH}				(M社相当品)
				静　圧 50Pa				
FE-1	排気ファン	1,2階	2	機器型式 消音ボックス付シロッコファン（天吊）	0.5	3	200	
	〔1, 2F便所〕			番　手 1 1/2^{SS},　　風量 1410^{CMH}				
				静　圧 150Pa（スプリング防振付）				

d．平　面　図

空気調和設備を設置する各階について，平面図を作成する。

平面図には，機器類，ダクト及び配管を記入する。ダクト・配管系統図は，機器とダクト及び配管がどのように接続されるかを示す図面であるが，平面図にはそれらの位置・型式・寸法などを正確に表示する。

ダクトと配管を同一図面に記入すると複雑になってしまう場合があるので，そのときはダクト平面図と配管平面図を別に作成する。

e．立　面　図

平面図だけでは機器やダクト及び配管の上下の位置関係がわかりにくいときは立面図を作って補足する。

f．詳　細　図

詳細図とは，機器，ダクト及び配管の納まりを検討するために，空調機械室など設備が錯綜している位置で，縮尺を上げて詳細に記述する図面である。設計・施工上特に重要な部分では，給排水・衛生設備や電気設備など他の設備との取り合い，弁やダンパの操作及び施工手順などを検討するために，詳細図が必要になる。

2．3　図示記号

2．1項で説明した空気調和設備の製図をするためには，様々な図示記号が必要となる。

一般には，空気調和・衛生工学会規格SHASE-S001-1998が多く用いられている。表2－29にその抜粋を示すが，この表に出ていない機器を使用する場合がある。そこで，「この図面ではこのような記号を使用する」という一覧表をつくって図面に添付することがあり，その一例を表2－30に示す。

表2－28，表2－29に挙げた主な機器や装置を以下に説明する。

a．ダ　ク　ト

空気を通す亜鉛めっき鋼板などでつくった長方形や円形断面の管路をダクト（Duct）といい，長方形断面のものを**長方形ダクト**，円形断面のものを**円形ダクト**と呼んでいる。長方形ダクトは鋼材と亜鉛めっき鋼板で製作するが，亜鉛めっきを施した帯鋼をらせん状に巻いた，量産品の**スパイラルダクト**というのが市販されている（図2－94）。口径は75～1,500mmで，保温材付きの製品もある。

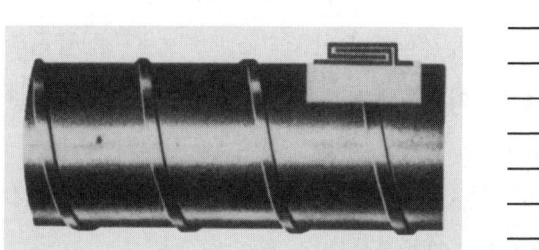

図2-94 スパイラルダクト

記号
——SA——
——RA——
——OA——
——EA——
——VOA——
——VEA——
——SE——

また，アルミニウムで製作され，自由に曲げることができる**フレキシブルダクト**という製品がある（図2-95）。納まりの厳しいところでは施工に便利である。

b．吹出し口，吸込み口

これにはいろいろの種類の製品があり，そのうち主なものを次にあげる。

① グ リ ル

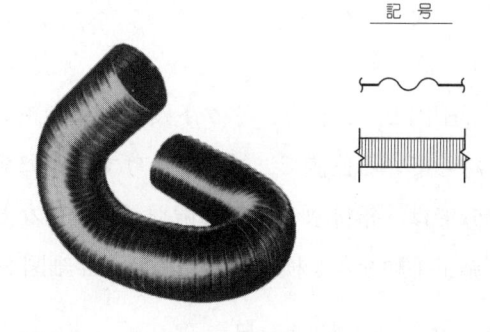

図2-95 フレキシブルダクト

四角い鉄板の枠に，羽根状や格子，穴あき鉄板をはめ込んだもので，それぞれユニバーサルグリル，スリットグリル，パンチンググリルと呼ばれている。ユニバーサルグリルには，羽根が垂直方向に入っているもの（V），水平方向に入っているもの（H），垂直及び水平に入っているもの（VH又はHV）がある。この羽根の向きを変えることによって，空気の流れ方向を変えることができる（図2-96）。

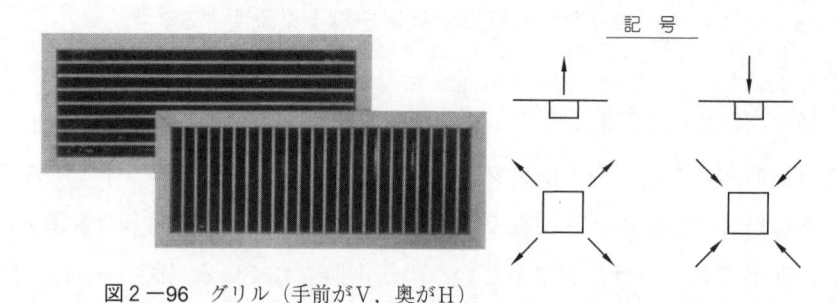

図2-96 グリル（手前がV，奥がH）

② レジスタ

グリルにシャッタを付けたもので，これを調節することにより風量を変えることができる（図2-97）。グリルの記号V，Hなどの後ろへSを付けて，VS，HS，VHSな

どと表す。

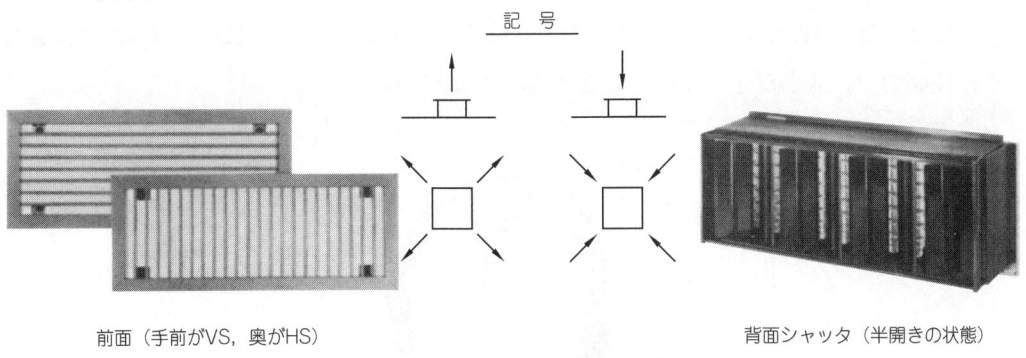

前面（手前がVS，奥がHS）　　　　　　背面シャッタ（半開きの状態）

図2－97　レジスタ

③　ふく流型吹出し口

図2－98に示すような形状をした吹出し口で，天井に取り付けて室内へ冷暖房した空気を円形の羽根の間から円周状に拡散させて吹き出す。通称アネモ型吹出し口と呼ばれている。

図2－98　ふく流型吹出し口

④　線状吹出し口（ライン型吹出し口）

主に室の窓際などの天井へ取り付け，帯状に細長く空気を吹き出して，外壁からの空調熱負荷を除去するときに用いる（図2－99）。

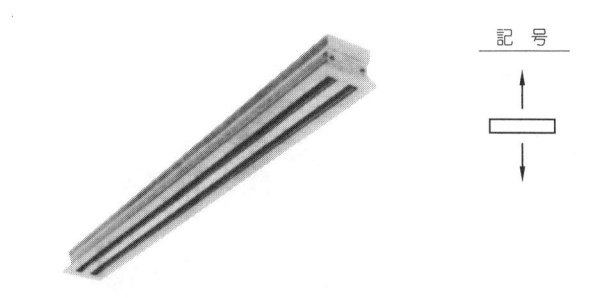

図2－99　線状吹出し口（ライン型吹出し口）

154　配管製図

⑤　ノズル型吹出し口

　図2-100のような，ラッパの形をしたもので，天井又は壁に取り付ける。到達距離が長いので，スタジオ，ホールなどの大広間に用いる。

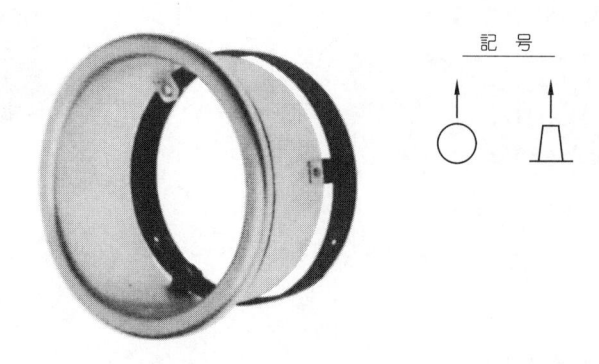

図2-100　ノズル型吹出し口

　吹出し口，グリルなどを実際に取り付けた状態を図2-101，図2-102に示す。

図2-101　吹出し口，グリルの取付け

図2−102　線状吹出し口の取付け

c. が　ら　り

グリルに似ているが，四角の鉄枠の中に，水平方向に45°傾いた羽根が多数入ったものをいう（図2−103）。防虫網入り，可動羽根式，防火シャッタ付きなど，いろいろな製品がある。

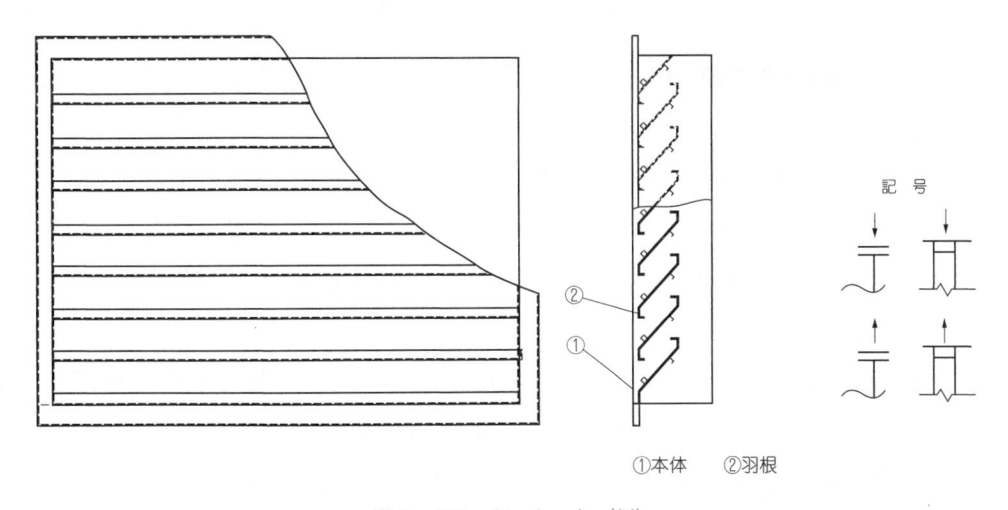

①本体　②羽根

図2−103　が　ら　り（例）

d. ダ　ン　パ

ダクトに取り付けて風量を調節したり，火災時に閉鎖して煙の拡散を防いだりする装置

である。角形・丸形があり，操作方法から電動式のものと手動式のものがある。角形ダンパでは，羽根が平行に可動する平行翼ダンパと，羽根が向い合せに可動する対向ダンパが

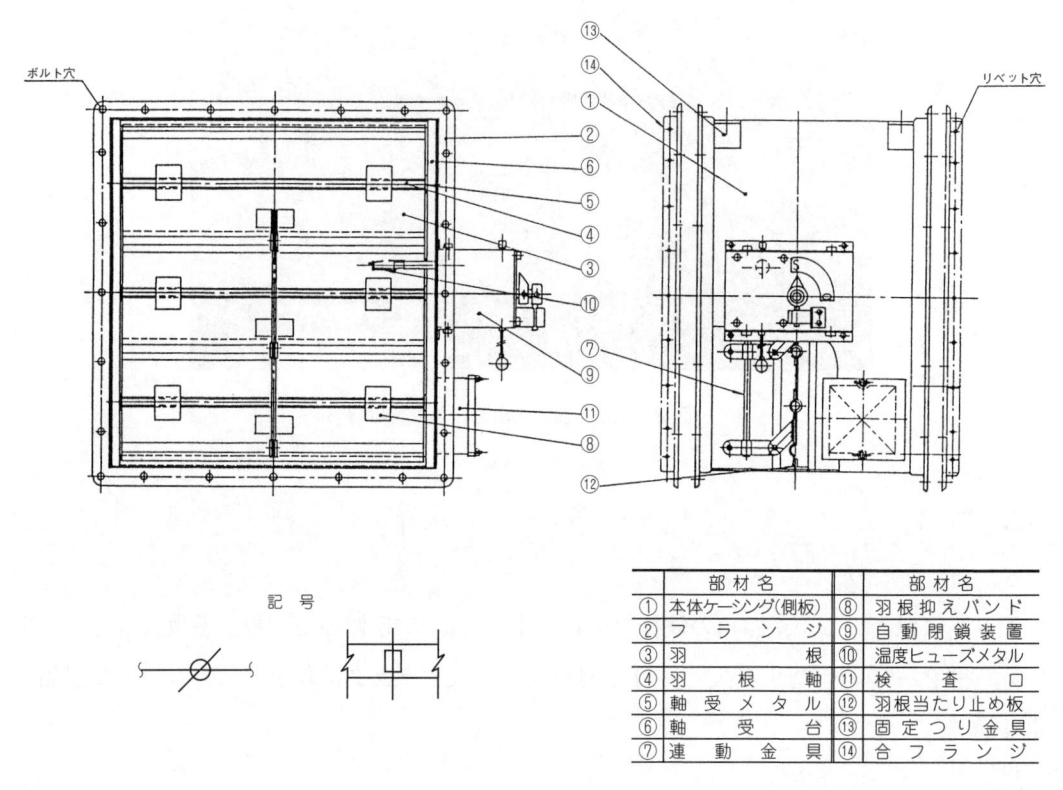

	部　材　名		部　材　名
①	本体ケーシング(側板)	⑧	羽根抑えバンド
②	フ　ラ　ン　ジ	⑨	自動閉鎖装置
③	羽　　　　根	⑩	温度ヒューズメタル
④	羽　根　軸	⑪	検　査　口
⑤	軸　受　メ　タ　ル	⑫	羽根当たり止め板
⑥	軸　受　台	⑬	固定つり金具
⑦	連　動　金　具	⑭	合フランジ

図2-104　ダ　ン　パ（例）

ある。図2-104は角形電動式のものである。

e．全熱交換器

室内の空気は，在室者の健康のため，常に新鮮な外気と入れ替えて換気を行い，室内空気質を一定に保つ必要がある。しかし，せっかく冷房又は暖房して快適になった室内の空気を，そのまま排気してしまうのは不経済なので，入れ替える室外の空気を室内空気の温度になるべく近くするのが経済的である。このようなときに取り付けるのが全熱交換器で，回転形と静止形とがある。全熱交換器は，排気される室内空気と取入外気の顕熱交換（温度の交換）だけでなく，潜熱交換（水蒸気の交換）も行う。

図2-105は回転形で，塩化リチウム，シリカゲルなどの吸湿剤をしみこませた特殊紙を成形したエレメントと呼ぶ円盤を低速で回転させる。例えば冷房の場合，円盤の下半分から入った室外空気は，室内空気で冷やされた上半分の円盤と接触して冷却され，室内に供給される。

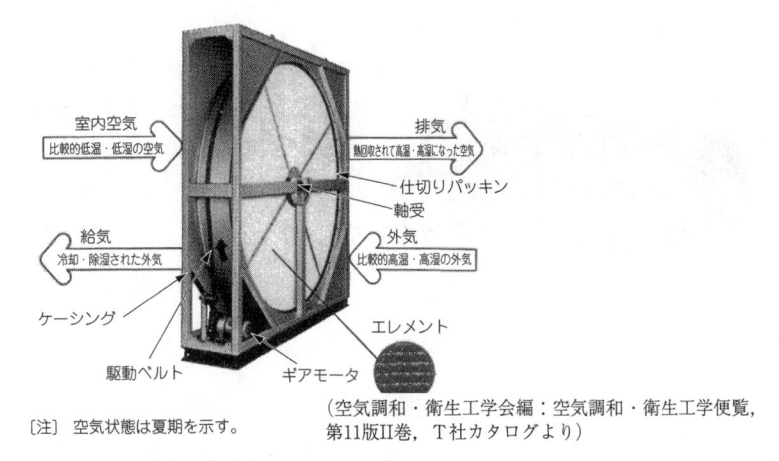

図2−105　回転形全熱交換器

図2−106は静止形の例で，特殊な加工紙で蜂の巣のような通路を作り，室内外の空気を通過させて熱を交換する。図2−107はその外観で，暖房時に室内空気が乾燥するのを調節するための加湿器が付いているものもある。

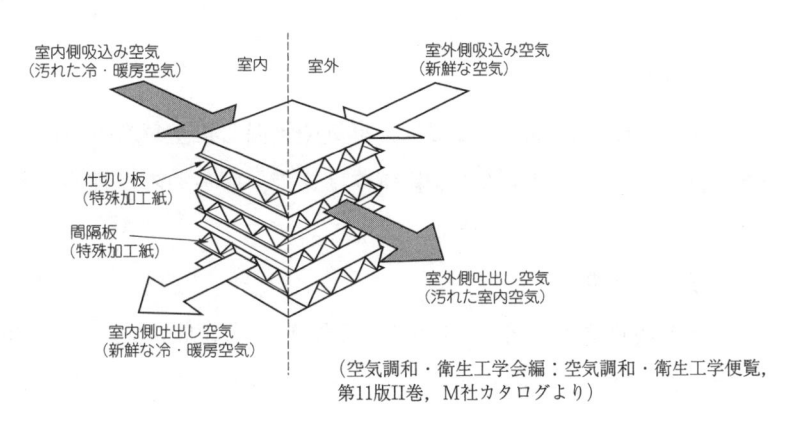

図2−106　静止形全熱交換器

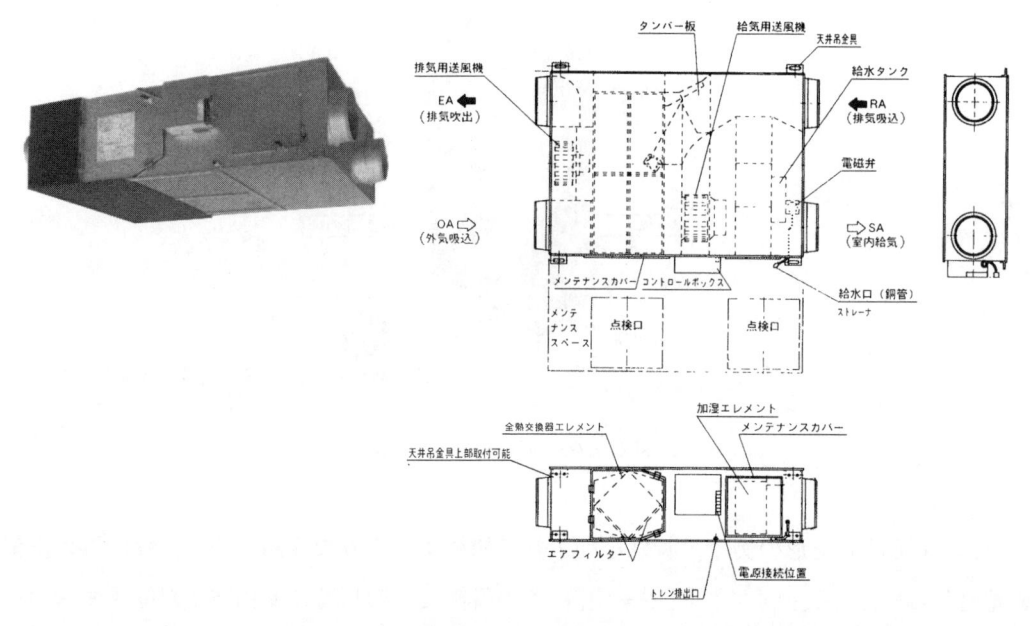

図2−107 静止形全熱交換器外観（加湿器付）

f．排気ファン

トイレ・倉庫・給湯室などでは，臭気や昇温した空気を外へ出さなければならないことがある。このとき使用するのが排気ファンで，いろいろな種類のものがあるが，ここでは表2−28の排気ファンについて説明する。

① 多翼送風機

多翼送風機は，図2−108のような多数の羽根がついた羽根車を図2−109のようにケースへ納め，図の左側にあるベルト車をモータで回転させる。空気は図の右側の入り口（吸込口）から吸入された後，羽根車の遠心力で振り飛ばされ，図の上の出口

図2−108 多翼送風機羽根車

図2−109　多翼送風機

（吐出口）から吐き出される。この吸込口にダクトを接続して室の各所から空気を集め，吐出口に接続したダクトで室外へ放出させる。

このファンは比較的小型で強力であるため，トイレの排気などに多く用いられる。

② 有圧換気扇

家庭で使っている換気扇と似ているが，静圧差（圧力差）を大きく取ることのできるもので，壁に取り付け室内の空気を室外へ放出する（図2−110）。

③ 天井扇

室の天井裏へ取り付け，室内の空気を下から吸って，ダクトにより室外へ放出する（図2−111）。

図2−110　有圧換気扇

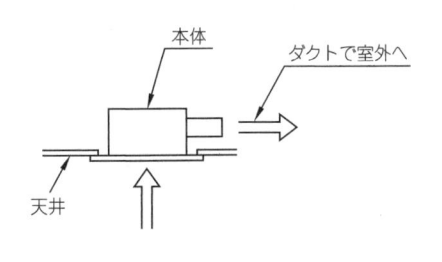

図2−111　天井扇

g. 配　　　管

すでに第1節で給排水設備の配管については説明されているので，ここでは空調設備の配管について補足説明を行う。

空調設備では，配管系は流体により熱を搬送するために使用される。冷温水配管及び冷却水配管では，水を搬送するため，ボイラや空調機器で熱交換しても，温度変化するだけで，同じ水の状態で循環する。一方，蒸気配管及び冷媒配管では，蒸気や冷媒は熱交換により，気体と液体の状態変化が行われる。蒸気配管では，放熱器で室内を暖房した後は，凝縮水となり，液体の状態で熱源機器へ還流する。冷媒配管では，蒸発器で気化した冷媒は圧縮機を経由して凝縮器で液化するまで気体の状態であり，凝縮器から膨張弁を経由して蒸発器までは液体又は液体と気体の混合状態である。

冷温水配管や冷却水配管のような水配管では，ポンプにより水を加圧して配管系統を循環させる。水配管には，図2－112に示すように，密閉回路と開放回路の2種類がある。密閉回路では，水は熱源機器と空調機器の間を循環して，各機器で熱交換されると温度差を生じる。また，密閉回路では，水の膨張を吸収したり，水を補給したりするために，膨張水槽を設ける必要がある。開放回路の例としては，開放式冷却塔を使用する冷却水配管や蓄熱式空調システムを採用したときの冷温水配管がある。開放回路では，密閉回路と比較してポンプの揚程が大きくなる。

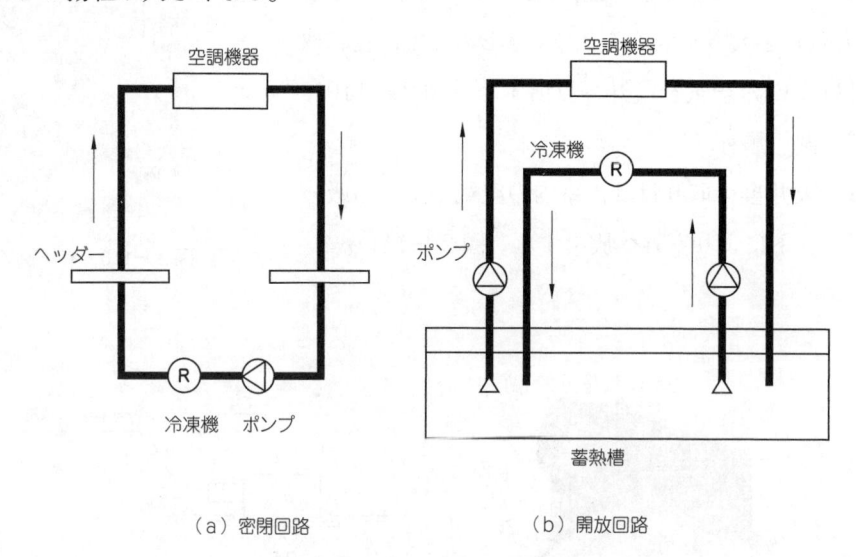

(a) 密閉回路　　　　　(b) 開放回路

図2－112　水配管方式

表2-29①　空気調和設備図示記号（SHASE-S 001-1998抜粋）

名　　称	図 示 記 号	備　　考
1. 配　　管		
1.1　　空 気 調 和		
1.1.1　　低圧蒸気送り管	——— S ———	
1.1.2　　中圧蒸気送り管	——— SM ———	
1.1.3　　高圧蒸気送り管	——— SH ———	
1.1.4　　低圧蒸気返り管	——— SR ———	
1.1.5　　中圧蒸気返り管	——— SMR ———	
1.1.6　　高圧蒸気返り管	——— SHR ———	
1.1.7　　空 気 抜 き 管	− − − AV − − −	
1.1.8　　油 送 り 管	——— O ———	
1.1.9　　油 返 り 管	——— OR ———	
1.1.10　油タンク通気管	− − − OV − − −	
1.1.11　冷　媒　管	——— R ———	
1.1.12　冷 媒 液 管	——— RL ———	
1.1.13　冷 媒 ガ ス 管	——— RG ———	
1.1.14　冷 却 水 送 り 管	——— CD ———	
1.1.15　冷 却 水 返 り 管	——— CDR ———	
1.1.16　冷 水 送 り 管	——— C ———	
1.1.17　冷 水 返 り 管	——— CR ———	
1.1.18　温 水 送 り 管	——— H ———	
1.1.19　温 水 返 り 管	——— HR ———	
1.1.20　高 温 水 送 り 管	——— HH ———	
1.1.21　高 温 水 返 り 管	——— HHR ———	
1.1.22　冷 温 水 送 り 管	——— CH ———	
1.1.23　冷 温 水 返 り 管	——— CHR ———	
1.1.24　熱 源 水 送 り 管	——— HS ———	ヒートポンプ用
1.1.25　熱 源 水 返 り 管	——— HSR ———	ヒートポンプ用
1.1.26　ブライン送り管	——— B ———	
1.1.27　ブライン返り管	——— BR ———	
1.1.28　膨　張　管	——— E ———	
1.1.29　ド レ ン 管	——— D ———	

名　　　称	図　示　記　号	備　　　考
4. ダクト		
4.1　ダクト		
4.1.1　ダ　ク　ト		角形は図示の面の寸法を最初に記入 500×300 丸形は寸法の後ろに φ を記入 200φ
4.1.2　空調給気ダクト	──SA──	必要に応じ記号を記入
4.1.3　空調還気ダクト	──RA──	必要に応じ記号を記入
4.1.4　空調外気ダクト	──OA──	必要に応じ記号を記入
4.1.5　空調排気ダクト	──EA──	必要に応じ記号を記入
4.1.6　換気送気ダクト	──VOA──	必要に応じ記号を記入
4.1.7　換気排気ダクト	──VEA──	必要に応じ記号を記入
4.1.8　排　煙　ダクト	──SE──	必要に応じ記号を記入
4.2　ダクト断面		
4.2.1　給気ダクト断面		
4.2.2　還気・排気ダクト断面		
4.2.3　外気・送気ダクト断面		
4.2.4　排煙ダクト断面		
4.3　ダクト付属品		
4.3.1　吹出し口（横付き）		排気がらりにも適用
4.3.2　吹出し口（天井付き）		
4.3.3　吸込み口（横付き）		吸気がらりにも適用
4.3.4　吸込み口（天井付き）		

名　　称	図示記号	備　考
4.3.5　排煙口（横付き）		
4.3.6　排煙口（天井付き）		
4.3.7　ドアがらり・アンダーカット		
4.3.8　フ　ー　ド		
4.3.9　ダ　ン　パ		必要に応じて記号を記入 　ＶＤ　：風量調節ダンパ 　ＣＤ　：逆流防止ダンパ 　ＭＤ　：モータダンパ
4.3.10　防災用ダンパ		必要に応じて記号を記入 　ＦＤ　：防火ダンパ（72℃） 　ＦＶＤ：防火風量調節兼用ダンパ 　ＨＦＤ：防火ダンパ（280℃） 　ＳＤ　：防煙ダンパ 　ＳＦＤ：防煙防火兼用ダンパ 　ＰＤ　：ピストンダンパ 　ＰＦＤ：ピストン防火兼用ダンパ 　ＳＥＤ：排煙ダンパ
4.3.11　排煙用手動開放装置		
4.3.12　点　検　口		
4.3.13　キャンバス継手		
4.3.14　フレキシブルダクト		
4.3.15　ベ　ー　ン　部		
4.3.16　消　音　部		

名　　称	図　示　記　号	備　考
4.3.17　可変風量ユニット		
4.3.18　混合ユニット		
4.3.19　定風量ユニット		
4.3.20　天　井　扇		
4.3.21　空調換気扇		
4.3.22　ダクト貫通部		

表2-30 記号一覧表（例）

凡　例			
シンボル	名　称	材　質	備　考
▭○×○▭	長方形ダクト	亜鉛鋼鉄板	
═══φ═══	スパイラルダクト	〃	
┅┅φ┅┅	給湯室用排気ダクト	〃	ロックウール(50ᵀ)巻き断熱施工
[VD] [⌀VD]	風量調節ダンパ		VD
[FD] [⌀FD]	防火ダンパ		FD
-[·]- [▭]- [⊗]-	吹出口類	鋼板製	アネモ, ブリーズライン, VHS
-[▱]-	吸込口類	〃	HS
[⊠] [⊠]	空冷ヒートポンプエアコン		室内ユニット
[◯◯]	〃		室外ユニット
[◇]	全熱交換器		
[▨]	消音ボックス付シロッコファン		
⊕	天井扇		
──R──	冷媒配管	鋼管（Lタイプ）	
──D──	空調用ドレン管	硬質塩化ビニル管（VP）	材質は耐火被覆二層管とする
── ── ──	給水管	硬質塩ビライニング鋼管(SGP-VB)	
─⋈─　─⋊─	仕切弁	JIS10K	
─▭─	フレキシブル継手	SUS製	
═▷═	分岐ジョイント		
▨▨▨▨▨▨	エアコン配管ダクト	溶融亜鉛メッキ処理鋼板	E社相当品

第2章　設備配管設計製図の実際　165

2.4 機器，ダクトの製図

空気調和設備の設計製図のフローチャート（空調計画フローチャート）を図2－113に示す。

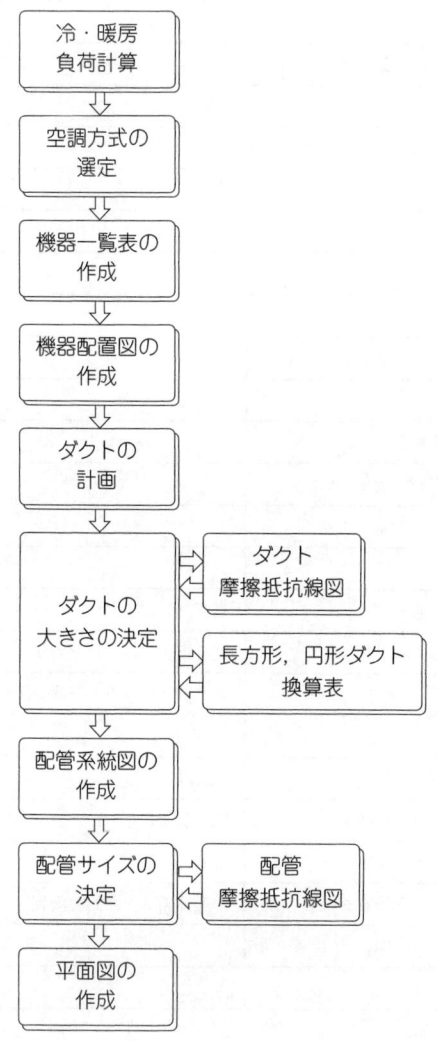

```
冷・暖房
負荷計算
   ↓
空調方式の
選定
   ↓
機器一覧表の
作成
   ↓
機器配置図の
作成
   ↓
ダクトの
計画
   ↓
ダクトの       ⇄  ダクト
大きさの決定       摩擦抵抗線図
              ⇄  長方形，円形ダクト
                 換算表
   ↓
配管系統図の
作成
   ↓
配管サイズの  ⇄  配管
決定           摩擦抵抗線図
   ↓
平面図の
作成
```

図2－113　空調計画フローチャート

事務棟1階「原価・勤労室」の機器・ダクト平面図を図2－114に示す。矢印①部分を見ると，「ACI-3」という機器番号が書いてある。これはビル用マルチエアコンの室内機（天井埋込ダクト形）であることを表している（性能は機器一覧表2－28参照）。

この室内機の吸込口は，矢印②の表で，「HS-800×450」とあることから，幅450mm，長さ800mmのレジスタであることを表している。表のQ_R＝1740CMHとあるのは，レジスタを通過する風量のことで，1740m³／hであることを表している。機器一覧表の室内機

ACI-3の風量が1740CMHであるから，これと合わせてある．また，表の下に（消音ボックス1100×650×500H）とあるのは，このレジスタの上の天井裏に，長さ1100mm，幅650mm，高さ500mmの消音用の箱を取り付ける，ということである．図の矢印③がその消音箱である．

原価・勤労室（ACI用）		
吹出口	ブリーズライン	
BL(S)-1500L		10
Q_S = 174CMH		
(消音ボックス1700×300×300H)		

原価・勤労室（ACI用）		
吸込口	HS	
HS-800×450		3
Q_R = 1740CMH		
(消音ボックス1100×650×500H)		

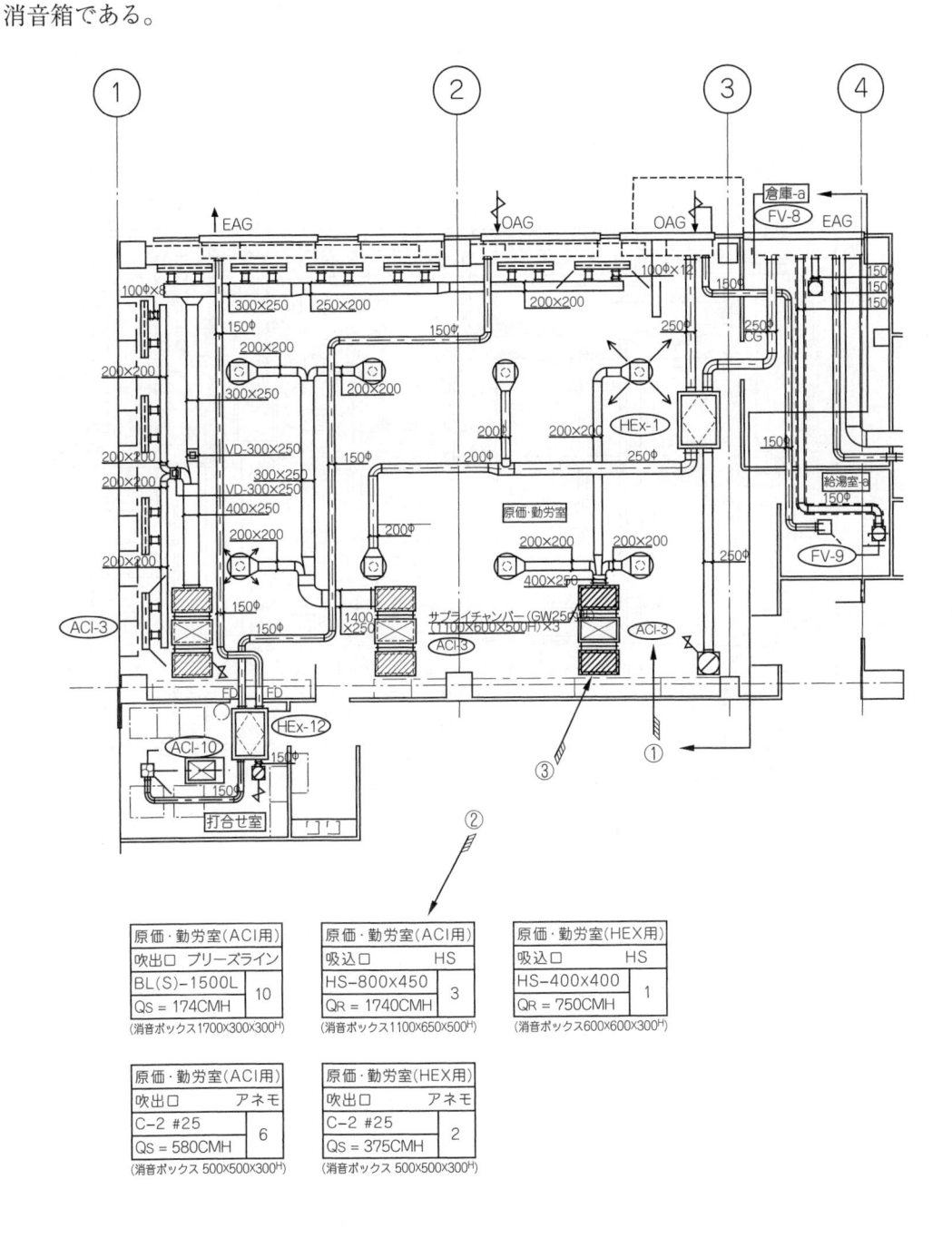

原価・勤労室（HEX用）		
吸込口	HS	
HS-400×400		1
Q_R = 750CMH		
(消音ボックス600×600×300H)		

原価・勤労室（ACI用）		
吹出口	アネモ	
C-2 #25		6
Q_S = 580CMH		
(消音ボックス500×500×300H)		

原価・勤労室（HEX用）		
吹出口	アネモ	
C-2 #25		2
Q_S = 375CMH		
(消音ボックス500×500×300H)		

図2－114　機器・ダクトの説明（1）

次に図2−115の矢印①を見ると，6箇所の吹出し口を指しており，その仕様は矢印②に示すように，形式はアネモ型，C-2というのは型記号，#25とは大きさ，Qs＝580CMHとは吹き出し風量が1個当たり580m³／hであることを表している。

原価・勤労室(ACI用)		原価・勤労室(ACI用)		原価・勤労室(HEX用)	
吹出口 ブリーズライン		吸込口 HS		吸込口 HS	
BL(S)-1500L	10	HS-800×450	3	HS-400×400	1
QS＝174CMH		QR＝1740CMH		QR＝750CMH	
(消音ボックス1700×300×300H)		(消音ボックス1100×650×500H)		(消音ボックス600×600×300H)	

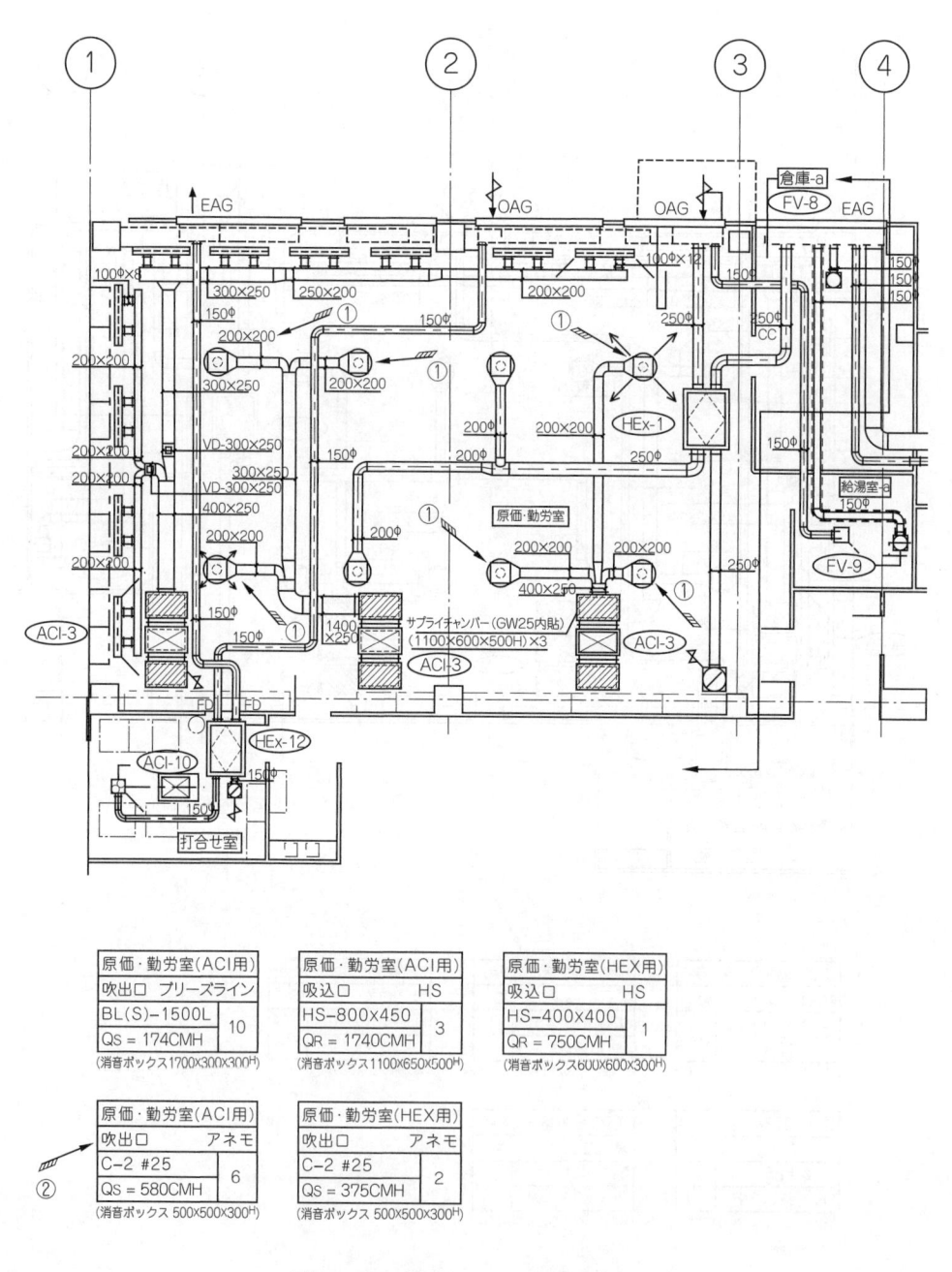

原価・勤労室(ACI用)		原価・勤労室(HEX用)	
吹出口 アネモ		吹出口 アネモ	
C-2 #25	6	C-2 #25	2
QS＝580CMH		QS＝375CMH	
(消音ボックス 500×500×300H)		(消音ボックス 500×500×300H)	

図2−115 機器・ダクトの説明（2）

図2−116を見ると，矢印①は室内機の空気を吹出し口へ送るためのダクトで，200×

200とは幅200mm，高さ200mmの長方形ダクトを表している。

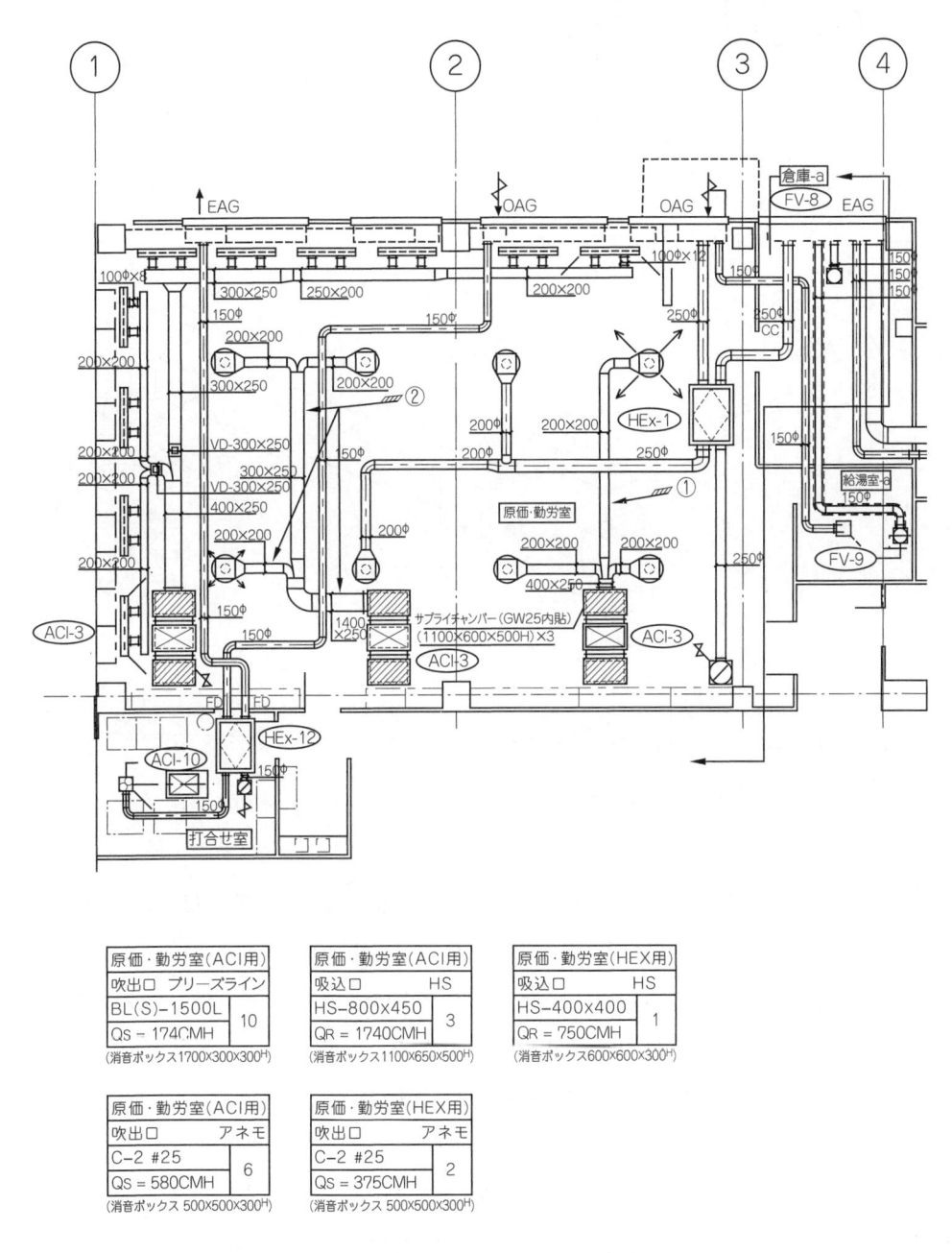

図2-116 機器・ダクトの説明（3）

以上の室内機，吹出し口，ダクトなどの模式図を図2-117に示す。

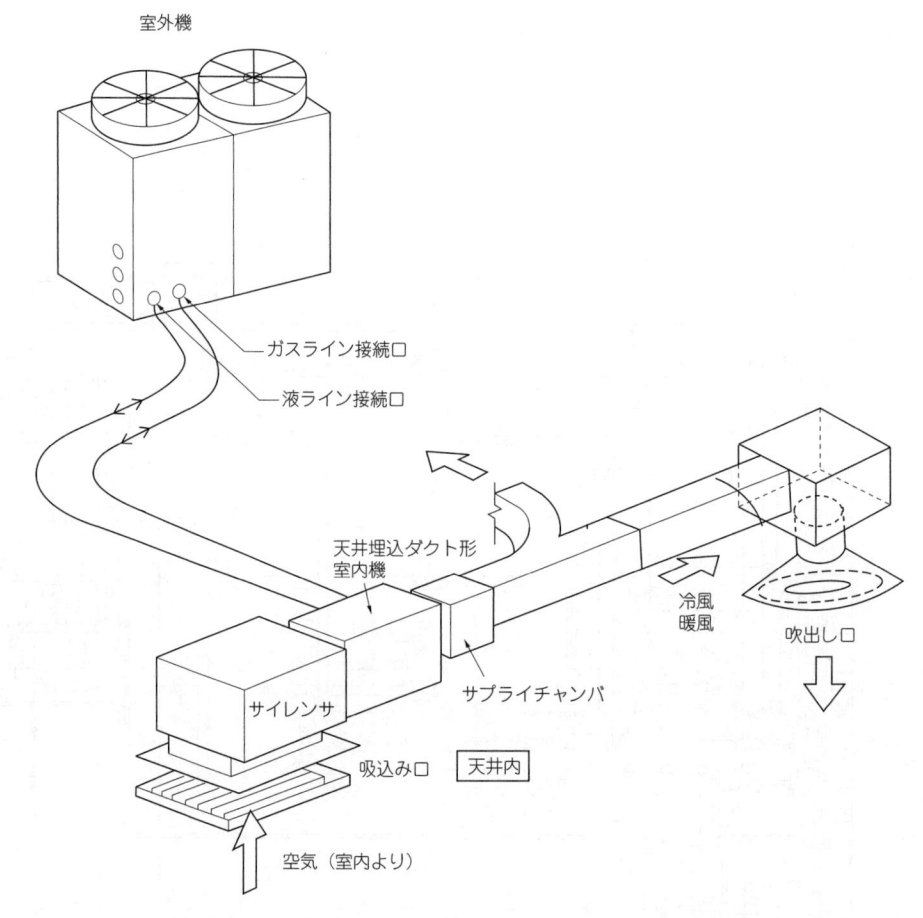

図2-117 空冷ヒートポンプ式エアコンによる冷・暖房模式図

　ダクトサイズの決定方法には，いくつかの方法があるが，一般的には等摩擦法を用いる。これは，ダクトの単位長さ当たりの圧力損失が一定（R'=1Pa/m程度）になるようにダクトサイズを決定する方法である。等摩擦法でダクトサイズを決定すると，ダクト内風速が過大となる（気流騒音が発生する）可能性があるので，最大風速が8m/s程度以下になるように決定する。図2-118にダクトの圧力損失線図を示す。例えば，図2-119のように設計風量580m³/hのとき，圧力損失を1Pa/mでダクトサイズを調べると，円形ダクトでは直径d=20cmと25cmの中間になる。d=20cmとすると，圧力損失はR'=1.8Pa/m，ダクト内風速は5m/sとなる。d=25cmとすると，圧力損失はR'=0.6Pa/m，ダクト内風速は3.1m/sとなる。そこで，経済性を考慮して，d=20cmの円形ダクトを選定する。

　長方形ダクトを選定する場合は，表2-31の換算表を用いる。長辺20cm，短辺20cmの長方形ダクトは，直径21.9cmの円形ダクトに相当するので，設計風量580m³/hのとき，長辺20cm，短辺20cmの長方形ダクトを選定してよいことがわかる。

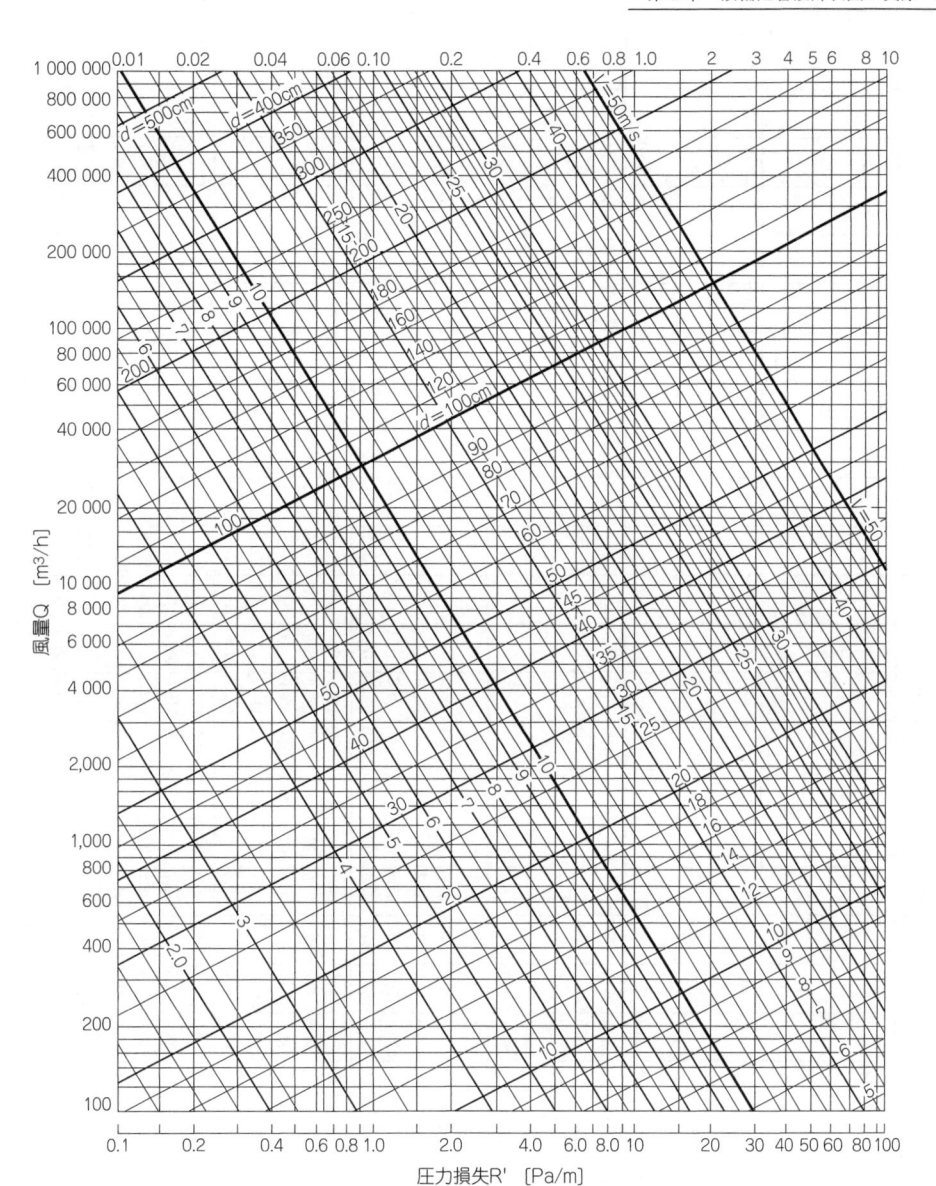

図2−118 ダクトの圧力損失線図（20℃，60%，1.01325×10⁵Pa）

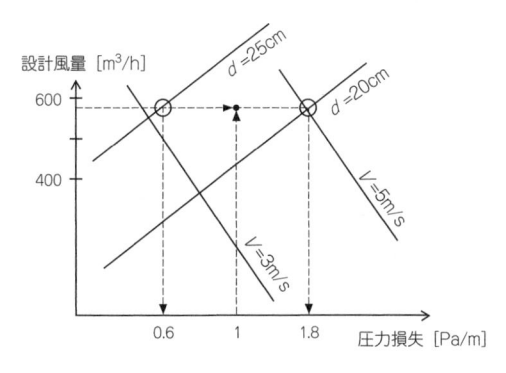

（空気調和・衛生工学会編：空気調和・衛生工学便覧，第13版3巻 井上　宇市）

図2−119 ダクトサイズの選定法

表2-31 長方形ダクトの円形ダクトへの換算表

$$dt = 1.3\left\{\frac{ab^5}{(a+b)^2}\right\}^{\frac{1}{8}}$$

a, b：長方形ダクトの辺長
dt：等価円形ダクトの径
（単位は a, b, dt 同一のものを使用する）

長辺(cm)＼短辺(cm)	5	10	15	20	25	30	35	40	45	50	55	60	65	70	75	80	85	90	95	100	105	110	115	120	125	130	135	140	145	150
5	5.5																													
10	7.6	10.9																												
15	9.1	13.3	16.4																											
20	10.3	15.2	18.9	21.9																										
25	11.4	16.9	21.0	24.4	27.3																									
30	12.2	18.3	22.9	26.6	29.9	32.8																								
35	13.0	19.5	24.5	28.6	32.2	35.4	38.3																							
40	13.8	20.7	26.0	30.5	34.3	37.8	40.9	43.7																						
45	14.4	21.7	27.4	32.1	36.3	40.0	43.3	46.4	49.2																					
50	15.0	22.7	28.7	33.7	38.1	42.0	45.6	48.8	51.8	54.7																				
55	15.6	23.6	29.9	35.1	39.8	43.9	47.7	51.1	54.3	57.3	60.1																			
60	16.2	24.5	31.0	36.5	41.4	45.7	49.6	53.3	56.7	59.8	62.8	65.6																		
65	16.7	25.3	32.1	37.8	42.9	47.4	51.5	55.3	58.9	62.2	65.3	68.3	71.1																	
70	17.2	26.1	33.1	39.1	44.3	49.0	53.3	57.3	61.0	64.4	67.7	70.8	73.7	76.5																
75	17.7	26.8	34.1	40.2	45.7	50.6	55.0	59.2	63.0	66.6	69.7	73.2	76.3	79.2	82.0															
80	18.1	27.5	35.0	41.4	47.0	52.0	56.7	60.9	64.9	68.7	72.2	75.5	78.7	81.8	84.7	87.5														
85	18.5	28.2	35.9	42.4	48.2	53.4	58.2	62.6	66.8	70.6	74.3	77.8	81.1	84.2	87.2	90.1	92.9													
90	19.0	28.9	36.7	43.5	49.4	54.8	59.7	64.2	68.6	72.6	76.3	79.9	83.3	86.6	89.7	92.7	95.6	98.4												
95	19.4	29.5	37.5	44.5	50.6	56.1	61.1	65.9	70.3	74.4	78.3	82.0	85.5	88.9	92.1	95.2	98.2	101.1	103.9											
100	19.7	30.1	38.4	45.4	51.7	57.4	62.6	67.4	71.9	76.2	80.2	84.0	87.6	91.1	94.4	97.6	100.7	103.7	106.5	109.3										
105	20.1	30.7	39.1	46.4	52.8	58.6	64.0	68.9	73.5	77.8	82.0	85.9	89.7	93.2	96.7	100.0	103.1	106.2	109.1	112.0	114.8									
110	20.5	31.3	39.9	47.3	53.8	59.8	65.2	70.3	75.1	79.6	83.8	87.8	91.6	95.3	98.8	102.2	105.5	108.6	111.7	114.6	117.5	120.3								
115	20.8	31.8	40.6	48.1	54.8	60.9	66.5	71.7	76.6	81.2	85.5	89.6	93.6	97.3	100.9	104.4	107.8	111.0	114.1	117.2	120.1	122.9	125.7							
120	21.2	32.4	41.3	49.0	55.8	62.0	67.7	73.1	78.0	82.7	87.2	91.4	95.4	99.3	103.0	106.6	110.0	113.3	116.5	119.6	122.6	125.6	128.4	131.2						
125	21.5	32.9	42.0	49.9	56.8	63.1	68.9	74.4	79.5	84.3	88.8	93.1	97.3	101.2	105.0	108.6	112.2	115.6	118.8	122.0	125.1	128.1	131.0	133.9	136.7					
130	21.9	33.4	42.6	50.6	57.7	64.2	70.1	75.7	80.8	85.7	90.4	94.8	99.0	103.1	106.9	110.7	114.3	117.7	121.1	124.4	127.5	130.6	133.6	136.5	139.3	142.1				
135	22.2	33.9	43.3	51.4	58.6	65.2	71.3	76.9	82.2	87.2	91.9	96.4	100.7	104.9	108.8	112.6	116.3	119.9	123.3	126.7	129.9	133.0	136.1	139.1	142.0	144.8	147.6			
140	22.5	34.4	43.9	52.2	59.5	66.2	72.4	78.1	83.5	88.6	93.4	98.0	102.4	106.6	110.7	114.6	118.3	122.0	125.5	128.9	132.2	135.4	138.5	141.6	144.6	147.5	150.3	153.0		
145	22.8	34.9	44.5	52.9	60.4	67.2	73.5	79.3	84.8	90.0	94.9	99.6	104.1	108.4	112.5	116.5	120.3	124.0	127.6	131.1	134.5	137.7	140.9	144.0	147.1	150.3	152.9	155.7	158.5	
150	23.1	35.3	45.2	53.6	61.2	68.1	74.5	80.5	86.1	9.3	96.3	101.1	105.7	110.0	114.3	118.3	122.2	126.0	129.7	133.2	136.7	140.0	143.3	146.4	149.5	152.6	155.5	158.4	161.2	164.0
155	23.4	35.8	45.7	54.4	62.1	69.1	75.6	81.6	87.3	92.6	97.4	102.6	107.2	111.7	116.0	120.1	124.1	127.9	131.7	135.3	138.8	142.2	145.5	148.8	151.9	155.0	157.8	161.0	163.9	166.7
160	23.7	36.2	46.3	55.1	62.9	70.0	76.6	82.7	88.5	93.9	99.1	104.1	108.8	113.3	117.7	121.9	125.9	129.8	133.6	137.3	140.9	144.4	147.8	151.1	154.3	157.5	160.5	163.5	166.5	169.3
165	23.9	36.7	46.9	55.7	63.7	70.9	77.6	83.8	89.7	95.2	100.5	105.5	110.3	114.9	119.3	123.6	127.8	131.7	135.6	139.3	143.0	146.5	150.0	153.3	156.6	159.8	163.0	166.0	169.0	171.9
170	24.2	37.1	47.5	56.4	64.4	71.8	78.5	84.9	90.8	96.4	101.8	106.9	111.8	116.4	120.9	125.3	129.5	133.5	137.5	141.3	145.0	148.6	152.1	155.6	158.9	162.2	165.3	168.5	171.5	174.5
175	24.5	37.5	48.0	57.1	65.2	72.6	79.5	85.9	91.9	97.6	103.1	108.2	113.2	118.0	122.5	127.0	131.2	135.3	139.3	143.2	147.0	150.7	154.2	157.7	161.1	164.4	167.7	170.8	173.9	177.0

図2-116の矢印②のダクトの一部分を拡大したものを図2-120に示す。1個の吹出し口へいくダクトの大きさ㋐は，先ほどの説明で200×200mmでよいことが分かっているが，㋺のダクトは，その先に吹出し口が2個付いているので，設計風量1160m³／hから同様にしてダクトの大きさを決定し，300×250mmとする。また，㋩のダクトは吹出し口3個分の風量を通過させるため，設計風量1740m³／hから，同様にして400×250mmとする。これらが先ほどの図2-118，表2-31で適当であることを確認する。

　図中Ⓐのように，ダクトが枝分かれする部分を**分岐**といい，Ⓐのように緩やかに分岐させる分岐方法を**ベンド形分岐**（又は割込分岐）という。このほか，枝を主ダクトから直角に出す**直角分岐**，主ダクトの風を一旦箱形のチャンバに入れ，そこから分岐させる**チャンバ分岐**がある。

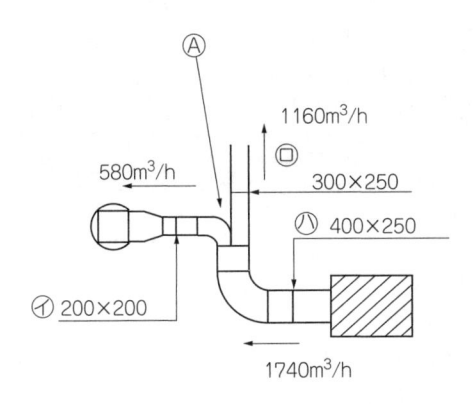

図2-120　ダクトの分岐

　次に，図2-121で，矢印①の室内機は，矢印②の線状吹出し口（ブリーズライン吹出し口）専用に設けられたものである。また，矢印③は，西側と北側の線状吹出し口へ供給される風量を調節するダンパである。

　このように，窓際に線状吹出し口を設け，窓ガラスや外壁を通過する空調熱負荷の影響を処理する空調を**ペリメータ空調**といい，その概観図を図2-122に示す。これに対し，前出のアネモ型吹出し口で外壁の影響を受けない室内の中央部分の空調熱負荷を処理する空調を**インテリア空調**という。

174 配管製図

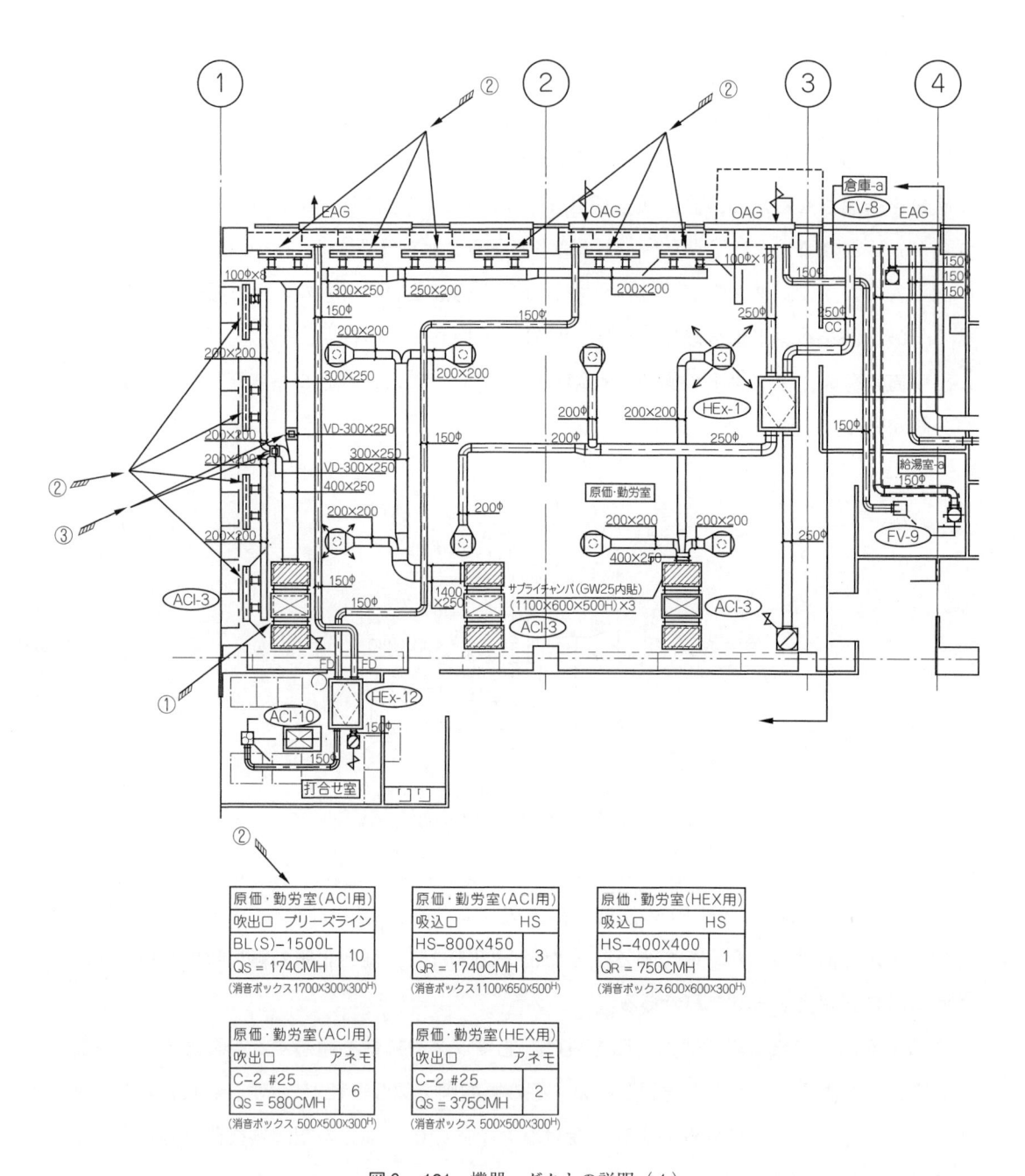

原価・勤労室(ACI用)		
吹出口	ブリーズライン	
BL(S)-1500L		10
QS = 174CMH		
(消音ボックス1700×300×300H)		

原価・勤労室(ACI用)		
吸込口	HS	
HS-800×450		3
QR = 1740CMH		
(消音ボックス1100×650×500H)		

原価・勤労室(HEX用)		
吸込口	HS	
HS-400×400		1
QR = 750CMH		
(消音ボックス600×600×300H)		

原価・勤労室(ACI用)		
吹出口	アネモ	
C-2 #25		6
QS = 580CMH		
(消音ボックス 500×500×300H)		

原価・勤労室(HEX用)		
吹出口	アネモ	
C-2 #25		2
QS = 375CMH		
(消音ボックス 500×500×300H)		

図2-121　機器・ダクトの説明（4）

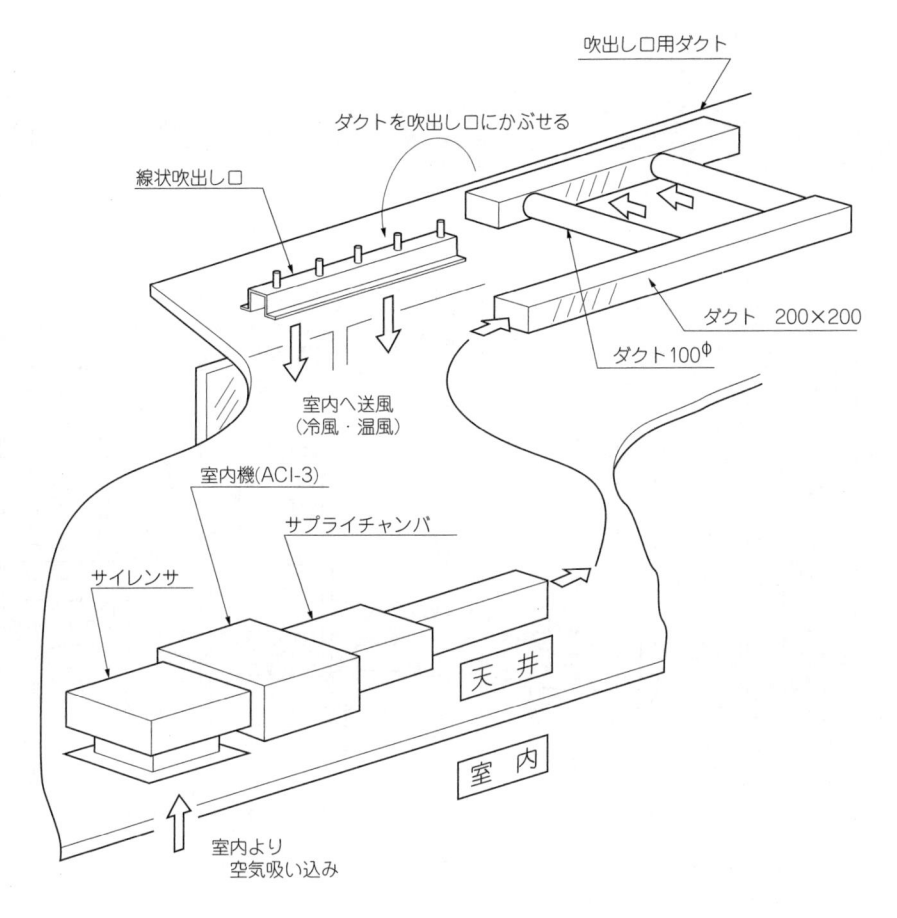

図2－122　ペリメータ空調概観図

　図2－123では，矢印①のHEx-1は機器一覧表（表2－28）にある全熱交換器で，図2－107の図にあるように吸込み口が2個，吹出し口が2個必要である。矢印②は室内の汚れた空気を吸い込む吸込み口でHS形のレジスタ，矢印③は新鮮な外気を室温に近い状態まで熱交換して吹き出すアネモ型吹出し口である。また，④のOAGは外気の取入れ口，⑤のEAGは室内空気の排気口を表している。外気取入れ口，排気口はなるべく離して設け，排気を吸い込まないようにする必要がある。

　以上の全熱交換器，吹出し口，ダクトなどの概観図を図2－124に示す。

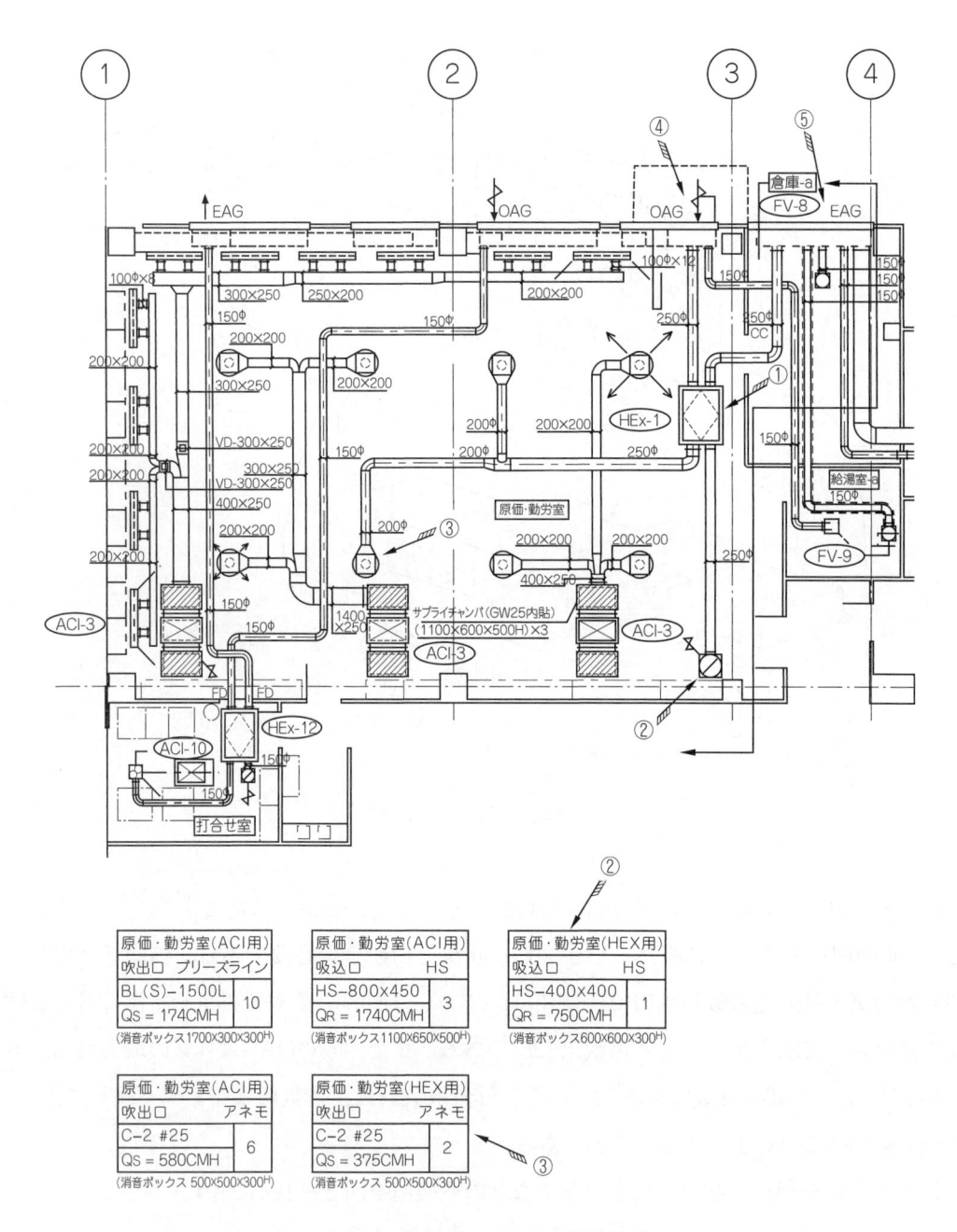

原価・勤労室(ACI用)			原価・勤労室(ACI用)			原価・勤労室(HEX用)		
吹出口	ブリーズライン		吸込口	HS		吸込口	HS	
BL(S)-1500L		10	HS-800×450		3	HS-400×400		1
QS = 174CMH			QR = 1740CMH			QR = 750CMH		
(消音ボックス1700×300×300H)			(消音ボックス1100×650×500H)			(消音ボックス600×600×300H)		

原価・勤労室(ACI用)			原価・勤労室(HEX用)		
吹出口	アネモ		吹出口	アネモ	
C-2 #25		6	C-2 #25		2
QS = 580CMH			QS = 375CMH		
(消音ボックス 500×500×300H)			(消音ボックス 500×500×300H)		

図2—123 機器・ダクトの説明(5)

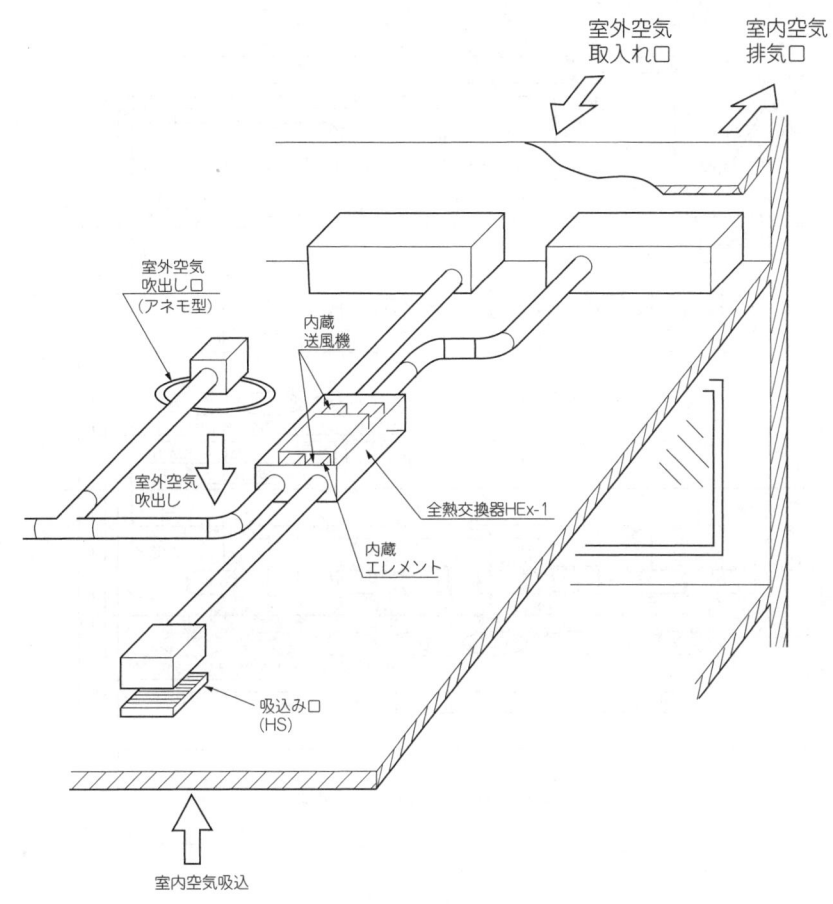

図2－124　全熱交換器概観図

2.5　配管の製図

この事務所の空気調和設備配管は，
- エアコンの室外機と室内機を接続する2本の冷媒管
- 全熱交換器の加湿器に接続する1本の給水配管
- 室内機と全熱交換器から発生する凝縮水を排水するための1本の排水管

からなっている。

図2－125に配管系統図の一部を示す。以下この図について説明する。
- 矢印①の配管は，矢印②の室外機と室内機を連絡するもので，38.1mmの管が**ガスライン**，19.1mmの管が**液ライン**となっている。室外機と室内機との高さの差は，あまり大きいとガス，液の循環が悪くなるので，機器ごとに制限がある。この2本の管，とりわけガスラインのほうは液化しやすいので断熱材で外気と遮断することになってい

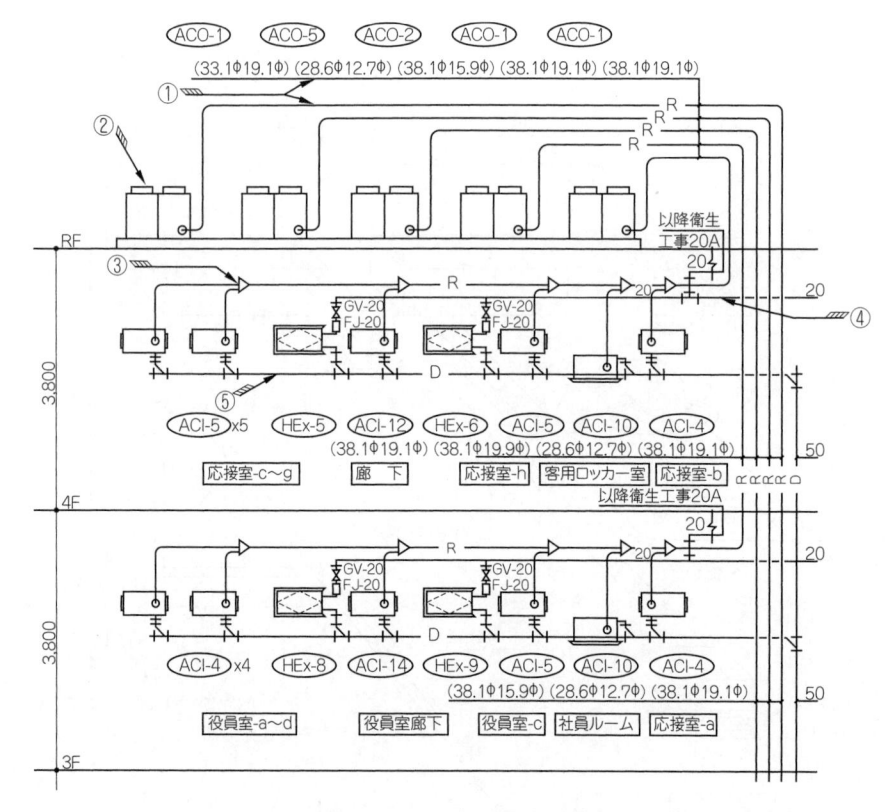

図2-125 配管系統の説明

る（図2-126）。

- 矢印③の三角は，図2-127に示す分岐管キットと呼ばれる部品で，液ライン，ガスラインを分岐し，1台の室外機で数台の室内機を運転する場合に使用する。1台の室外機と8台の室内機を接続した場合のイメージを図2-128に示すが，何台の室内機を接続できるかは室外機の能力で定まる。
- 矢印④の管は，全熱交換器の**加湿器**へ上水を供給する20mmの管を表している。
- 矢印⑤は室内機，全熱交換器で発生した凝縮水を排出する管で，50mmの立て管で1階まで導かれ室外に排水される。

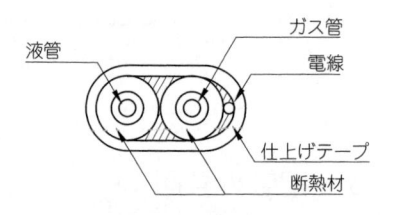

図2-126 管の断熱

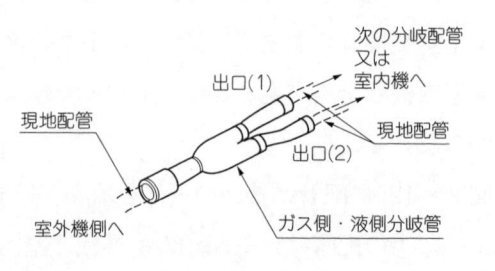

図2-127 分岐管キット

図2−128 室外機と室内機の接続イメージ

　図2−93の配管系統図を基にして，各階と屋上の配管平面図を作る。図2−129に事務棟1階の配管平面図の一部を示す。図面の見方については給排水の図面と同じなので，説明は省略する。

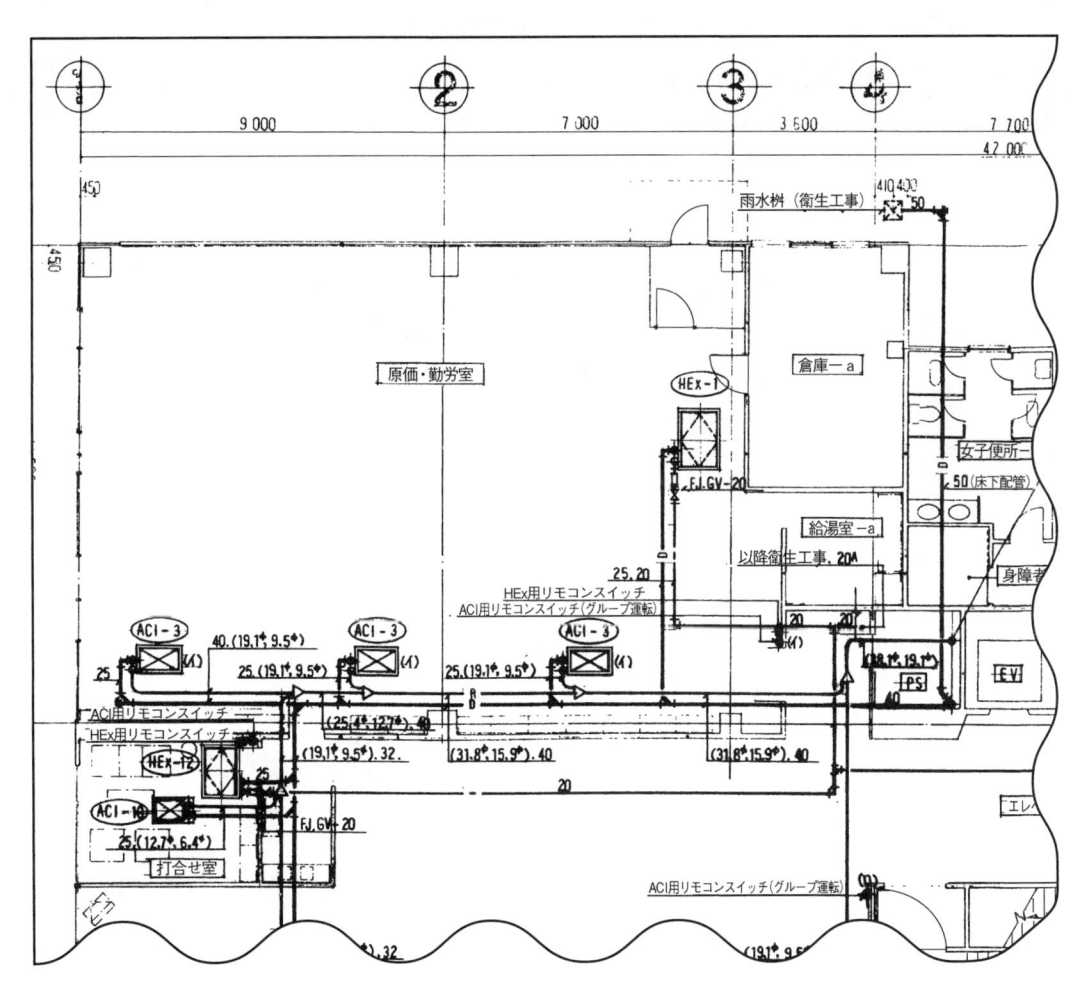

図2−129 事務棟1階配管平面図の一部

学習のまとめ

空気調和設備の製図は，次の順序で行う。

1. 冷房負荷，暖房負荷を求める。この教科書では概略値を使用して概算を行うようになっているので，詳細に計算する場合は他の教科書・参考書を参照する。
2. 冷房負荷，暖房負荷に十分対応できる機器を選定し，機器一覧表を作る。この教科書では空冷ヒートポンプ式ビル用マルチエアコンの例を用いて説明しているが，その他にもいろいろな方式があり，建築規模，建築用途，運転の容易さ，設備費，運転経費などで方式が定まるので，ほかの機器を使用した場合の図面を見て，図面に慣れるように心掛ける。
3. 建築の平面図に機器類を配置し，ダクトを接続する。ダクトの大きさは，等摩擦法で決定し，決められた風速の範囲になるようにする。
4. 最後に機器に接続する配管を記入する。

【練習問題】

1. 図1に示す給水配管で，AからKに至る管径計算表を作成し，管径を求めなさい。
   ただし，管は水道用硬質塩化ビニルライニング鋼管とする。

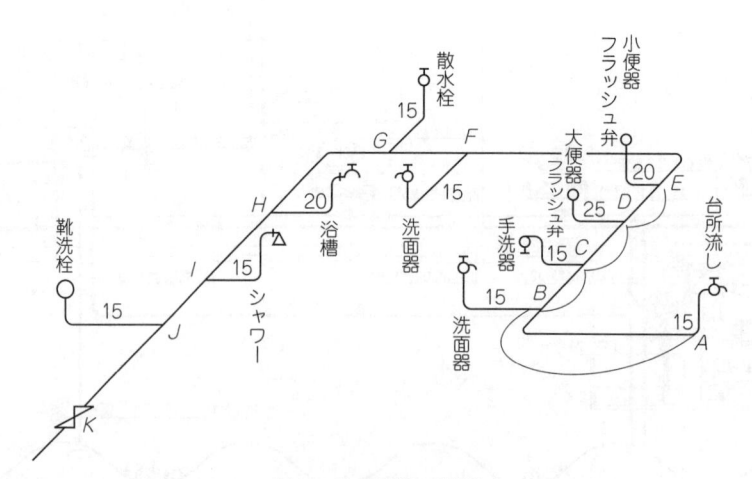

図1 給水配管の例題

2．図2の給水配管図から，材料を拾い集計しなさい。

ただし，使用する管と継手は表2－6に準じる。

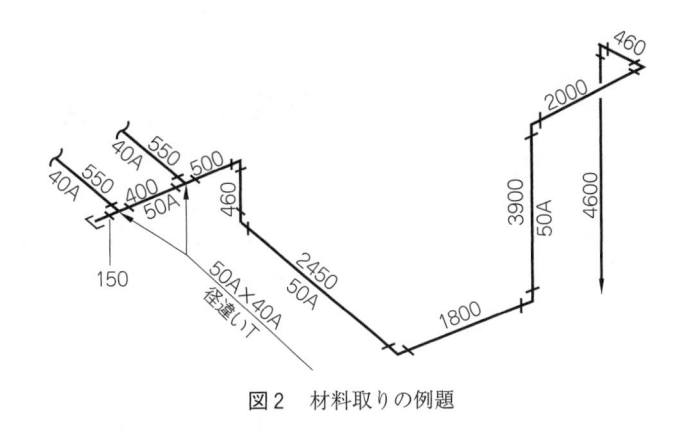

図2　材料取りの例題

3．図3に示す排水配管の管径，こう配，ますの大きさ，深さを計算して図を完成させなさい。

ただし，排水方式は合流式とし，水平投影屋根面積は130m^2，これを5本の雨水立て管が等分に負担するものとする。

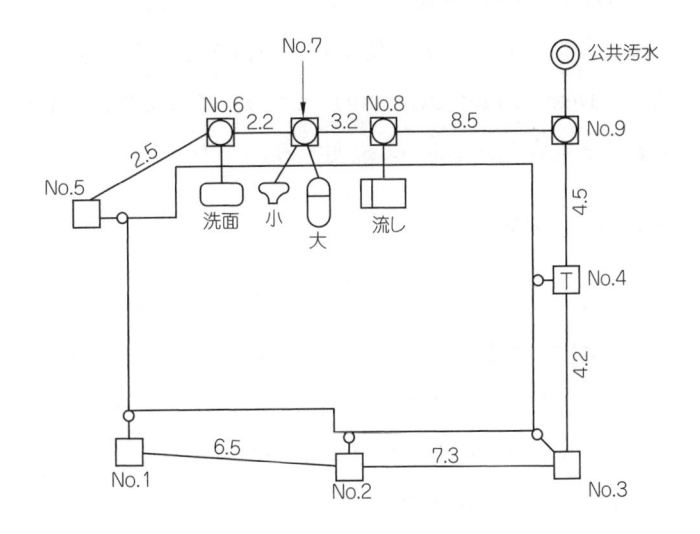

図3　排水配管の例題

第3章 ＣＡＤ

　この章では，CADの基本的なことから基本構成の解説，二次元・三次元CADについての製図例から機能の特徴についての概要を理解し，またCADによる一般的に共通した製図方法と製図の実習について必要な基本的事項について述べる。

第1節　CADとは

　CADとは，Computer Aided Designの略で，「コンピュータの支援による設計」をいう。また，コンピュータを使用して設計をしたり，製図をすることをCADD（Computer Aided Design and Drafting）という。ここでは，CADすなわち，コンピュータを使用して製図をすることについて説明する。

1．1　CADについて

　以前は，定規，コンパス，烏口（からすぐち）などの製図器具を使用して製図をしていたが，コンピュータが発達してからは，コンピュータを使用して製図をすることができるようになった。

　手紙や書類で，手書きしていたものをワープロを使って作成するのと同じように，製図もコンピュータを使用してできるようになった。

　製図では，製図用紙の上に直線や曲線を描いて，目的の図面を仕上げていくが，CADは一度入力（製図）しておけば，コピーでなく，同じ図面が，いつでも，何枚でも簡単につくることができる。

　したがって，同じような図面で部分的に違う図面をつくる場合など，わずかな変更で目的の図面を容易に仕上げることができる。

　また，繰り返して同じような作図をしたり，細かいところに精密な作図をする場合などは，できるだけ機械（コンピュータ）に作業をさせた方が正確に製図ができ，能率がよいなどの利点が多い。そのような場合にはCADは便利に使用でき，インターネットを通じて遠方の相手とデータの共有もできる。

　CADはそのハードウェア（コンピュータとその周辺機器）やソフトウェア（P.187 1．3 (2) 参照）により，その方法や特徴もいろいろなものがある。実際に使用するときは，製図の種類や使用頻度などにより，目的にあったハードウェアやソフトウェアを選ぶ必要が

ある。

また，製図者もコンピュータやソフトの特徴をよく理解して，効率よく作業をする必要がある。

1．2　CADと人間とのかかわりあい

設計や製図をする場合に，何を，どのように設計するかを考えるのは，コンピュータではなく，人間が考えなくてはならない。

また，できあがった図面が満足なものかどうかを判断するのも人間である。この点は鉛筆を使った製図から，マウスを使ってコンピュータで製図をする方法に変わっても同じことである。

コンピュータを使用すれば，前に作った図面を呼び出して製図をしたり，多量の情報を記憶しておき，必要に応じてそれらをアウトプット（情報をプリンタなどに打ち出すこと）することも容易にできる。また，正確で速い作業も可能である。

しかし，CADは万能ではない。CADを使用する場合は，あくまでも，製図者が製図をするのだということを十分に理解しておくことが必要である。

1．3　CADの構成

CADはコンピュータ本体とその周辺装置からなるハードウェアとそれを動かすソフトウェアから成り立っている。

　（1）　ハードウェア

基本構成には，一般的に制御装置，演算装置，記憶装置，入力装置，出力装置の5つの要素を持っている（図3－1）。

① コンピュータ
② ディスプレイ
③ キーボード
④ 記憶装置
⑤ マウス
⑥ プリンタ
⑦ プロッタ
⑧ タブレット
⑧ スキャナ

パーソナルコンピュータ（パソコン）を使用したCADシステムの例を図3－2に示す。

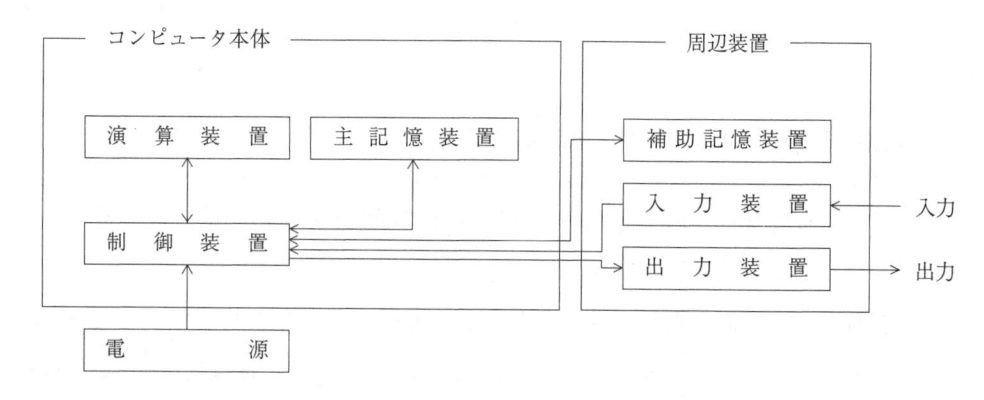

図3－1　パーソナルコンピュータの基本構成①

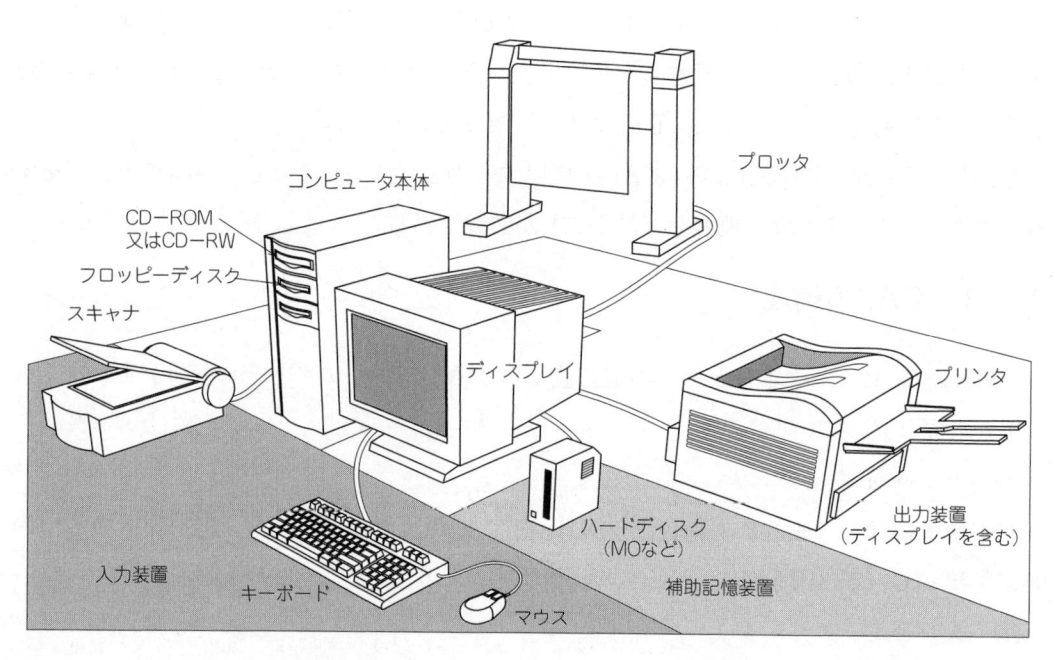

図3－2　パーソナルコンピュータの基本構成②

① コンピュータ

　コンピュータは2進法によって数値化し，様々な処理をこなすようになっている。コンピュータが情報を扱う最小単位を「ビット（bit）」という。2進法の1けたが1ビットである。例えば「110001」とした場合，必要な情報量は8ビット＝1B（バイト）となる（図3－3）。

　コンピュータはCADの中心機器である。

　コンピュータの心臓部は中央演算処理装置CPU（Central Processing Unit）と呼ばれ，各装置の制御やデータの計算・加工を行う中枢部分である。1回の命令で同時に処理

データ容量 小 ──────────────→ 大

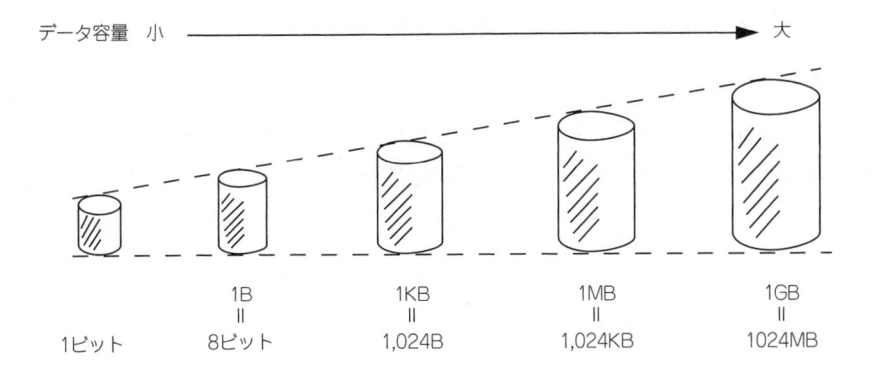

```
        1B      1KB      1MB      1GB
        ‖       ‖        ‖        ‖
1ビット  8ビット  1,024B   1,024KB  1024MB
```

パソコンは0と1の2進法で計算を行っている都合上，2の10乗＝1,024を区切りとして単位が変わる。

図3－3　データ容量

できるデータの量によって，8ビット，16ビット，32ビットなどの種類があり，値が大きいほど性能が高い。

また，同じビット数でも1秒間に実行できる回数（Hz）や1命令を行うのに係るクロック周波数，同時に実行できる命令数などの違いにも影響され，これらの値も大きいほど性能が高い。

そのほか，演算処理を行うために，一時的に情報を記録するメインメモリなどがある。CADで使用するパソコンは，二次元汎用CADに限るならば，通常のパソコンでも十分だが，三次元CADを扱うとなるとCPUも含め高性能な機種を選択する必要がある。本体の機種選定は，使用するソフトによって決まる。

製図者（オペレータ）は，キーボードなどを利用して，いろいろな入力や指示を行う。

② ディスプレイ

ディスプレイは，文字や画像を表示する装置で，製図者はディスプレイを見ながらCADを操作することになる。ディスプレイには，CRT（ブラウン管）や液晶ガス放電を利用したプラズマなどのものがある。CRTは，明るさ，コントラスト，階調，発色など色表現が豊かな反面，画面のちらつき，消費電力が大きく，液晶に比べて大きく，重い。

液晶は，色表現や応答速度はCRTに及ばないものの，消費電力や設置面積が小さい。最近では液晶で17～19インチのサイズが豊富で主流となっている。

③ キーボード

キーボードは，製図者がコンピュータに指示を与えたり，数値や文字を入力するた

めに使用するものである。マウスを併用すると，効率的に操作をすることができる。

④ 記憶装置

　記憶装置には，前述のメインメモリのほかに，ハードディスクやフロッピディスク装置などの補助記憶装置がある。補助記憶装置は，ソフトウェアやデータを記憶しておく装置で，ハードディスクやフロッピディスクからコンピュータに情報を読み込んだり（入力），逆にコンピュータから情報を書き込むことができる（出力）。

　情報の読み込みには，光ディスクを使用するCD-ROMドライブ[*1]もある。これらの装置は，パソコンでは，通常コンピュータに内蔵されている。

⑤ マウス

　マウスは，ねずみのような形をした入力装置で，手で持つところがねずみの体，コードがしっぽのようにみえるため，マウスと呼ばれている。

　マウスは，ボタンをクリックするだけでコンピュータにいろいろな指示や命令を出すことができる。マウスがない場合には，キーボードの操作により，同じような指示や命令を出すことができるが，マウスの操作のほうがはるかに簡単である。

　特に，CADで製図をする場合，画面上の点を指定するときなど，マウスがなければ，その点の座標を入力する必要があるので，操作は面倒なものとなる。

　マウス裏にボールではなく，発光器と受光器を持ち，光学的に移動方向や速度を検出する光学式マウスや接続ケーブルがなく赤外線を使うワイヤレスマウスなども使用されている。

⑥ プリンタ

　プリンタは，できた図面や必要なデータを紙に印刷する印刷機である。いろいろなものがあるが，カラー印刷も容易にできるようになってきた。

⑦ プロッタ

　プロッタは，自動製図器で，コンピュータからの指示で位置決めや，直線や曲線を自動的に製図する。CADで完成した電子的な図面情報を指定の大きさの紙に製図することができる。

　設計業務では，A1サイズに対応した大判プリンタが必要になる。大判プリンタには大きく分けて，カラー出力も可能なインクジェット式と，モノクロのみで高速・高画質な出力が可能なLED[*2]式の2つのタイプがある。

　インクジェット式は比較的小規模，LED式はある程度大規模で大量の出力ニーズが

[*1] CD-ROMドライブ：CD（容量は700MBで音楽80分のデータ量）に記録されたデータを読み出す装置。
[*2] LED：電流を流すと発光する半導体素子の一種。

ある場合に向く。

⑧　タブレット

　タブレットは，プロッタの逆の機能を持っており，下図や既に手元にある図面の情報をコンピュータに入力する装置である。そのため，点や線の位置をXY座標で読み取り，正確な座標の数値として入力する。デジタイザ*も同じような機能をもっている。

⑨　スキャナ

　写真や図面を画像としてパソコンに取り込むための装置で，イメージ・スキャナで図面を読み込んでCADのデータとして使用する。

（2）　ソフトウェア

　コンピュータを動かすためには，前述の機器（ハードウェア）のほかに，ソフトウェア（ソフト）が必要である。ソフトは，コンピュータが製図者の希望どおりに作動するように，コンピュータに命令や情報を与えるものである。

　ソフトの中で，コンピュータシステム（コンピュータとその周辺機器）そのものが正常に作動し，その機能を果たすために必要なものをシステムソフト（オペレーティングシステム：OS）という。

　他方，特定の目的のために使用するソフトをアプリケーションソフトという。例えば，コンピュータで使用するワープロや表計算などはアプリケーションソフトであり，CADもその1つである。

　システムソフトとアプリケーションソフトとは密接な関係がある。最近では，いろいろなソフト間で互換性があるようになってきた。

1．4　CADの機能

（1）　二次元CADと三次元CAD

　製図は，平面（二次元）の製図用紙に図面を描くので，立体的なものを表すには，その物体を二次元（平面）に投影して描く必要がある。

　通常は，物体を上から見た平面図，正面から見た立面図，横から見た側面図の3種類で三次元の物体を表す。必要があれば断面図も描く。

　また，等角図（第1章　第1節参照）で三次元の物体を表すこともできる。

　図3－4及び図3－5はいずれもCADで描いた製図の例である。

---

*　デジタイザ：　画面上の位置を指示するためのペン型（若しくはマウス型）の装置と位置を検出するための板状の装置を組み合わせた構造。画面に対応する板上で絶対位置を指定するため，細かい作業に向いていて，精度が高く大型であるため，CAD図面の業務に利用されることが多い。

188 配管製図

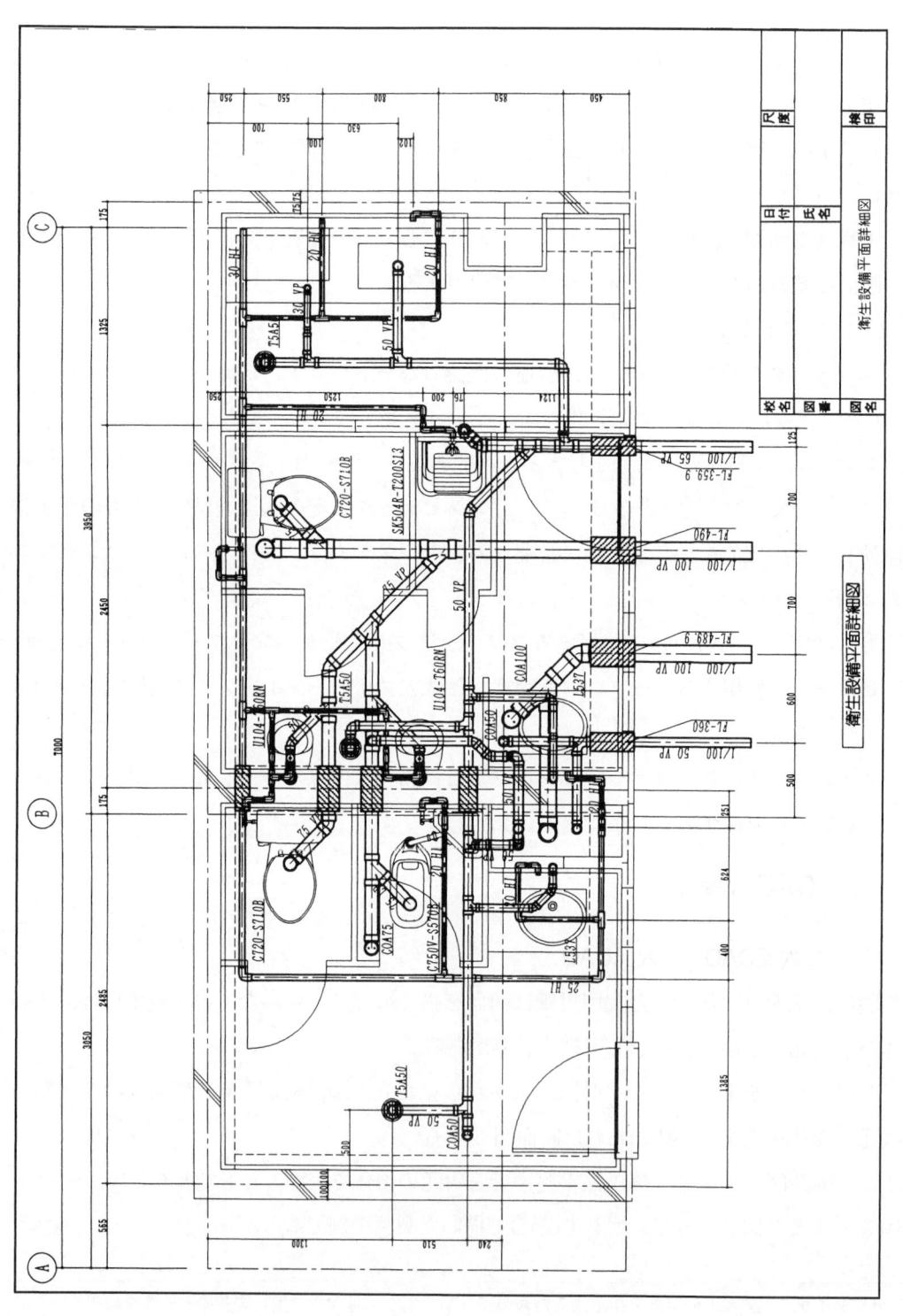

図 3-4 CAD製図例 衛生設備平面図

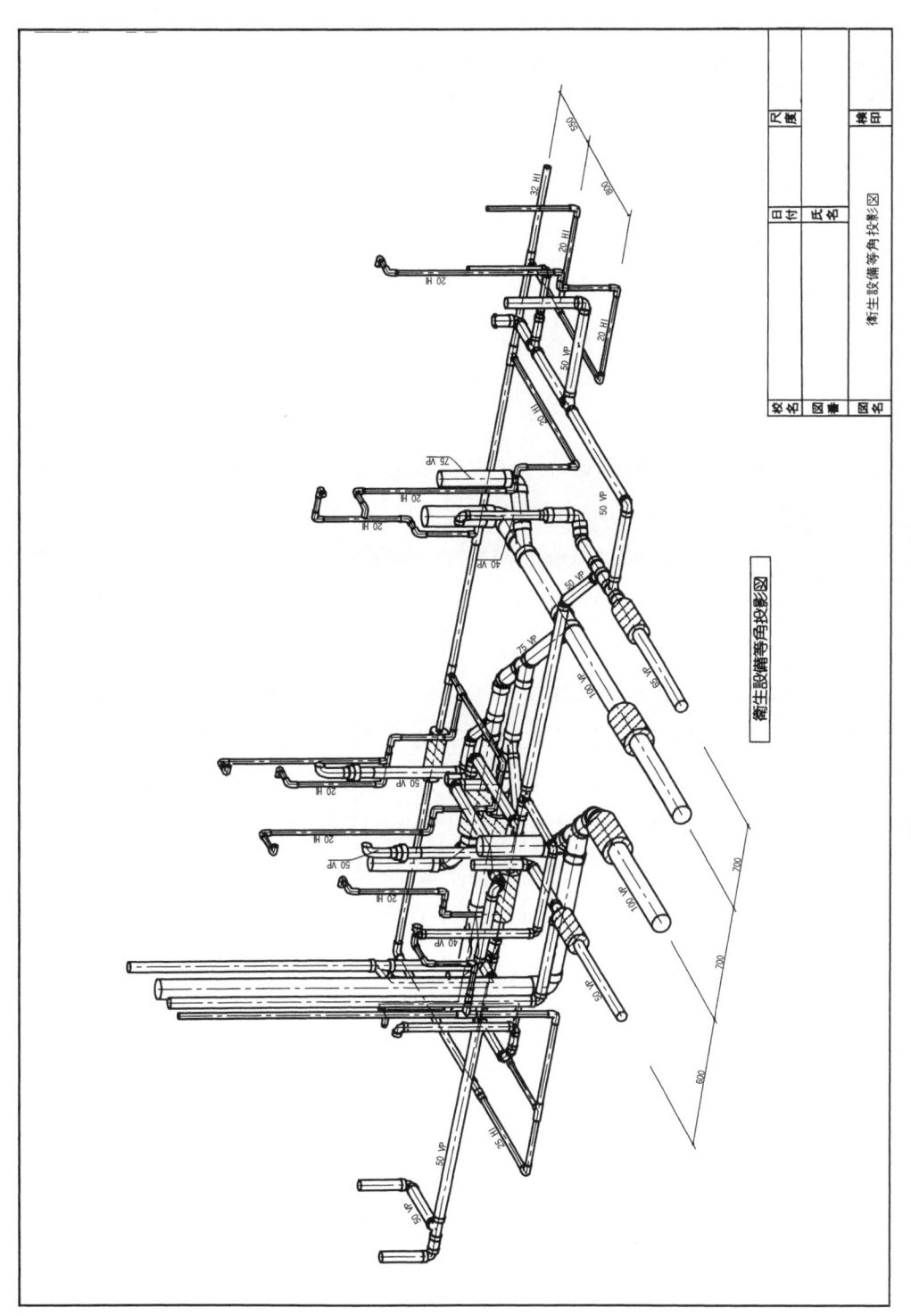

図3－5　CAD製図例　衛生設備等角図

CADは，平面（二次元）図形を描くために，いろいろ便利な機能を持っている。しかし，立体の対象物（三次元の物体）を目で見たようにディスプレイに表示する機能や，その物体を移動したり，回転して見る機能を有してはいない。

　この意味で，通常のCADは二次元CADということができる。

　これに対して，三次元CAD*がある。

　三次元CADは，三次元の対象物をあたかも人が物を見るように，任意の角度からみた立体画面を簡単な操作で表示できるもので，二次元の製図に比べて，はるかに現実感を与えることができるものである。

　したがって，三次元CADは完成した製品がどのように見えるか，又は，設計を部分的に変更をした場合，製品から受ける感じがどのように変わるかなどを検討するのに威力を発揮する。

　また，形状のみでなく，色彩や陰影なども含めて絵画のように描くことができるものは，**コンピュータグラフィックス（CG）** と呼ばれている。

　配管製図（特に，プラントなどで配管が複雑なものの製図）では，配管やダクトが整然としているか，管と管が当たっていないか，通路が確保されているか，また操作や点検・保守性がよいかなどについて，容易に検討することができる。

　したがって設計の段階で，配管設備を施工する前に，完成した設備系統がどのようになるのかを，いろいろな角度から眺めて検討することができる（図3－6）。

　三次元CADでは，対象物の形状や色調などが人の目にどのように見えるかをコンピュータが計算して表示するので，二次元CADに比べて非常に多くのデータとその処理が必要になってくる。そのため，コンピュータも高性能で大規模なものが必要になる。コンピュータの性能が向上して，はじめて実用化が進んだわけである。

＊**三次元CAD**：CADにはコンピュータによる製図の意味のほかにコンピュータによる設計（Computer Aided Design）の意味があり，ここでは設計の意味と考えるのが適切である。

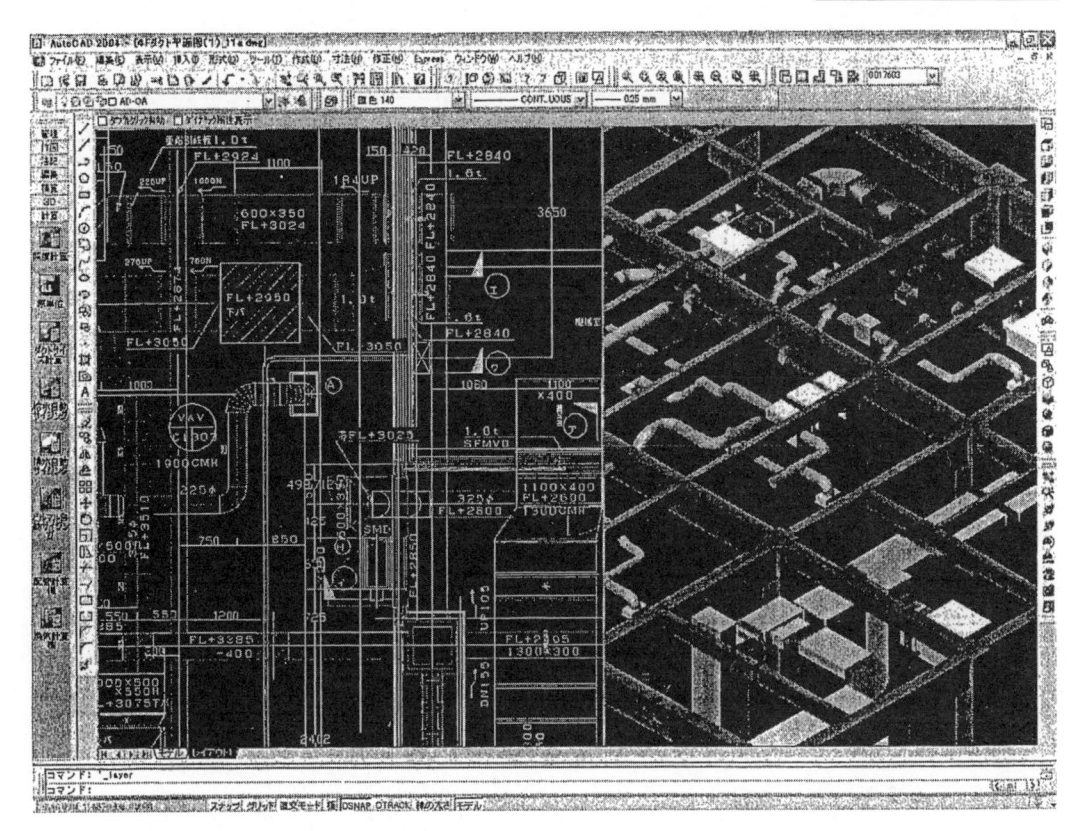

図3－6　三次元CAD製図例（提供：株式会社 大塚商会アイ・ティ・フロンティアBrain Gear画面ショットより）

（2） CADの機能の特徴

CADでできることは，使用するソフトにより異なるが，その一般的な特徴は次のとおりである。

① 製図がきれいに早くできる。

　　人が製図をするとき，例えば直線を引くときなど，鉛筆の堅さを選んだり，しんを研いだりして，曲がらないように注意して線を引く。このことを上手に行うには相当の熟練が必要である。

　　CADでは線の太さを決めて，直線を引く操作をすれば，あとは機械がきれいに製図をする。

② 正確な製図ができる。

　　位置決めのため，2点間の距離や直線間の角度を希望どおりに製図したい場合には，スケールや分度器を使用して点を決めるが，CADではキーボードから，正確な数値を入力して製図をすることができる。

③ 訂正や改正が容易にできる。

CADでは訂正や改正をするときに，消しゴムなどで図面を消す必要がない。該当する図形を特定して，消去し，そのあとに変更した図面を描けばよいのである。この特徴を利用して，類似の図面を作る場合，初めから製図をしなくても，元の図面から変わるところだけ製図をすれば，簡単に新しい図面を作ることができる。

④　部品や記号などの製図が容易にできる。

　　部品や記号などで，同じものを何箇所でも使用するものは，あらかじめ記憶装置に記憶しておき，必要なときに取り出して使用すれば，そのたびに作図をしなくても製図ができる。

　　また，形が同じであれば，大きさが違っても，拡大や縮小をして同じものを使用することができる。

⑤　図面の合成や削除が容易にできる。

　　③と同じであるが，違う図面を合成したり，ある部分を削除したりできる。

⑥　拡大・縮小ができ，また，移動や複写ができる。

　　図面の特定の部分を拡大したり，縮小することができる。また，ある部分を違う位置に移動したり，複写することもできる。

⑦　図面の管理が容易にできる。

　　製図用紙に製図をしたものは紙も大きく，場所を取り，取り扱いが不便である。また，図面を廃棄する場合には，記録のためにマイクロフィルムなどをとり，保存する必要がある。

　　一方，CADで製図したものは，ハードディスクやフロッピディスクなどに保存できるので，図面の管理が容易にできる。また，新しい図面に再生することも容易である。

⑧　図面に関する情報を記録できる。

　　CADでは図面に描かれた部品や材料に関する情報を記録することができ，材料の購入などに利用できる。

学習のまとめ

1．CADシステムを構成する機器類

　　各構成機器の役割と機能を勉強する。

　　①　コンピュータ

　　②　ディスプレイ

　　③　キーボード

④ 記憶装置
⑤ マウス
⑥ プリンタ
⑦ プロッタ
⑧ タブレット
⑨ スキャナ

2．CADの機能を理解する。
① 製図がきれいに早くできる。
② 正確な製図ができる。
③ 訂正や改正が容易にできる。
④ 部品や記号などの製図が容易にできる。
⑤ 図面の合成や削除が容易にできる。
⑥ 拡大，縮小ができ，また，移動や複写ができる。
⑦ 図面の管理が容易にできる。
⑧ 図面に関する情報を記録できる。

第2節　CADによる製図

　CADによるメリットは，誰でもきれいに正確な図面が描け，電子化した図面や図形は使いまわしができ，編集や変更が容易にできる。
　この節では，一般的なCAD製図の方法とCAD製図の実習について述べる。

2．1　CADによる製図の方法

　CADは使用するコンピュータやソフトにより，いろいろな種類のものがあり，その操作方法もまちまちである。したがって，CADを操作する前に，使用するコンピュータやソフトの説明書をよく読んで理解しておく必要がある。
　ここでは，どのCADにも共通した，一般的な機能や注意点を中心に，CADによる製図について説明する。
　① 製図の目的を明確にする。
　　　通常の製図をするときと同じように，CADで製図をする前には，何をどのように製図をするのかを明確にしておく。できれば，図面の下書きや，重要な寸法などは，あ

らかじめつくっておく。コンピュータに向かってから，何をどのように描くかを考えるのでは遅すぎる。

② ファイルを開く。

CADのソフトが立ち上がれば，ファイルを開いて製図を始める。

ファイルとは，その製図に関する情報をひとまとめにして，しまっておく単位で，作業が済めば名前を付けて記憶装置に保存する。再び作業をする場合には，そのファイルを呼び込む。

ファイルを上書き*するときは，前の図面が書き換えられてなくなるので，注意が必要である。

③ 用紙の大きさやスケール（縮尺）を決める。

製図の大きさや複雑さを考えてスケールを決め，どのサイズの用紙を使用するかを決定する。スケールは図面の細部が明りょうに読み取れるように決定する。

用紙の大きさやスケールを決めたら，マウスやキーボードを使用してコンピュータに入力する。

④ 基準線や中心線を描く。

図面を描くときの基準となる線（基準線）や中心線を描く。

建物であれば，道路や土地の境界線などに基準線をとる。柱の中心線や，通り心なども基準線となる。

機械や配管などには中心線があるので，その中心線を所定の場所に描く。

位置決めのための寸法は，基準線や中心線を基準にして，すでに位置の確定している点や線より取っていく習慣をつける。

⑤ 製図は大きな物から，細部へ。

製図は大きな所から始め，段々と細部を描いていくほうが，バランスのよい図面ができる。図面上の配置をよく考えて，製図を進めていく。

正しい位置に製図をするために，描く前に位置を確認する。位置決めには，色の違う補助線を使うのがよい。

補助線は通常，非表示（画面に現さないようにすること）にすることができるので，不必要な場合は非表示にしておくと目障りでなく，また，図面を修正するときなど，修正する線の確定が容易にできる。また，補助線を間違って消してしまうこともなくなる。

---

*上書き：既に記憶されているファイルを同じファイル名で書き換えること。

⑥ 拡大と縮小

　CADの特徴は，図面の全部や一部を拡大・縮小することができることである。

　図面の細部を製図する場合，その部分を拡大することで，製図が容易になる。また，画面の範囲が狭すぎて全体像が把握できないときは，縮小すると広い範囲を確認することができる。

⑦ ウィンドウ（ウィンドウ：窓）

　最近のCADでは，ウィンドウと称して，ディスプレイに幾つもの窓（ウィンドウ）をつくり，その中に違った画面を出す機能を持っている。

　拡大率の違う，同じ図面を並べて，一方で広い範囲をみながら，他方で拡大した窓の中で製図をすると，作業が楽になる。

　また，2つの図面の間で，部分的な図を移動したり，複写したりすることもできる。

⑧ 部品や記号などの製図

　部品や記号など，よく使用するものは，あらかじめ製図をして記憶装置に記憶しておき，必要に応じてすぐに使えるようにしておくと便利である。

　配管図でいえば，バルブや継手などは，種類や形状ごとに，あらかじめ製図をしておくと，複写をするだけですぐ製図することができる。

　また，相似形のもので，大きさだけが変わるものは，拡大操作だけで作図ができる。

　部品や記号だけでなく，機械や容器なども，形式別に，あらかじめ製図をし記憶しておけば，必要に応じて，配置とスケールを決めれば作図ができる。

⑨ 図面の修正や合成

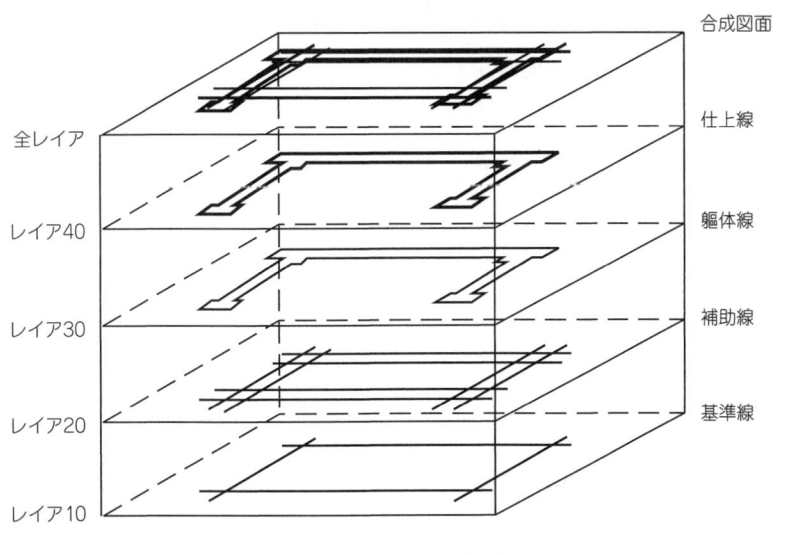

図3-7　レイアの構成

CADには，レイア（画層）という概念があり，画面上では１枚の図面のように見えるが，CADでは複数のレイアに描かれた図面が重なって見える。例えば，建築図では基準線，補助線，軀体線，仕上線を別々のレイアに分けて描いておくと，設備図に必要な建築図を合理的に合成や修正を効率よく作業することができる（図３－７）。

⑩　その他の実習

　以上，CADの特徴を生かして製図をするときの概要を説明したが，CADはソフトにより，その機能や能力に差がある。使用するソフトの特徴をよく理解して，その特徴を生かすことが大切である。それには，そのCADをよく習得し，使いこなすことが大切で，慣れてくれば効率を上げることができるようになる。

2．2　CADシステムによる製図の実習

（1）　CADシステムの理解
使用するCADシステムの取扱説明書をよく勉強して，システムを理解する。

（2）　CADシステムの起動
CADシステムに電源を入れて起動させる。

（3）　CADシステムによる製図

①　CADシステムの立上がりを確認する。

②　ファイルをつくり，作図のできる状態にする。

③　CADの取扱説明書を参考にして，そのCADでできることを学習し，実際に製図をしてその機能を確認する。

　最初はディスプレイ上で直線や，円を描くなど，簡単なことから始め，下記の製図項目（例）を参考にして，実習する。

- 直　　線

　２点間を結ぶ直線，座標に平行な直線，平行線，直交線，線分に対し角度を持った線分，など

- 円

　半径円（中心点と半径を決めて，円を描く。）

　直径円（直径を決めて円を描く。）

　三点円（三点を通る円）など

- 複写，移動

　簡単な図形の複写・移動など

④　製図が終わったら，プリンタやプロッタでプリントアウトしてみる。

（4） CADシステムの停止
① すべての製図作業を中止して，必要があれば，作成した図面に名前をつけて記憶装置に保存する。
② 電源を切り，システムを停止する。

学習のまとめ

1．CADシステムによる製図

下記の手順を学習し，理解する。

（1） システムの起動
　① 電源を入れる。
　② ファイルを開く。

（2） CADシステムによる製図
　① 製図の目的を明確にする。
　② ファイルを開く。
　③ 用紙の大きさやスケールを決める。
　④ 基準線や中心線を描く。
　⑤ 製図は大きい物から描き始め，次第に細部を描いていく。
　⑥ 拡大と縮小の実習をする。
　⑦ ウィンドウの機能の使い方をおぼえる。
　⑧ 部品，記号などの製図，保管，呼び出しを実習する。
　⑨ 図面の修正と合成を実習する。
　⑩ その他，進度に合わせた実習をする。

（3） システムの停止
　① 作業ファイルを記憶保管する。
　② CADソフトを停止する。
　③ 電源を切る。

【練習問題】

1．図1に木造建築の給排水・ガス配管の等角図を示す。この投影図をもとにして，下記の図面をCADで描きなさい。

　　(1)　建築平面図

　　(2)　設備機器の配置図

　　(3)　配管図

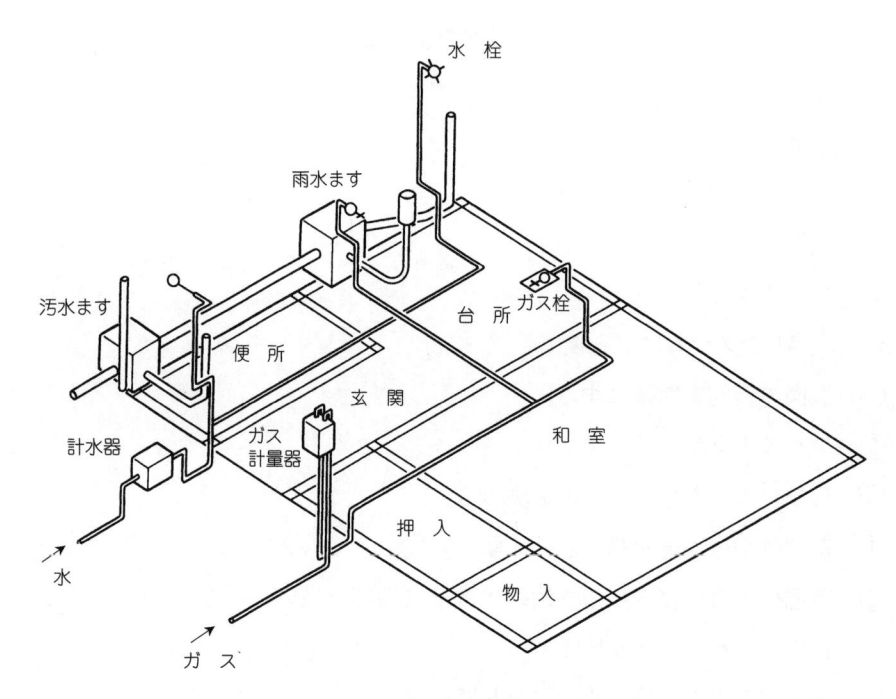

図1　給排水・ガス設備配管図（等角図）

【練習問題の解答】

〔第1章〕

1. ここでは平面図を基本の図面として，寸法はできるだけ平面図上に集め，平面図上で表せない寸法のみ立面図で表した。

解　答　例

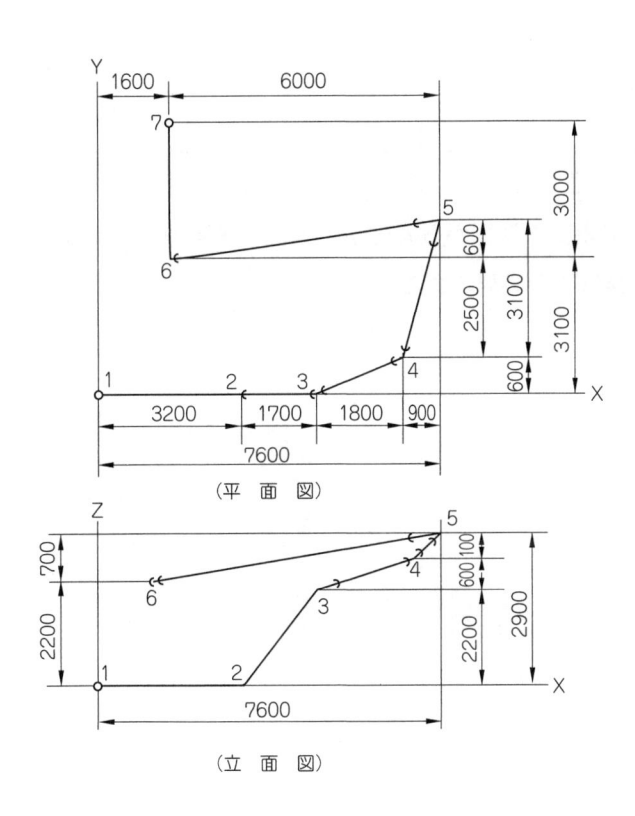

（平　面　図）

（立　面　図）

〔第2章〕

1.

管径計算表

区 間	器具数(a)	15mm管相当数(b)	同時使用率(%)を考慮した給水用具数(c)	管径(表2-3より)
A－B	1	1	1	15
B－C	2	1+1=2	2	20
C－D	3	2+1=3	2	20
D－E	4	3+5.2=8.2	2	32
E－F	5	8.2+2.5=10.7	3	32
F－G	6	10.7+1=11.7	3	32
G－H	7	11.7+1=12.7	3	32
H－I	8	12.7+2.5=15.2	3	32
I－J	9	15.2+1=16.2	3	32
J－K	10	16.2+1=17.2	3	32

※区間D-Kでは使用頻度の形態から考慮すると，大便器（フラッシュ弁）及び各器具を使用した場合管径は32が必要である。

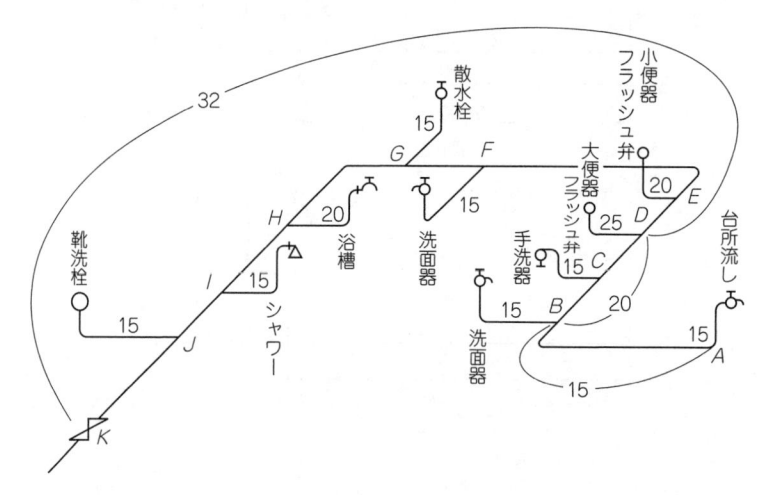

管径の決定

2.

材料一覧表

名　　　　称	種類・寸法		数量
水道用硬質塩化ビニルライニング鋼管	50A		18m[注1]
〃　　　　〃	40A		2m[注2]
給水用管端防食継手（コア内蔵形）	径違いT	2×2×1 1/2B	2個
〃　　　　〃	エルボ	2B	7個
〃　　　　〃	キャップ	2B	1個

注1：150+400+500+460+2450+1800+3900+2000+460+4600=16720mm→18m
注2：550+550=1100mm→2m

3.

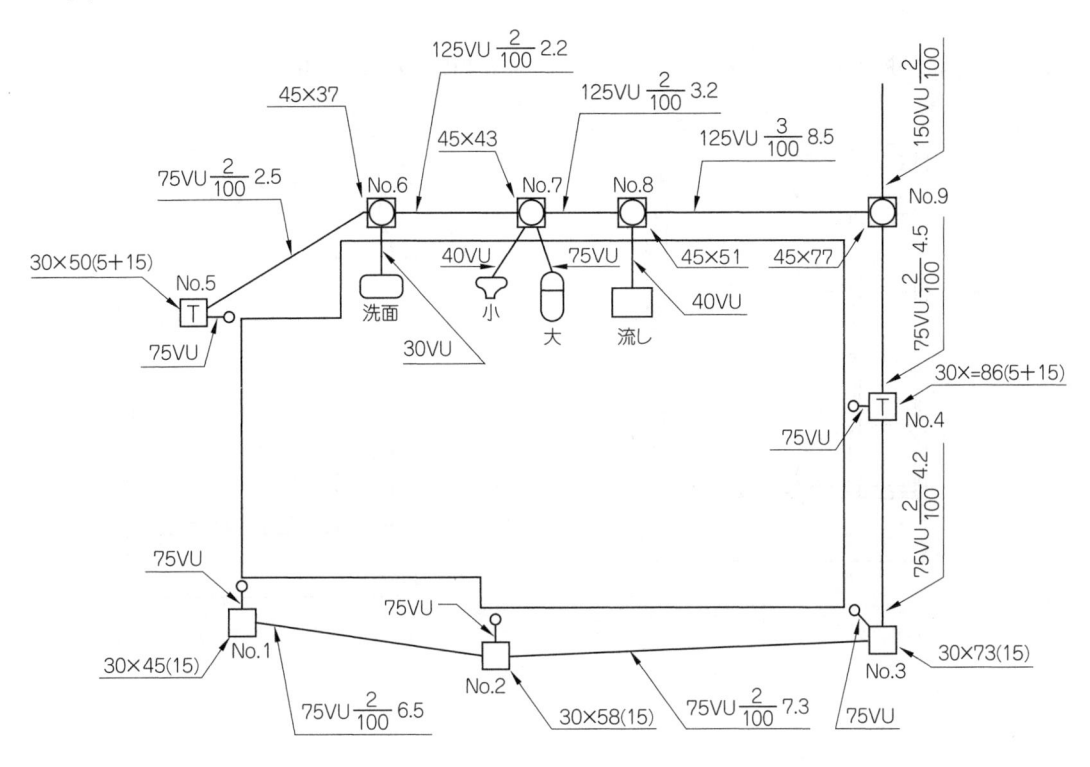

雨水ます深さは，雨水ます底部とし，その中に5cm（最小封水）+15cm（泥だめ）を含む汚水ます深さは，下流管底部の深さとする。

〔第3章〕

（1）建築平面図の解答例

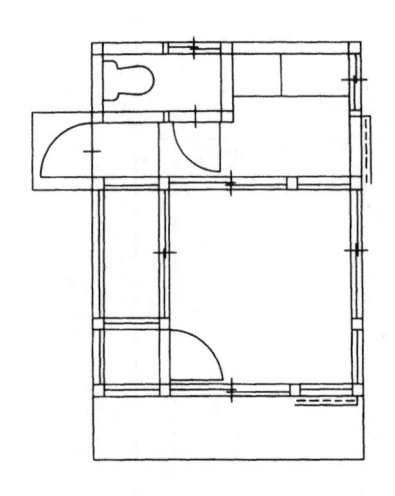

（2）設備機器の配置図の解答例

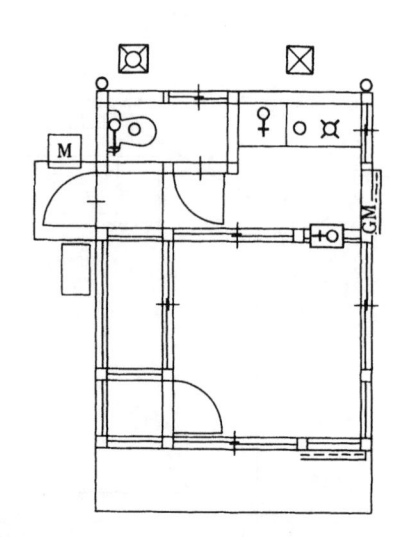

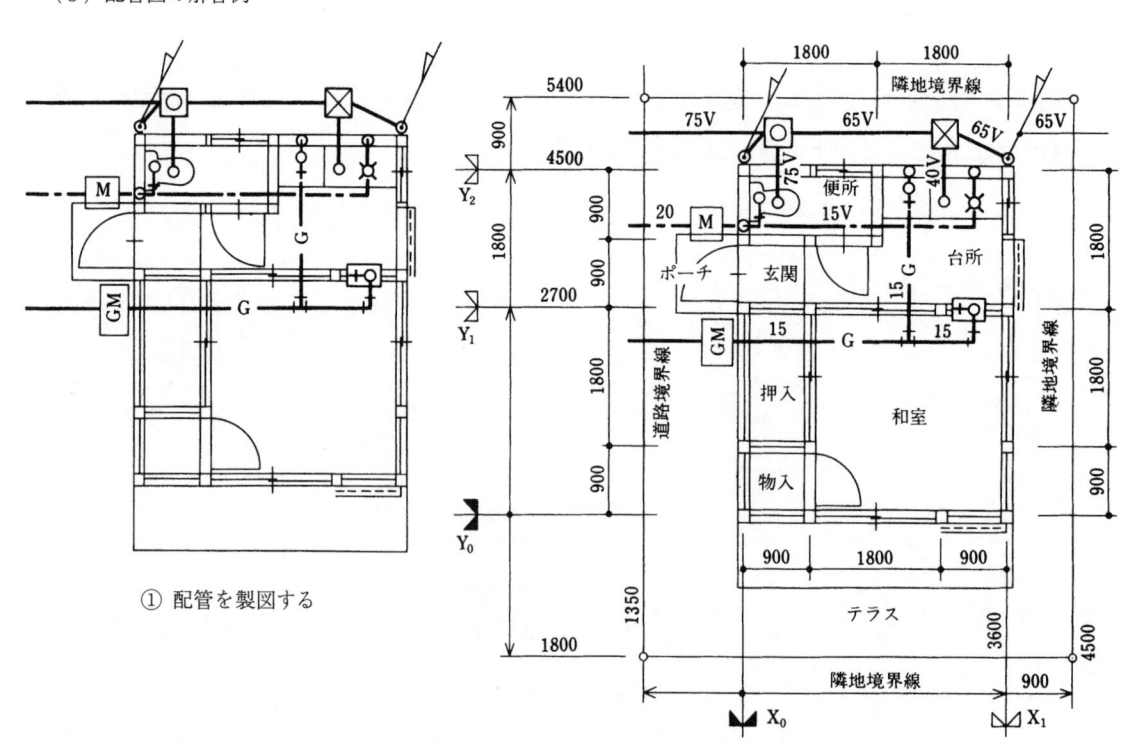

（3）配管図の解答例

① 配管を製図する

② 寸法，名前，記号などを入れて完成する

A通り軸組図　S=1:200

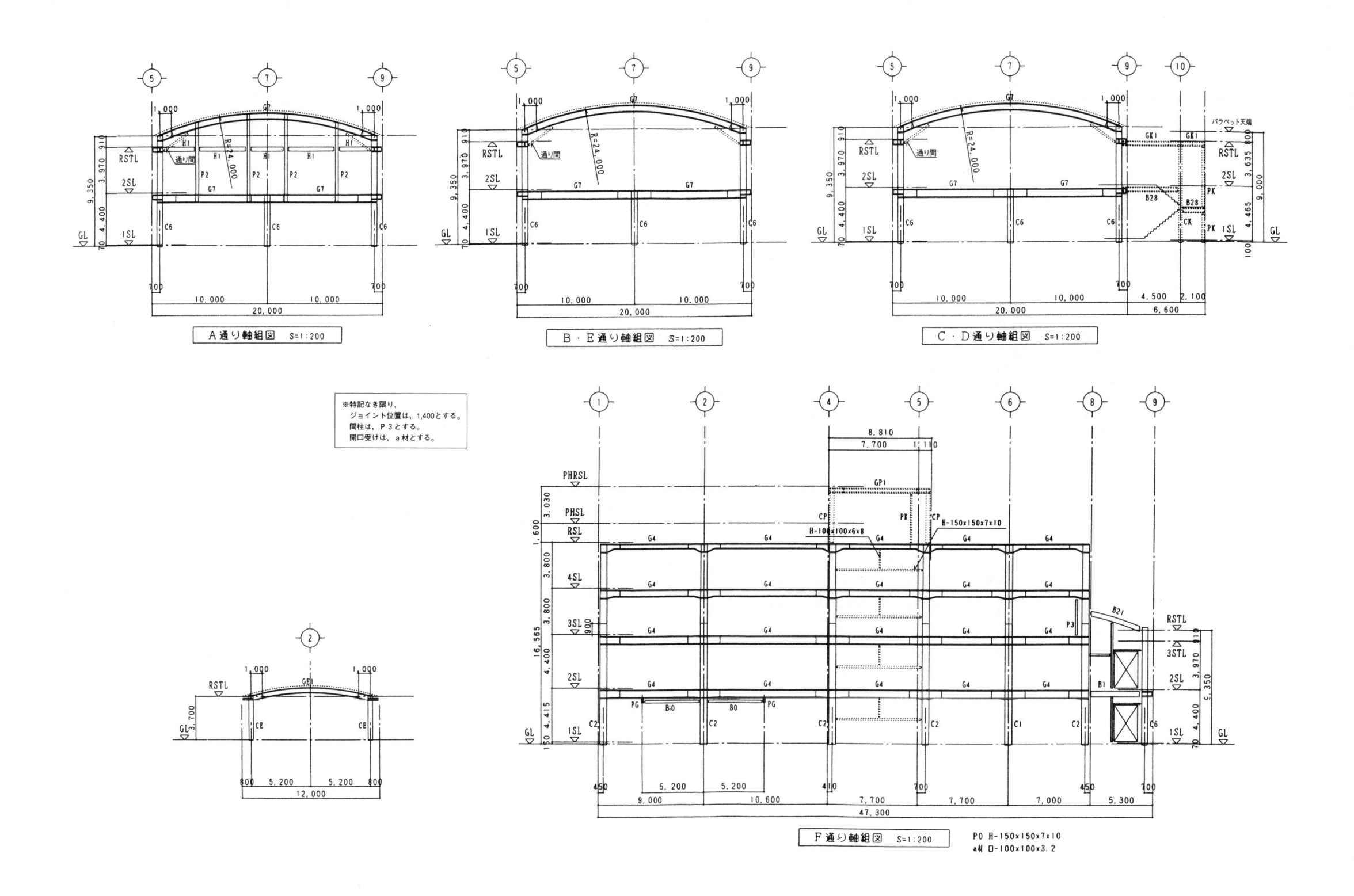

B・E通り軸組図　S=1:200

C・D通り軸組図　S=1:200

※特記なき限り，
　ジョイント位置は，1,400とする。
　間柱は，P3とする。
　開口受けは，a材とする。

F通り軸組図　S=1:200

P0 H-150×150×7×10
aH □-100×100×3.2

軸組図例

折込－1

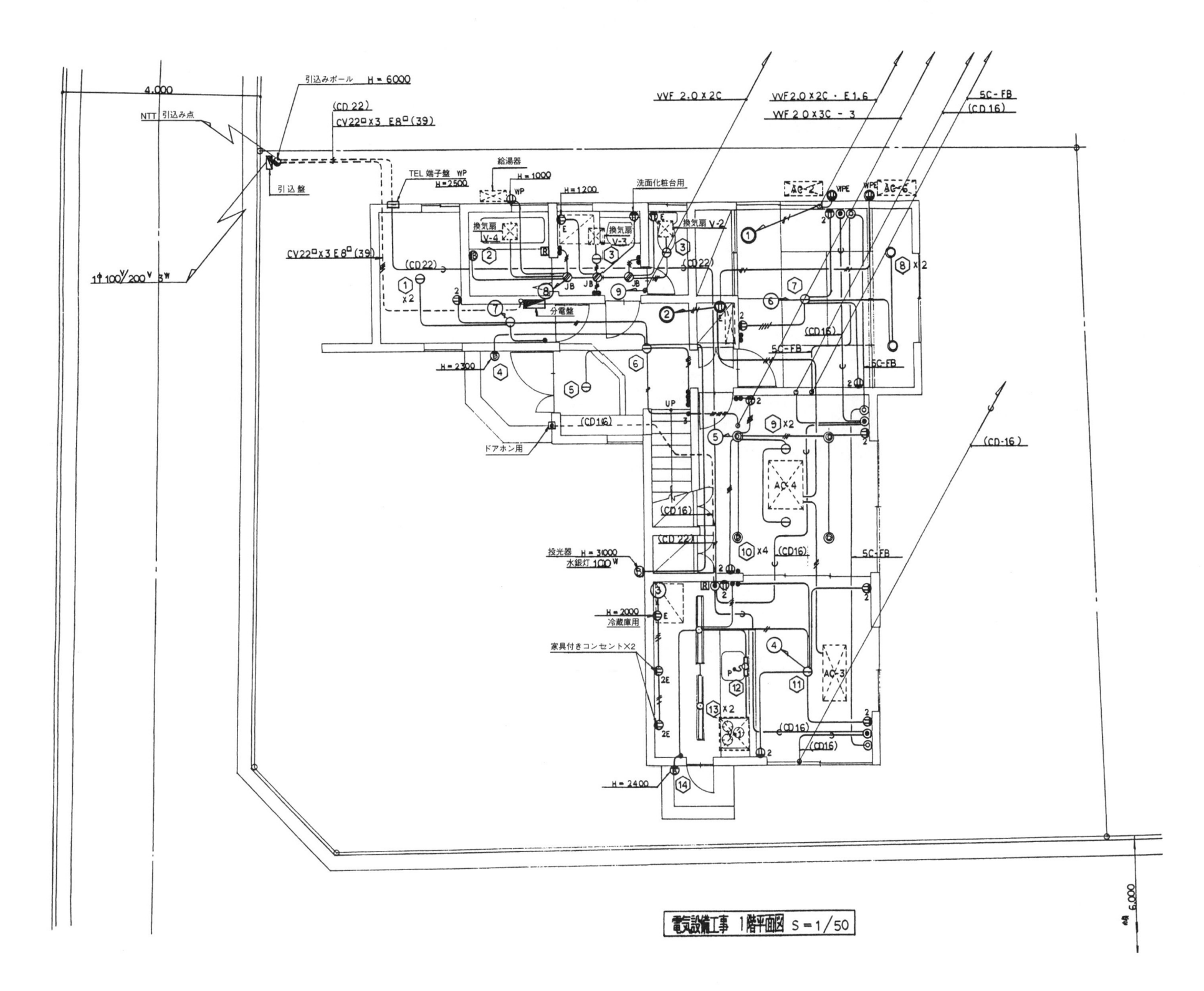

電気設備工事 1階平面図 S=1/50

屋内配線図例

折込－2

索　引

あ

アイソメ図	6
ＩＶ電線	45
圧力損失	114
案内図	40
インテリア空調	173
雨水立て管	83
雨水ます	83
雨水横走り管	83
裏トレース	70
上書き	194
エアハンドリングユニット	143
Ａ寸法	30
Ａ列	19
液ライン	177
ＬＥＤ	186
円形ダクト	151
屋内配線図	43
汚水ます	84
汚水横走り管	84

か

外形線	20
会合本数	93
かくれ線	20
加湿器	178
ガス消費量	97
ガス設備	51
ガス配管	97
ガスライン	177
画面	2
管の分岐水平取り	53
管の分岐立上り	53
管の分岐立下り	53
器具一覧表	71
器具同時使用率	77
器具排水負荷単位	87
基準階	13
基線	4
基礎伏図	36
吸収式冷温水機	143
給水設備	51
給湯器	73
給湯設備	51
給湯配管	97
給排水・衛生設備	51
均等表	77
空気調和・衛生工学会規格	19
空気調和設備	140
現尺	28
建築基準法	42
公共汚水ます	84
合流式	83
小屋伏図	36
混合水栓	101
コンセント	46
コンピュータグラフィックス（ＣＧ）	190

さ

材料取り	81
三次元ＣＡＤ	190
三面図方式	3
ＣＤ－ＲＯＭドライブ	186
敷地境界線	73
敷地下水管	84
軸測投影法	5
ＪＩＳ（日本工業規格）	19
視点	7
斜投影図	7
斜投影法	7
縮尺	13, 28
水平投影屋根面積	86
スイッチ	46
スパイラルダクト	151
寸法線	20
寸法補助線	20
製図法	1
正投影法	3
切断線	20
全揚程	114
想像線	20
側画面	3
側面図	3
ソフトウェア	182

た

第一角法	3
第三角法	3
ダクト系統図	147
ためます	92
チャンバ分岐	173
中心線	20
長方形ダクト	151
直角分岐	173
通気管	131
通気立て管	131
継手	81
テーパピン	28
デジタイザ	187
天井隠ぺい配線	43
天井伏図	36
天井ふところ内配線	47
投影	2
投影線	2
投影法	1
投影面	2
等角図	6
等角投影図	5
透視投影図	7
透視投影法	7
通り心	41
土被り	92
ドレンこう配	27

な

二等角投影図	6
日本水道協会	19

は

ハードウェア	182
配管系統図	147
倍尺	28
排水立て管	129
排水通気設備	51
排水横枝管	87
配線図	43
柱心	32
破断線	20
B寸法	30
ヒートポンプ	142
B列	19
引出線	20
ピッチ線	20
ビニル絶縁ビニルシースケーブル	47
ファイル	194
付近見取り図	40
2口コンセント	47
不等角投影図	6
フレキシブルダクト	152
フロア・コンセント	46
分岐配管	53
分電盤	45
分流式	83
平行投影法	2
平面図	3
壁心	32
ペリメータ空調	173
ベンド形分岐	173
弁類	81

ま

間取り図	32

や

有効面積	112
床隠ぺい配線	43
床上掃除口	129
床伏図	36
揚水ポンプ	111
呼び径	30

ら

立画面	3
立面図	3

配管製図 　　　　　　　　　　　　　　　　　　　　　　　　　　©

昭和49年１月30日	初 版 発 行
平成10年３月25日	改訂版発行
平成19年２月20日	三訂版発行
令和５年２月10日	6 刷 発 行

編集者　　独立行政法人　高齢・障害・求職者雇用支援機構
　　　　　職業能力開発総合大学校　基盤整備センター

発行者　　一般財団法人　職業訓練教材研究会

〒162-0052
東京都新宿区戸山１丁目15－10
電　話　03（3203）6235
ＦＡＸ　03（3204）4724

編者・発行者の許諾なくして本教科書に関する自習書・解説書若しくはこれに類するものの発行を禁ずる。

ISBN978-4-7863-1093-5